连锁店

操作手册

（全新第5版）

黄宪仁　编著

電子工業出版社
Publishing House of Electronics Industry
北京 · BEIJING

原著作名：连锁店操作手册（全新第 5 版）
作者：黄宪仁

版权贸易合同登记号　图字：01-2017-3829

图书在版编目（CIP）数据

连锁店操作手册 / 黄宪仁编著. —5 版. —北京：电子工业出版社，2017.7
ISBN 978-7-121-31993-8

Ⅰ. ①连… Ⅱ. ①黄… Ⅲ. ①连锁店－商业经营－手册 Ⅳ. ①F717.6-62

中国版本图书馆 CIP 数据核字(2017)第 139750 号

策划编辑：晋　晶
责任编辑：袁桂春
印　　刷：天津千鹤文化传播有限公司
装　　订：天津千鹤文化传播有限公司
出版发行：电子工业出版社
　　　　　北京市海淀区万寿路 173 信箱　　邮编 100036
开　　本：720×1000　1/16　印张：17.5　字数：284 千字
版　　次：2012 年 1 月第 1 版
　　　　　2017 年 7 月第 3 版
印　　次：2022 年 1 月第 14 次印刷
定　　价：72.00 元

凡所购买电子工业出版社图书有缺损问题，请向购买书店调换。若书店售缺，请与本社发行部联系，联系及邮购电话：（010）88254888，88258888。
质量投诉请发邮件至 zlts@phei.com.cn，盗版侵权举报请发邮件至 dbqq@phei.com.cn。
本书咨询联系方式：（010）88254199，sjb@phei.com.cn。

前　言

连锁经营是当今世界普遍采用的一种现代化商业经营模式，也是现代流通业发展的主流模式，已经成为最具吸引力的经营方式，富有活力和发展潜力。

连锁经营到底是一种什么样的商业经营组织形式呢？发展连锁经营有什么特别的要求吗？具体运作连锁经营的重点是什么？如何才能充分发挥连锁经营优势把企业做大做强……

本书是专门针对企业如何运作连锁经营方式的工具书，注重实务和可操作性，突出应用性，紧密结合连锁经营的发展现状，将最新的连锁经营信息融入书中。

书中穿插了著名连锁经营企业成功的案例，向读者介绍了最先进的连锁经营研究管理方法，也为连锁经营企业提供了宝贵的国际经验。

作者在东南亚各国、海峡两岸担任企管顾问20多年（1993年至今），由于工作之便，陆续将顾问辅导经验加以总结，编写成书，并得到顾问前辈王向荣、吴建宏、宋经纬、王力信的大力协助，在此表示由衷的感谢。

本书出版后，因内容翔实、务实，获企业界好评，重印再版多次。此次修订是全新的第5版，内容全部更新，增加了更多案例和具体执行步骤等，希望读者会喜爱。

目 录

第 1 章

为什么要开设连锁店

1.1 连锁体系的魅力

1.1.1 连锁经营的基本含义

连锁经营是指企业以同样的方式在多处同样命名（店铺的装修及商品陈列也相同）的店铺里，出售某一种（类、品牌）商品或提供某种服务的经营模式。

连锁经营在核心企业或总部的统一领导、组织下，由分散的、经营同类商品或服务的店铺通过集中进货、统一管理的规范化经营，实现规模效益。核心企业被称为连锁总部或总店，分散经营的店铺被称为连锁店或分店（门店），这种联号的企业被称为连锁企业或连锁商业。

纵观连锁经营情况，连锁企业必须由若干个店铺联合构成，形成规模经营。在美国，有 2 个以上的分店的企业就被称为连锁店；在英国，把拥有 10 个以上分店的集团称为连锁店；在日本，一般把拥有 11 个以上的商店组织才称为连锁店。只有单店的企业，无论规模多大，都不能称为连锁店。

连锁经营最基本的表现是连锁总部统一店名、店徽，统一商品采购，统一配送，统一结算，统一经营决策，统一管理，统一价格，由各分店专门负责商品销售，体现出统一的经营理念、统一的商品和服务、统一的经营管理、统一的企业识别系统及经营商标，所以，连锁经营是一种新型的商业经营方式和商业组织形式。从营销的角度来看，连锁经营是一种大规模的网络化销售模式。

1.1.2 连锁经营的魅力

企业采用连锁经营方式，对于企业总部、加盟者、顾客都大有裨益。

1. 对企业总部

从企业总部的立场，连锁经营可以用更少的资金、人力来拓展其营销渠道，增加商品销售机会。

2. 对加盟者

由企业总部提供整套的管理制度，包括地点选择、人员训练、店面设置、统一广告、商品原料及机器设备的供应、标准化的销售方式、持续不断的经营管理顾问，甚至财务上的支持。加盟者还可以由总部学习经验、进货、获得专业指导和整套业务协助，同时避免犯错、降低营业风险。

3. 对顾客

连锁经营给广大顾客提供质量标准化、价格大众化的商品与服务，提高购物方便性与生活质量。

表1-1描述了传统商店和连锁店的区别。

表1-1 传统商店和连锁店的区别

特征内容	传统商店	连锁店
组织形式：联合化与标准化	• 只是引厂进店或合作开发等 • 不具整体性	• 由一个总部和众多的店铺构成一个企业联合体系 • 是整体性、稳定性、全方位的联合 • 用同一店名，有统一店貌，提供标准化服务和商品
经营方式：一体化和专业化	• 购、销、调、存集中于同一单位（一对一的关系） • 商店内部按业务性质分工，职责不明晰 • 成本高	• 采购、配送、批发、零售的一体化（一对多的关系，即一个总部、多个店铺） • 公司内部职能分离，总部负责集中进货和配送，各连锁店负责分散销售 • 成本低

续表

特征内容	传统商店	连锁店
管理方式：规范化和现代化	• 各店之间都有一套模式，不统一 • 计算机化程度低，商店内部表现为松散和互不联网状况	• 由总部强化各项管理职能，有一套规范的做法，建立专业化管理部门，具有规范化管理制度和调控体系，并配备相应的专业人才 • 实施计算机化管理，总部、配送中心及各连锁店建立相应的计算机系统，并运用远程通信网络系统将整个公司构成一个整体
特点	单体店，且都是独立法人实体或个体	各店铺对内负责店务管理，对外只负责销售和提供优质服务

1.2　连锁经营的优缺点

连锁企业总部在实施连锁计划前，应充分了解连锁经营的优缺点，这对于抓住机遇、扩充自己是大有益处的。

1. 连锁经营的优点

（1）采用连锁经营方式由于连锁店多、销售量大，因此采购进货时，可以享有较大的折扣，更可以达成市场产销一体化。

（2）能够利用商品或服务的便利性吸引顾客上门。

（3）由于有连锁营销的经验，能够较容易地选择适当的开店地点。

（4）联合刊登广告，降低广告成本。

（5）通过专家的管理，可以取得竞争优势。

（6）在管理上可获得较好的经济效益。

（7）连锁店具有集中存货的便利性，管理较为严密。

（8）通过连锁店的户外广告，可以提高企业形象。

（9）运用差异价格的营销策略。

（10）在经营风险承担上具有分散性。

（11）容易达成实体配送的经济效益。

（12）连锁经营据点的扩大能够阻止竞争者的进入。

（13）连锁店的分布较广，销售网和服务网可以不断扩大。

（14）可有效地进行市场情报信息的反馈。

2．连锁经营的缺点

（1）由于其标准化的商品政策和总部的统一管理，加盟店不易掌握地区性市场的机会或地域性策略。

（2）在顾客关系的维护与服务方面，不易保持极密切的联系。

（3）在服务人员的任用和管理上，由于采用轮班制，难免造成员工与顾客，或同事之间缺乏应有的联系。

（4）对于策略的决定和执行，可能因为店数多而影响时效。

（5）连锁店因分散各地，容易造成联系沟通上的不便。

（6）连锁店因分散各地，可能造成总部在实际运营中配送的不方便。

（7）负责管理各地的督导人员，如果不能有效地运用管理技术，有时会造成错误或偏差。

（8）连锁店组织机构庞大、人员众多，为达到操作标准化的要求，难免会增加固定成本。

（9）采取加盟方式的连锁店可能出现对商品策略掌握不好、店铺设施不完全符合要求等问题，从而影响连锁企业的整体形象。

连锁经营的优缺点并非一成不变，企业在发展连锁或有意寻求加盟时，在实际运作中，可以从中掌握经营变量，寻找一种最有利的组合方式。

1.3　连锁经营的分类

连锁经营可分为直营连锁与加盟连锁两类。直营连锁是由企业自行经营，自负盈亏；而加盟连锁是获得连锁企业总部同意并由企业外部的人士所经营。

更细的分类，是将连锁经营细分为以下五类：直营连锁、自愿加盟连锁、合作加盟连锁、特许加盟连锁、委托加盟连锁。

1．直营连锁

美国对直营连锁的定义为：凡是经营两家或两家以上的零售商店，经营性质相同，且属于同一资本管理商品政策之下所组成的公司组织。即由总公司拥有所有权，经营管理两家以上性质相同的零售店，并承担一切盈亏。

直营连锁的目的在于拓展及控制营销渠道，并以整体运作模式采取一致行动，加深连锁店在顾客心中的印象。此外，通过统一管理制度的建立执行，也可获得规模效益，提升整体的经营效率。

2．自愿加盟连锁

由批发商或制造商发起，各零售商自愿加入，依契约明确连锁企业总部与各加盟者的权利与义务，并共同出资建立形象一致的商店。连锁企业总部与加盟者各自拥有自主权，以契约来作为合作的基础。连锁企业总部需提供经营上的指导给加盟者，而加盟者必须支付费用给总部，并向连锁企业总部承诺采购一定比例的商品。双方可以说是在平等的基础上，类似合作互惠的组织。

自愿加盟连锁的目的在于通过专业化的经营管理，降低风险，减少投资，以达到规模经济。

3．合作加盟连锁

由性质相同的商店共同出资成立公司，降低经营风险，加强对抗直营连锁的竞争力。合作加盟连锁是由零售商共同出资成立一个批发中心，以求在进货或促销上采取联合作业而降低成本。参与加盟的零售商对外采用统一名称，并支付一定额度费用以促进业务发展。各零售商以股东身份参与决策，连锁企业总部与加盟者间以契约来订立双方的责任。

合作加盟连锁企业总部不以营利为目的，其主要是通过合作来降低成本。

4．特许加盟连锁

国际连锁加盟协会对特许加盟连锁定义为：一种存在于连锁企业总部与加盟者之间的持续关系，由总部赋予对方执照、特权，使其能经营生意；另外，由总部提供组织、培训、采购和管理方面的协助。相应地要求加盟者支付相当的代价作为报酬。

日本连锁加盟协会对特许加盟连锁的定义为：总部与加盟者缔约，将自己的店号、商标及其他象征营业的事务和经营指导授予对方，使其在统一的企业形象下销售其商品。加盟者在获得上述权利时，相应地需要支付一定的报酬给总部，并在总部的指导及援助下经营事业的一种存续关系。

特许加盟总部的收入来自技术报酬（Franchise Royalty）与加盟契约金（Initial Franchise Fees）。其兴起的原因，一方面，作为介入市场或渗透市场的方法，并且收取技术上的报酬；另一方面，可使拥有资金而缺乏管理能力的人和拥有技术而无资金者相结合，共同开创事业。

表 1-2 将直营连锁和特许加盟连锁进行了比较。

表 1-2　直营连锁和特许加盟连锁的比较

	直营连锁	特许加盟连锁
所有权	总公司或上级公司	店主
经营权	总公司统一控制	在特许契约规定范围内
营业利益	公司	在特许契约规定范围内
决策	总公司	在特许契约规定范围内
资金	总公司	店主
经营者	总公司任命经理	独立店主
扩展	开发新店	新店或旧店加入
开店速度	较慢	快
商品来源及技术	总公司	主要来自总公司
价格	主要由总公司规定	依据双方合约规定
倒闭	公司规定	自由
培训	全套	全套
指导	专人巡回	专人巡回
促销	统一实施	统一实施
店面	统一	统一
成立目的	商业公司扩展市场或厂商发展分销渠道	通过契约发展自己的特定产品、服务、营销方式、商标、专利权等
优点	• 所有权与管理权集中，利于实现规模效益 • 大量进货，可取得低价，减少运费 • 可聘用优秀管理人才 • 批零功能合一，有利于协调	• 兼有直营、特许经营的优点 • 可以少投资金，达到快速发展的目的 • 吸引创业者加入 • 利用品牌和成功模式，效率高

续表

	直营连锁	特许加盟连锁
优点	• 节省促销费用	
缺点	• 投资大 • 风险大 • 环境适应性和应变能力差 • 店主创业精神不足	• 契约制定，常使总部与加盟者产生争议 • 迅速扩展，易形成市场垄断

5．委托加盟连锁

委托加盟连锁的本质与特许加盟连锁相同，连锁企业总部与加盟者之间存在契约关系，总部向加盟者提供商品销售、经营知识及经营指导，而加盟者必须支付技术报酬与加盟金。两者最大的差别在于，委托加盟店面所有权或租赁权由连锁企业总部拥有或提供。

委托加盟连锁兴起的原因：一为加盟者提供渗透市场的方法，并解决资金、人力不足的问题；二为员工提供内部创业的渠道。委托加盟连锁的扩张速度较特许加盟连锁快。

1.4　案例：麦当劳连锁店

1955 年 3 月 2 日，雷・克洛克在芝加哥建立了麦当劳公司的总部，自任董事长兼总经理。同年 4 月，雷・克洛克自己创办的第一家麦当劳标准连锁店也在芝加哥西区的德斯普芒斯正式开业。此店既是麦当劳公司的发源店，也是克洛克快餐发迹的起点。因为这家连锁店已不再是麦当劳兄弟以前的那种有名无实的连锁店了。

克洛克自己的连锁店一炮打响，创造了年收入 15.8 万美元的骄人业绩。同年 7 月，他又在加州的弗雷斯诺卖出了第一份特许经营权，开办了第二家连锁店。结果，两家连锁店都大获全胜，合计销售总额高达 23.5 万美元。

他慎重选择加盟者并且以诚相待，重视与加盟者之间的沟通，让表现优异的加盟者得到进一步扩大的权利，并且将好的制度、管理方法逐步传播开来；他慎重选择市场，以规范的标准要求每个加盟店，即产品标准化、服务标准化、促销标准化。

就这样，麦当劳在今日已经逐步完善特许经营管理系统，并借此雄踞全球快餐业之首，麦当劳统一的形象、标准化的管理为其赢得了广大顾客的信赖，也在全球复制出了数以万计的百万富翁。

心得栏

第2章

开设直营店

2.1 建立连锁体系三部曲

在连锁经营组织中，总部相当于一个人的头和脸，总部有很多的机能，而组织开发机能则相当于头脑的部分。

所谓的组织开发机能，是指总部进行全体统括经营的机能，也就是将连锁组织全体加以运营的整合机能。当头脑中枢运作正常时，整个组织的运营就会相当顺利；若组织的头脑没有正常运作，则整个组织就会出现问题。组织开发机能主要包括以下三大重点。

1. 开设直营连锁店

连锁企业总部在开发分店上有两大要务：健全直营店开设与强化市场运营。

（1）健全直营店开设。健全直营店开设包括开发新店铺、教育培训工作，并且为了谋求形象的统一，总部还负责各直营店的总体设计。有些甚至规定必须先有几家直营店才能开展招募加盟店的工作。

（2）强化市场运营。市场运营部门必须指导店铺的运营、公关等工作。分店运营不好，怎能一再开设连锁店，甚至对外招募加盟店呢？

2．成立连锁企业总部

一个好的连锁体系需要一套好的制度与经营方式来助其运作。从设计企业识别系统、地理位置条件的设定、设备装置的标准化、促销推广的方法、商品质量的标准化、服务方法的标准化、安全库存量的决定、薪资体系确立到决定广告宣传的公关方式、对总部的义务事项等，都要用严谨的态度对待。总部也可通过提供教育培训、手册等来说明运营作业上的要项。

3．扩展连锁版图

连锁经营发展，是希望各分店能遍及各地。因此，连锁企业总部会朝着普及化的经营方向发展，发展直营店或发展加盟店，最终将连锁事业发展到全国甚至全世界。

2.2 连锁经营的市场扩张方式

市场扩张是连锁经营取得规模效益的基础，只有通过制定并实施正确的市场扩张战略，企业才能生存发展，不断提升竞争力。为了促进企业的扩张，选择适宜的扩张方式是十分必要的。

1．直营式战略扩张

直营式战略扩张是指企业利用自有资金，通过开设新门店来实现经营规模的扩大。如果自建连锁门店进行扩张，就称为直营式连锁扩张。在直营式连锁扩张方式下，连锁总部对新门店拥有绝对的资金、人事、销售等方面的控制权。

2．入股式战略扩张

入股式战略扩张是指企业与其他企业通过资金或资产入股方式来组建新的股份制企业，从而实现经营规模的扩张。入股式战略扩张所需资金较少，组建周期较短，经营规模较大，能快速地进行连锁扩张。

3．并购式战略扩张

并购式战略扩张是指连锁企业通过资本运作方式来实现规模扩张，要求被并购对象必须有利于本连锁企业的战略扩张。并购式战略扩张又可进一步分为合并式战略扩张和收购式战略扩张。

合并式战略扩张是指由两个或两个以上的企业通过资产合并和重组建立新的企业。

收购式战略扩张是指某个连锁企业通过付出一定货币资本（或其他代价）来获得对另一企业的资产和经营控制权，从根本上“剥夺”被收购企业的法人资格，进而达到战略扩张的目的。

4．联盟式战略扩张

联盟式战略扩张是指经营业务相同或相近的不同企业为了扩大经营规模，获得市场竞争优势，共同结成某种形式的战略联盟，诸如采购联盟、服务联盟、促销联盟等，一般以采购联盟较为常见。各企业结成联盟后，每个企业都可以从联盟中获得单个企业不可能得到的联盟利益或联盟优势。在战略联盟内部，由于每个企业都遵循着优势互补、资源共享、信息互通、促销互动、风险共担的“游戏规则”，因此，每个企业也就具备了进一步实现战略扩张的基础和条件。在联盟的支持下，各成员企业的扩张速度加快，实力增强。由于联盟中各成员企业的约束具有一定“弹性”，因此，这种联盟又被称为“自由联盟”。

5．特许加盟式战略扩张

特许加盟是特许人与受许人之间达成的一种契约关系。根据契约，特许人向受许人提供一种独特的商业经营特许权，并给予人员培训、组织结构、经营管理、商品采购等方面的指导和帮助，受许人向特许人支付相应费用。特许经营是特许方拓展业务、销售商品和服务的一种双赢的商业模式，它使特许人能够最充分地组合、利用自身优势并最大限度地吸纳广泛的社会资源，受许人则减少了创业风险和时间、资金等创业成本。因此，特许加盟是 21 世纪开店创业的新趋势、新潮流，也是企业快速扩张的有效模式，是推动未来社会经济发展的新动力。特许加盟经营范围一般为专业化、小型化、快捷化的产品或服务，如汽车干洗连锁服务站、饮用水连锁配送服务中心、餐饮连锁店、美容连锁店、鞋业连锁店、书店及各种便利店等。

2.3 先开设直营店

连锁分店代表着整个连锁体系与顾客直接接触，对总部形象及利润有着极大的影响，特别是连锁企业所直营的示范店、旗舰店，不只具有销售功能，更有示范和展示店面形象的功能。因此，如何在适当地点以适当的规划来开设迎合顾客需求的店铺，对总部而言就显得格外重要。

连锁企业首先必须拥有一个自己的旗舰店，作为示范店用途；其次要陆续开设自己的直营连锁分店，以便累积经营经验；最后对外招商加盟的连锁店。

分店开设一般需经过开店计划研究拟订、店铺建设规划、设备采购、工程施工、工程质量及设备验收、开业计划执行等几个步骤。整个过程环环相扣，缺一不可。

1. 先建立自己的旗舰店（示范店）

要说服投资者加盟到总部的特许经营，最好的办法莫过于建立自己成功的示范店。

企业先建立自己的示范店、旗舰店，通过示范经营，一方面可以检验总部的经营管理方法是否可行并在试验中获取经验，发现该套方法的优点和缺点，从而不断改进和完善；另一方面若示范店取得成功，可以得到社会的认可及顾客的认同而扩大影响，增强投资者的信心，让他们看得见加盟以后可取得的经济效益，消除疑虑。

总部如果没有开设示范店，仅仅把想象中的创意模式出售给投资者，是不负责任的行为。因为如果这套经营制度在实际操作中行不通，这对加盟者经济上及精神上都是一个沉重的打击，甚至完全可以看成一种诈骗行为。因此，无论是从加盟者的角度，还是从企业自身发展的角度，总部在出售特许权之前都必须建立示范店（或旗舰店）进行试点经营。

示范店的一个主要功能，是建立总部的模范经营流程，即在可能出现的领域内找到程序性的解决方法。例如，可发现店铺内外装修的最佳方法；可获得包括最佳营业时间、各岗位所需人手、日常费用开支等方面的实际经验；可发展出最具效率的财会制度、存货管理和存货控制方法；还可为制定一本详尽全面的操作手册提供基础。当总部对每个营业岗位和营业环节都实现了标准化、专业化、简单化，形成书面的经营手册，使之变成任何人都能通过短期培训就可掌握的标准经营流程之后，对外出售特许经营权的计划就可以实施了。

2．连锁分店的筹划

连锁分店的成立，必须进行市场调查，了解商圈特性及选择适当地点后，在许可的预算之下取得用地。在决定开店后须申请行号、规划组织与安排人员，并制定教育培训措施。为使每个步骤确实执行，最好能拟定工作进度表，以便跟进和督促。

2.4　快速介入经营成功的商店实体

企业欲介入某连锁经营行业，有一种快速的做法是，先购买或控股一家经营十分成功的店面，该店面既可作为未来加盟经营体系的直营店，又可用来总结经营诀窍、制定单店运营手册和其他加盟经营文件。其成功经验正好是用以指导加盟店的蓝本，也是连锁企业总部建立管理体系的基础和依据。

阅读资料

某汽车美容养护连锁加盟企业就是采用这种方法快速、稳健地走上加盟经营道路的。该企业原来主要从事汽车润滑油、保养品、汽保设备和汽车装饰用品批发业务。1997 年年初，公司看好汽车美容养护服务行业，决定开展加盟经营业务。由于公司以前没有直接从事过汽车美容养护业务，既无从业经验又无注册商标等无形资产，而自己从头开始摸索经验需要很长时间，不符合公司的发展规划。因此，公司决定购买一家经营汽车美容养护业务的门店，利用其成功的从业经验和成熟的品牌要素来开展加盟经营业务。通过多方调研和协调，终于和一家经营得十分成功的汽车美容养护店达成协议，公司将该店买下，承接了该店的所有业务和资产（包括有形资产和无形资产）。

在律师和管理顾问的帮助下，购买和改造工作进行得十分顺利，公司很快就建立了较规范的加盟经营体系。半年时间内，公司设立了适应加盟经营业务特点的管理职能部门（如培训中心、配送中心、连锁发展部、项目开发部、加盟支持服务部等），确立了公司 CIS（企业形象识别系统），制定了“单店运营手册”、培训教材和“VI 手册”，拟定了加盟经营权文件（包括加盟店投资可行性报告、加盟经营合约等）。此举解决了加盟经营企业的主体资格问题，使公司开展加盟经营合法化。公司将别人成功的经营管理经验和成熟的品牌要素嫁接到自己的加盟经营体系之中，在短时间建立起独具特色的加盟经营体系，为公司的业务发展赢得了机遇。经过三年的发展，该公司的加盟经营业务取得了巨大的成功。目前，该公司已发展连锁店 800 余家，迅速成长为汽车美容养护行业的排头兵。

2.5 连锁开店的阶段性选择策略

连锁开店的阶段性选择策略是，当第一开发区域开店达到 11 家后，开始进入第二开发区域；当第二开发区域开店达到 11 家时，开始进入第三开发区域；每个阶段开店到七八家时，就要做下一开发区域的先期准备工作。连锁开店的阶段如表 2-1 所示。

表 2-1 连锁开店的阶段

阶　段	第一区域	第二区域	第三区域	合计分店数
1	11			11（构筑基础）
2	21	11		32
3	31（最大收益期）	21（形成优势）	11	63

这样做的目的是每个阶段都有形成优势的区域，也有正在开发的区域，既保持一定程度的收益，同时也构筑下一阶段的基础。当区域扩展到 3 个以上时，同时存在新开发的区域、已形成优势的区域和处于收益性最高阶段的区域，企业发展开始步入良性循环轨道。

这种发展方式有助于连锁企业根据进入地区的情况，逐步形成标准化经营管理技术。如果同时在几个区域开店，地区经营的真实情况将在相当长时期内无法表现出来，企业标准化推进过程就会遇到阻碍，企业发展就会步入危险境地。

1. 经营管理要跟得上企业发展

分店数量每到一定规模，都会相应产生一些经营管理方面的新问题。如果不能适时予以调整，必然出现问题，影响企业的稳定发展和成长。在国外常见到由于扩张过快、相应措施跟不上而导致企业失败的例子。

2. 开店顺序

在确定了面扩展、形成商圈优势等基本方针后，仍存在开店顺序问题。因为分店毕竟要一家一家地开，先开哪一家，后开哪一家，是一个技巧性问题。如图 2-1 所示，直线型最差，三角型略强，理想型最好。

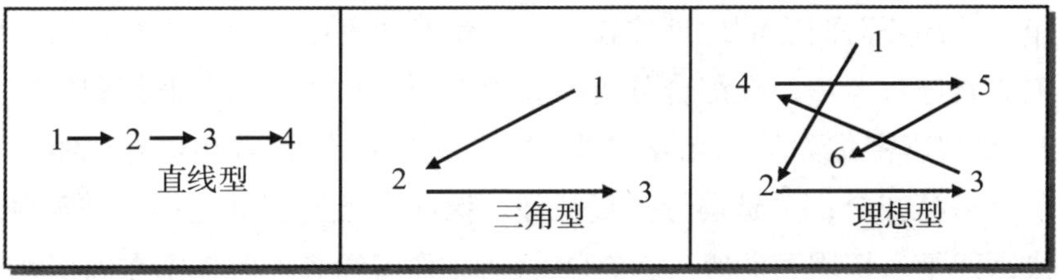

图 2-1 开店顺序

首先，明确业种、业态，即经营什么、店铺规模多大、营业时间、需要什么样的位置等。其次，选择开店区域和范围。哪些区域适合本企业发展？哪些区域有利于形成商圈？选定本企业准备发展事业的范围。有利的区域往往是人口多的地区、收入水平高的地区、不存在竞争强手的地区。最后，设置专职分店开发人员和开发部门，有计划、有步骤地推进。

2.6 案例：7-11 便利店的成功

2004 年 1 月，世界最大的连锁便利店企业 7-11 总部公布了 2003 年的经营情况：在美国和加拿大拥有 5 800 多家门店，同时在美国本土以外的 17 个国家和地区特许授权了大约 20 000 家门店；全球的 7-11 门店的销售额超过了 300 亿美元，销售收入因此增长 10.1%，达到 109 亿美元；商品销售毛利总额达到 26 亿美元，同比上升 5.5%，商品销售毛利率达到 35.5%，与 2002 年持平。7-11 收入的主要来源是商品和汽油销售，这和其不断增加门店也有着极大的关系。

7-11 始创于美国南方公司，成立于 1927 年，以最初的经营时间早上 7 点到晚上 11 点而得名，后改为 24 小时营业，但仍沿用先前的名字。该公司经过多年的经营，已经成为全球最大的便利店体系之一，其实体店遍及美国、日本、加拿大、澳大利亚、中国等 20 多个国家和地区，总数已达 1.5 万多家。日本 7-11 自 1974 年开设第一家店铺，迄今已有 8 000 多家店面，其中八成以上是特许加盟店。

7-11 在某地开店时，不会采取零散设店的方式，而是采取地毯式轰炸的集中开店策略，在地区内以密集开店的方式，形成压倒性优势，以达到规模效益。当总部决定在某地开店之后，征募顾问就开始选点并寻找合适的零售店，然后开展说服工作。总部要对商店的地理位置、房产状况、资产、周围人群构成、店主素质等多项要素进行考评，在综合分析的基础上预测加盟店的营业额和发展方向，保证 7-11 便利店密集而又不相互残杀。所有的 7-11 便利店必须遵守四项管理原则：一是必需品齐全；二是实行鲜度管理，保证商品的新鲜性；三是店内保持清洁、明快；四是亲切周到的服务。7-11 的细节管理优势主要集中在以下几方面。

1．在消费心理研究方面

7-11 的零售心理学和经营策略是被“全世界最难对付”的日本顾客锻炼出来的。因此，就算美国的沃尔玛与法国的家乐福等海外零售巨头相继进军日本，也无法撼动 7-11 的地位。日本 7-11 便利连锁集团的创始人铃木敏文曾经指出，现在最需要的不是经济学，而是心理学。在顾客心理研究方面，7-11 独有心得。他们认为，7-11 便利店从来都不需要同竞争对手竞争，自己永远是在和顾客的需求竞争。7-11 便利店之所以能够取得快速的全球扩张，与其在消费心理方面的持续性投入有着密不可分的关系。

2．在店铺选址方面

稳居全球最大连锁便利店宝座的 7-11，依靠自身积累起来的丰富的商圈选择经验和严谨而又科学的店址选择方案，有效地为其店铺的成功运营提供了坚实的保证。特别值得一提的是，7-11 的店铺选址策略同肯德基选址策略一样高明，在业内备受推崇，享誉零售界。

3．在商品管理方面

立足于全球化视野、本地化经营的前提，7-11 在商品品类管理、商品结构、鲜度管理、库存管理和滞销品管理等方面颇有建树，通过对商品进行科学的分类管理，不断优化商品结构，有序地提升了有限的空间资源和商品效率。

4．在店铺品牌推广方面

作为日本零售业界中首席企业的 7-11，以其“卡式管理”的标准化经营流程，不断改写着自己店铺品牌商业孵化和自我超越的历史记录。

5．在团队管理方面

7-11 非常注重团队的建设和干部的培养，尤为关注对于店长和店长助理一级基层管理干部的培养。从 7-11 的“并肩作战日”到其自创的独具特色的“人心增值”理论，都为其开放式的绩效考核和升迁制度提供了系统的支持作用。

6．在信息化管理方面

面对信息化管理与升级挑战，7-11 将传统理念与现代技术完美结合。从改革 POS 系统、实行单品化管理，到引进易于操作的双向 POS 机提高商品订货效率，从利用 ISDN 线路提高数据传输效率和门店数据库管理，到导入卫星通信系统强化进销存的供应链平台管理，都是 7-11 运用信息化技术发展的佐证。

7．在物流支持方面

7-11 在设置适应 JIT 物流中心的前提下，积极推进物流电子化的系统升级，在集约化物流提高配送效率的同时，以“蚂蚁通道”的分销渠道策略有效推进了销售旺季的商品供应效率。

8．在天气管理方面

7-11 依照天气变化因素制定商品订单计划，开展店铺日常经营活动，已经被沃尔玛、家乐福等众多大型国际零售巨头所效法和借鉴。

9．在非主营业务收入开发方面

首先，针对系统外部，7-11 推出了极为严格、相对苛刻的供货商准入门槛和管理制度，通过建立灵活高效的组织管理体系，有效地将商品间接收益和边际贡献放大到了生产力的极致规模水平；其次，针对系统内部，7-11 不断利用电子商务平台向新兴市场进行渗透和扩张，积极改进支付方式，扩展业务范围，通过电子商务提供物流及结算支持。

心得栏

第 3 章

建立连锁总部

3.1 连锁经营体系的 3S 原则

企业连锁经营成功的秘诀在于在运用 3S 原则。简单化、专业化和标准化是 3S 原则的主要内容。

1．简单化

现在的商业讲究效率，因此人们希望能够通过简单的流程来完成。由于连锁经营体系庞大，因此在财务、货源的控制上都需要通过一整套特殊的系统来运作。如果能将其中的一些程序精简，使之更容易操作，就能收到事半功倍的效果，以最少的资源获取最大的利润。

通常情况下，企业会将整个操作流程制作成一个简明扼要的操作手册，让员工一目了然。按照手册规定各司其职，进行有序运作，这样可使员工在短时间内驾轻就熟，达到较好的效果。例如，肯德基快餐店的标准化手册规定：所有采购的正宗“AA 鸡”必须经过质量部门认可；鸡胸肉每块必须 100 克左右，误差不得超过 2%；每一批进货都必须有时间卡，上面标明何时进货、最后使用期限等；鸡块、辣鸡翅炸出 1 小时，汉堡包做好 10 分钟后，若未销售掉必须处理；餐桌上不能有油迹，顾客用过而未收拾的桌子不能超过3张。

2．专业化

随着形势的发展，现在许多工作的分工越来越细，连锁体系的发展也是如此。

连锁体系中划分了产品开发部门、市场调查部门等，根据这些部门提供的资料，再进行试验、生产，而在产品推向市场之前，还有专人制作POP、广告策划、营销策划、加盟店的店铺设计等。与供货商之间已开始利用网络来操作，将存货管理等制成流程报表和传票，以利于整体的运作。

3．标准化

标准化的表现方式在于操作的标准化。总部负责订货、采购，然后统一分配到各分店，并且各分店要按照总部拟订的流程来进行。此外，企业整体形象的包装设计，如各分店所使用的商品、商标、装潢等都需要统一，甚至外观、标准颜色、字体，还有员工的着装、广告宣传等，也要协调一致。

总之，3S 要达到的目标就“谁都会做、谁都能做”。根据这个原则，连锁体系组织内的每个部门都需要明确分工，各司其职，圆满完成任务。

3.2　连锁总部应具备的机能

连锁业有句话“连锁总部有多大，连锁企业就有多大”。企业要开展连锁企业版图，必须先拥有一个指挥中心，也就是要先建立连锁总部。

在架设连锁总部前，必须先行确认总部应具备的机能，因为总部的机能越完整，连锁力将越强，总部应具有的机能一般包括以下几项。

1．示范店机能

连锁店得以快速发展要依赖于连锁运作体制的推行，如何将这套连锁运作体制推行出去，同时又能使连锁店及总部双方皆有获利，是总部的首要任务，如此才能奠定此连锁体系日后的发展基石。因此，总部必须设计真正属于自己的开店策略，包括全面示范店计划、市场潜力分析与计算、商圈调查与评估、开店流程制定与执行、开店投资与效益评估、卖场配置规划等，总之，要设法达到高而精准的“开店成功率”。

2. 指导机能

连锁店一旦开始执行运作，许多运作问题将接踵而至，如果仅靠教育培训单位的培训课程来解决这些问题，将缓不济急。因此，总部以指导人员辅导连锁店运作是必要的，既可以作为总部与连锁店之间的桥梁，避免其断层；也可以快速地提供最好的经营技术给连锁店，协助连锁店运作。

3. 营销机能

营销是较广义的说法，涵盖了商品采购及引进、连锁店的促销与活动、整体形象的塑造与建立、广告媒体的运用等，故营销的任务在于如何通过各种工具、手法及种种可行的具体事项来提升连锁店的营业额。

4. 教育培训机能

连锁店运作成败的关键，在于如何将连锁运作的精华传承给加盟店，也就是如何将连锁运作成功的经验有系统地让加盟店接受并很快地运用。其间，教育培训扮演了内（总部人员）、外（加盟店）部传承中介的角色，让毫无经验的加盟者得以在最短的时间内进入该运作领域；让已运作熟练的执行者提升其经营管理的能力；让管理者预见未来连锁发展的蓝图。

5. 研发机能

研发机能对连锁店而言，是非常关键性的机能之一。连锁企业在经历了初创关卡后，如果想继续成长的话，必须不断研发适合顾客的商品及服务。研发机能是否能正常发挥，必须考虑两项原则：① 针对差异性商品（或服务）的研究；② 顾客可以接受的合理价格。除了考虑对商品及服务的研发外，如何使连锁运作更加效率化，使连锁规模不断升级，也是研发机能的范畴。

6. 财务机能

财务机能是发展连锁的关键，财务健全方不致功败垂成。财务机能包含正确的账务及会计系统、税务处理、防弊与稽核、善用并调度资金等。通常情况下，财务扮演着较为被动而守势的角色，但若能充分发挥其机能，则也可能避免运营危机的发生，甚至可以减少因其灵活调度而增加的非营业方面的收入。

7．信息收集机能

此机能常被忽视，因为繁杂的运作问题及行政作业，已使得作业人员焦头烂额，如果再缺乏较宏观长远的规划，则往往会将此机能视为无意义且增加成本的工作。

信息收集主要集中在经营环境的变化、经营相关信息的整合、国际发展脉络与趋势、新观念新技术及内部运营信息的整合等方面，依据这些信息可建立更规范、更宏观、更长远的经营观。

3.3 连锁总部的功能

1．连锁总部的主要功能

连锁总部承担着维护本体系正常运转和明确发展方向的重任，具有下述多种功能。

（1）建立完善的经验管理系统，促进各加盟店单店管理模式的不断完善。

（2）开发和采购加盟店需要的各种物资，确保各受许人经营所需物资的稳定供给。

（3）对授权的品牌开展宣传和推广活动。

（4）组织开展形式多样的促销。

（5）信息收集与处理，及时收集、整理、传播与本体系有关的国内外经济、政治、文化等各种信息，并制定相应的经营策略。

（6）融资及资金支持。

（7）提供培训指导，提高培训工作水平。

（8）对各加盟店进行督导与控制管理。

（9）对受许人遇到的各种经营管理问题进行诊断和提供咨询。

2．连锁总部的基础功能

连锁总部的基础功能之一是为各受许人（加盟店）提供各种支持和服务。只有不断完善服务功能，才有可能实现总部的发展战略。这种指导思想应贯穿于总部各部门、各层次的具体工作中。

连锁总部应提供的服务内容，以下几个方面最重要。

（1）前期经营指导功能的完善。

（2）培训功能的完善。

（3）运营顾问功能的完善。

（4）广告功能的完善。

（5）市场推广功能的完善。

（6）法律支持功能的完善。

3.4 连锁总部的权利和义务

1. 连锁总部的权利

（1）加盟权利金收入。加盟权利金是加入连锁体系的加盟店所应支付的商誉金。合约到期不续约者此项收入不退还。

（2）履约保证金代保管。履约保证金是指加盟店为确实履行与公司订定的合约而缴押的担保金。合约到期时，若加盟者依合约履行应尽义务，则此项收入应全数归还特许加盟者。

（3）商誉收入。商誉收入是指加盟店按月支付给总部的商誉使用金。此项收入可分摊总部的固定行政费用。

（4）运营现金的运用。特许加盟店每日营业额汇回总部，总部因加盟店数的增加，总营业额相对增加，总部周转的现金总额也相对提升，使得总部运营资金周转更为充裕。

（5）促销费用的分摊。加盟店的增加，使得每家店的平均促销费用降低或相对促销预算总额得以提升，因而连锁体系可达成更好的广告宣传促销效果。

（6）采购成本的降低。由于加盟店增加，整体进货量也相应增加，因一次采购量与总采购量的提升，使得总部采购的议价空间增加，进而降低采购成本，使加盟店与总部互得其利。

（7）经济效益的达成。由于商誉收入增加，而加盟店只分摊总部的固定行政费用，所以总部可因加盟店的增加而提高经营运作绩效。加盟店的增加与连锁总部人员增加并非正相关，总部因此可形成规模经济效益。

2．连锁总部的义务

（1）人力资源系统规划。有关加盟店经营所需的人员规划，包括甄选、聘任、工作时间调配、轮休、请假、服务态度、制服费用、管理监督、薪资、福利保险、辞退、资遣、退休等，由总部统一规划制定标准运作制度。

（2）人员培训规划与执行。为使加盟店员工能了解连锁体系的经营理念、经营技巧、经营秘诀与特殊的管理知识，员工均须接受连锁总部举办的新进人员职前培训、在职技术培训。

为使连锁体系各加盟店的服务及设备均处于良好的运作状态，适时反映市场趋势，塑造并维护连锁店的美好形象，创造彼此共同利润，总部需规划相关课程来培训加盟店员工。

（3）店内陈设规划。有关加盟店运营设备摆放及陈设、商品陈列、海报、吊牌、旗帜、气氛布置，总部需完成规划，制定平面配置图与陈列配置，供特许加盟店使用。

（4）服务与商品价目表。总部需制定统一的服务与商品价目表。此价目表内的商品与服务项目、服务范围及价格，总部需全面进行市场调查，以利于加盟店运营销售。

（5）广告促销运作规划。有关加盟店的开业促销及广告运作，总部需提供加盟店年度运作规划、费用预算与执行细项，以利于加盟店运营。

（6）财会报表系统规划与稽核。总部应将加盟店的财会报表与各类窗体的管理事项进行完整的规划，确保加盟店的账务明确与管理完善。总部应于每一会计期间结束时交付往来账明细表给加盟店，加盟店如对会计或财务事项有疑问，总部会计或财务部门应明确解释。

（7）盘点作业规划与协助。总部应建立“盘点稽核标准作业手册”，并协助指导加盟店执行。

（8）加盟店经营与管理协助。总部需明确订立加盟店的营业时间、店主管会议时间、店主管管理手册，以及连锁店作业规定，并设立区主管来协助和指导加盟店的经营管理。

（9）装潢与设备规划维护。有关加盟店的装潢工程，如电力申请、水电工程、土木工程、冷气机、照明、服务柜台、陈列架等，由总部提供设计与设备后施工。

特许加盟店的设备使用，总部需提供有关设备使用须知、教育培训、操作保养手册等，并由总部洽询维修厂商，以维系该店设备的正常运作。

（10）不断创造更好的经营利基。连锁加盟总部有义务不断开发新技术、新商品、新管理模式，为各加盟店开创更好、更大的经营获利空间。

3.5　连锁总部的控制力

1. 加强连锁企业总部的控制力

加盟合约对受许人的行为规范进行了全面限定，是总部与加盟店双方权益的法律保证，详尽完备的合约条款，是总部控制加盟店的基础。加强总部控制力的要点，就是确保条款的顺利实施。为了便于控制管理，连锁总部应在以下几个方面进行强化。

（1）建立一套有效的监督管理制度。其中包括财务会计制度、统计报表制度、总结报告制度等。制定原则是符合加盟经营模式的基本规律，要有充分的可操作性。

（2）设置专门的部门与督导人员，设定工作职责与任务，对各受许人进行直接管理。

（3）强调加盟合约的严肃性，对有违规行为的受许人进行相应的处理。

（4）与受许人进行充分沟通，建立顺畅的沟通渠道与沟通方式。

2. 设置连锁总部督导人员

总部督导人员是特许人与受许人之间沟通的桥梁，其基本任务是贯彻连锁总部的政策、规范、指导、监督，以及支持受许人（加盟店）的业务运行。

（1）运营指导与顾问。在加盟经营合约中，连锁总部通常会承诺，在日常的运营过程中给加盟店提供相应的支持及管理、营销方面的咨询服务，包括营业指导、市场分析、单店管理、人事管理、竞争对手分析等具体工作。

一位优秀的督导人员同时也是加盟店的有力支持者。对于加盟店出现的运营问题，督导人员会指导单店管理者找出原因并协助制定解决方案。

（2）维护公司运营标准。各连锁企业均有其相应的服务和质量标准，并通过培训、运营手册等形式传递给加盟店。连锁企业与加盟店之间的合作是长期的过程，因此督导人员要对加盟店的运营水平进行监督，以维护企业的基本要求。同时督导人员要注意把握好尺度，不要让加盟者感到过分苛刻，使他们能够接受。

（3）信息沟通。首先是将总部的信息传递给加盟店。虽然总部有一定的信息传递渠道向加盟店传递信息，但督导人员应当做到确保这些信息均能被接受和消化。

其次是将加盟店反馈的信息传递给总部。督导人员应当有能力区分和鉴定加盟店所反映的信息类型，经过处理后反馈给总部的相应部门。

最后是收集市场信息，提供给总部或加盟店，因为督导人员实际上是总部运营部门的一线人员，直接接触加盟店、员工和顾客。

3.6 案例：麦当劳总部的职能

麦当劳是世界上最成功的特许经营组织之一，它在全球的特许加盟店有30 000多家，约占其总店铺数的70%，并且仍在以每年约2 000家的速度增长。

特许连锁经营和传统的单店经营相比具有店铺众多、网点分散、业务量大的特点，但其本身的运作规律又要求各个加盟店在经营过程中做到统一店名店貌、统一进货、统一配送、统一价格、统一服务等，因此特许经营总部的管理应具有相应的水平。要管理一个庞大的连锁王国绝非一件容易的事。对此，麦当劳自有绝招，为了有效管理分散在全世界各地的所有快餐连锁店，麦当劳建立了一套有效的中心管制办法，发展出了一套作业程序。由总部的培训部门向每个加盟者传授这套程序，并保证他们在实际运作中严格执行。

麦当劳总部的组织结构及职能主要分为两大部门：加盟店开发与培育部、市场营销和操作部。这两大部门又分别设立各个职能部门，具体领导各个加盟店。麦当劳总部的职能主要包括八个方面。

1. 管理职能

除了加盟店的销售和各种日常工作外，总部要处理包括成本费用和利润的计算与核算，以及福利与社会公共事务等。麦当劳总部统一处理加盟店的经营统计，对其经营业绩进行比较和分析，并提供改进的意见与建议。

2．产品开发与服务改进职能

根据各连锁店当地的市场变化与竞争情况，麦当劳总部需要及时地改变产品的品种、质量、外观、促销方法和服务办法，开发出适合市场需求的新产品和更优质的服务方法，并以合适的价格和方式提供给各个加盟店。

3．系统开发职能

遍布全球的麦当劳餐厅都是麦当劳系统的一部分，由总部对各项职能进行有机整合，从而发挥其整体优势。

餐厅并不是麦当劳这一世界品牌的全部，它只是冰山的一角，因为在其后面有全面的、完善的、强大的支持系统全面配合，以达到质与量的有效保证。而在这强大系统的支持当中，包括拥有先进技术和管理的食品加工制造供应商、包装供应商及分销商等采购网络，完善健全的人力资源管理和培训系统，世界各地的管理层、运销系统、市场推广、准确快速的财务统计及分析等。

4．促销职能

所有加盟店的促销活动和广告费用都由麦当劳总部统筹安排，不但可以提高麦当劳的整体形象，还能靠规模效应而降低相关费用。

5．教育和指导职能

麦当劳总部负责对所有加盟店的从业人员及管理人员提供定期的教育和培训，直到加盟店的运营能有效贯彻麦当劳手册为止。

6．财务与金融职能

麦当劳总部通过融资活动向加盟店提供资金援助。对于财力薄弱或资金有困难的加盟店，麦当劳总部以连带担保的方式与融资机构协商，帮助加盟店获得所需贷款。

7．信息收集职能

麦当劳总部及时向各加盟店提供世界各地的市场信息和消费动向等资料。同时麦当劳总部还收集麦当劳系统内各加盟店的各种信息，编成有重要参考价值的信息，及时提供给各个加盟店作为经营参考。

8. 后勤支援职能

麦当劳总部统一采购商品以及生产商品所需要的原材料，为所有加盟店提供所需的各种物资。

心得栏

第 4 章

连锁体系的组织运作

4.1 连锁体系组织结构的构成和选择

4.1.1 连锁体系组织结构的构成

连锁体系均包括总部—分店两个层次，或者总部—地区总部—分店三个层次。

1. 总部

总部是为分店提供服务的单位。总部通过标准化、专业化、集中化的管理使分店作业单纯化、高效化。其基本职能主要有政策制定、店铺开发、商品管理、促销管理、店铺督导等。这些职能由不同的职能部门分别负责。

2. 地区总部

地区总部又叫区域管理部。地区总部是连锁总部为加强对某一区域市场连锁分店的组织管理，在该区域设立的二级组织机构。这样就使总部的部分职能转移到地区总部的相应部门中去，总部主要承担对计划的制订和监督执行，协调各地区总部同一职能活动，指导各地区总部的活动。地区总部实质上是总部派出的管理机构，不具备法人资格，仅有管理与执行功能，在大多数问题上决策仍由总部做出。

3．分店

分店是总部政策的执行单位，是连锁企业直接向顾客提供商品及服务的单位。其基本职能是商品销售、进货及存货管理、绩效评估。

商品销售是向顾客展示、供应商品并提供服务的活动，是分店的核心职能。进货是指向总部要货或自行向由总部统一规定的供货商要货的活动。存货管理包括对卖场存货（陈列在货架上的商品存量）和内仓存货的管理。绩效评估包括对影响经营业绩的各项因素的观察、调查与分析，也包括对各项经营指标完成情况的评估及改善业绩的对策。

4.1.2 连锁体系组织结构的选择

1．小型连锁经营组织

小型连锁经营组织一般采取图4-1所示的直线型组织结构。

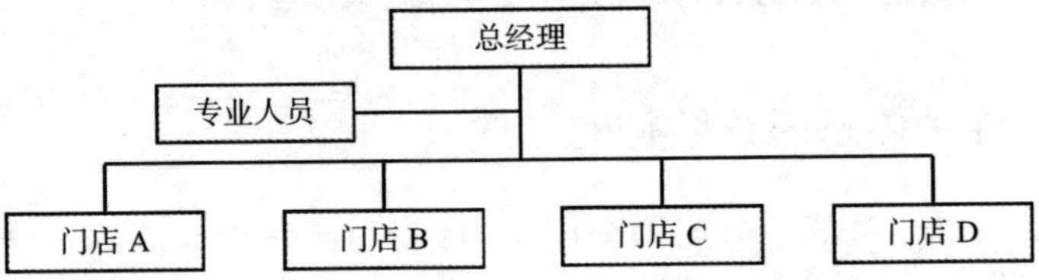

图4-1 小型连锁经营组织结构

直线型组织结构适用于门店数目不多、门店面积不大、经营商品较少、经营区域集中的连锁经营组织，即处于初创期的企业。

总经理一人负责总部所有的业务，各分店经营直接对总经理负责。

直线型组织结构的优点是，由于承担责任的总经理往往就是连锁企业的所有者，而且精通业务，承担着中央管理业务，所以决策快、控制及时，并且人员少、效率高；其缺点是组织分工较差，当门店不断增加、业务增多时就需要增加专业职能，于是就需要增加相应专业人员，如采购人员、会计人员。

2．中型连锁经营组织

中型连锁经营组织在组织结构上一般分为两层：上层是总部管理整体事业的

组织系统，下层是各门店，如图 4-2 所示。该组织结构图中，部门按照职能设置，科室也基本按照职能划分，只有门店经营部按照营业区域设置分店，物流部按照商品类别设置采购室。

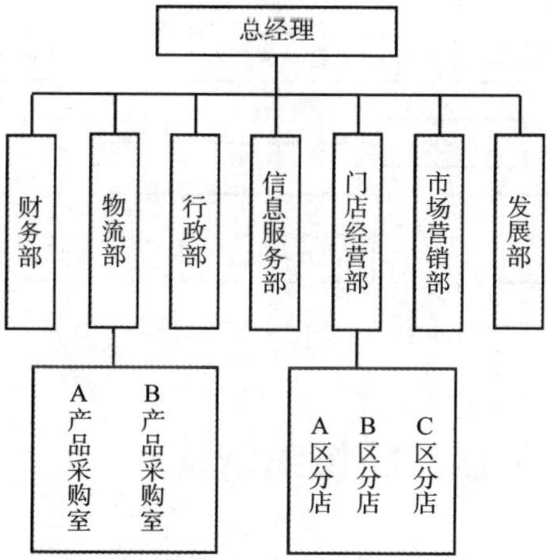

图 4-2　中型连锁经营组织结构

如果连锁企业是复合型的，除设置直营连锁门店外，还应设置相应的特许连锁门店、自由连锁门店等职能部门。科室的多少或是否设置取决于企业的经营规模。如果连锁企业规模较大时，可以在总经理和职能部门之间设置副总经理或总经理助理等岗位。在组织结构中，应当把相关程度高、交往频繁的部门归在同一上级协调的范围之内。

3. 大型连锁经营组织

大型连锁经营组织的特点是门店数量多，地域分布广，甚至跨国经营，业务类型多元化。其组织结构如图 4-3 所示。

连锁总部的部分职能转移到区域管理部的相应部门中去。总部主要承担对企业政策和发展规划的制定、监督执行，协调各区域管理部同一职能活动。区域管理部在总部的指导下，负责本区域经营发展规划，处理本区域门店日常的经营管理问题。如果连锁经营组织发展为跨国经营，其组织结构也要相应变化。

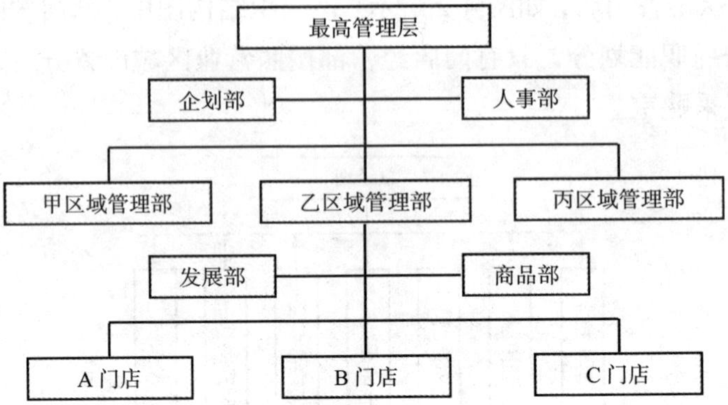

图4-3 大型连锁经营组织结构

4.2 连锁企业总部的组织结构

组织结构直接决定着连锁企业中的正式指挥系统和沟通网络，它不仅影响企业的正常运作，而且也影响整个企业中的社会心理气氛。对于有效实现企业目标至关重要的企业内部组织结构的合理与否，将直接关系整个企业的成败。

连锁企业总部的组织结构视其规模和类型不同而有所不同，一般而言，其组织结构如图4-4所示。

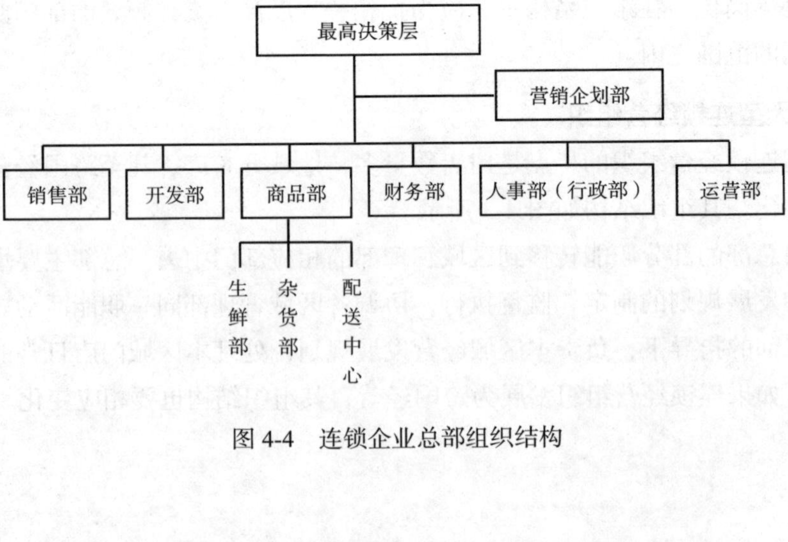

图4-4 连锁企业总部组织结构

各职能部门都是为了共同完成连锁企业的发展目标而设立的，是连锁企业经营发展中不可缺少的组织结构。每个部门应该各司其职，相互依存、相互监督、相互制约。

1．营销企划部

营销企划部主要负责企业发展战略和经营策略的研究、制定，包括产品开发、分店开发、营销策略等重大问题，在整个部门中处于关键位置。要求部门人员观念要不断更新，扮演好总部决策的参谋和助手。

2．开发部

开发部主要负责连锁企业对外形象的塑造及店铺的开发。要求部门人员必须有较强的口头表达能力和应变能力，能够敏锐地洞察市场变化。具体职能包括：运用多种公关手段，搞好公共关系，树立良好的企业形象；负责开发商店或加盟店的立项、地址、商圈调查与分析；对新开店的投资效益评估或确定加盟金；新开店的店铺形态、配置企划；新开店所需经营设备的采购与维修等。

3．商品部

商品部主要负责商品的采购、管理和开发及滞销商品的调换。要求部门人员具有洞悉顾客的喜好和市场潜力以及如何降低成本的能力，且具有相当的专业水平。其主要职能包括：采购商品方式和销售计划的制定；商品货源的把握、新产品的开发与滞销商品的淘汰；商品采购价格的谈判与制定、商品销售价格的制定；商品储存、配置和管理以及作业流程与控制；特卖商品的计划制定等。

4．销售部

销售部主要负责销售活动的管理、指导和店铺的运营。要求部门人员除应具备广泛的专业背景外，还要掌握消费行为学等知识。其具体职能包括：总部与各加盟店销售计划的制定与执行；各种销售促销计划的制定与实施；观察、研究竞争对手的销售策略；培训和指导各级销售人员。

5．运营部

运营部主要是辅助支持总部和加盟店的运营，为企业决策提供服务。这是一个特殊的部门，要求部门人员具有较强的收集信息的能力。其具体职能包括：制定总部和加盟店的营业目标，推动营业目标的实现；加强总部与加盟店的信息沟通，指导加盟店的经营；编写连锁企业的营业手册并检查与监督其执行情况；调查收集与分析竞争对手的信息，制定相应的对策。

6. 财务部

财务部主要负责整个企业资金的运作，同时具有控制与稽核功能。要求部门人员要非常细心，精通财务专业知识。其具体职能包括：融资、用资、资金调度；编制与分析各种财务报表、会计报表；各项费用的审核，发票管理；进货凭证的审核，供应商货款对账与付款；税金申报、缴纳、年度预算；计算器管理，加盟店财会的作业辅导。

7. 人事部（行政部）

人事部负责企业人事管理，员工教育培训，对外接待工作，同时兼有安全保卫的职能。要求部门人员具有丰富的经验与阅历、广泛的兴趣与知识。其具体职能包括：日常对外接待工作，办公用品的采购与管理；员工工资福利制度和奖惩制度的制定与执行；企业员工的招聘、培训、教育及退休制度的制定与实施；保卫安全制度的制定与执行。

4.3 连锁店人员的职位规划

连锁店经营中的各层级组织到底需要设置哪些职位，其职位的功能职责如何，必须明确制定，这样才能有针对性地进行人员编制，否则职位设置目的不明确，易造成用人不当与人员控管不力。另外，须通过职位管理的进行，将其作为招聘的参考工具及教育培训发展的依据，从而使人力规划更精准，并作为工作职责与绩效目标的检核及规划合理的薪资制度的依据，故在进行职位规划与管理时通常要遵循下列步骤。

4.3.1 工作分析

工作分析是现代人力资源管理的基础，也是人力企划的第一步。

工作分析（Job Analysis）是指对特定工作的运作、责任研究与收集资料的过程。工作分析探讨的内容包括：做什么事，如何去做，为能顺利完成工作所具备的知识、态度和技能如何。

工作分析的书面结果就是工作说明书（Job Description）。一般情况下，在工作说明书完成后，还要编写工作规范（Job Specification）。工作规范记载的是某人为了完成某个工作，所需具备的背景、经验及个人特质。通过工作分析，经营者才知道目前整个作业流程所必须执行的工作任务有哪些，以及各个作业流程节点上配置的人员情况。

工作分析是协助了解职位设置必要性的最佳方法，一般应在职位设置前就须先进行工作分析，设置后仍需定期进行检视是否有修正的必要性，以下为主要考虑的方面。

（1）该职位设置的目的为何？对其他职位的帮助与影响如何？

（2）该职位需要什么层次的知识或技能？有哪些学历或体能方面的要求条件？

（3）该职位的工作内容是什么？

（4）该职位负担的责任与影响度如何？在组织中的位置如何？

（5）该职位需要编制多少人？如何衡量？

4.3.2　职位说明书的建立

工作分析完成后，对于各职位的设置目的、基本要求、在组织中的关系、功能职责等，均予以明确规定。这样对于以后的人力编制、人员招募、异动与晋升、培训、薪资给付、绩效管理等，才能依照职位说明书来实施，因此，书面化的建立有其必要性，而每个职位都必须有相对应的职位说明书，以利于职位管理制度的推行。表 4-1 是门市销售员的职位说明书。

表 4-1　门市销售员的职位说明书

职位名称	门市销售员
学历要求	高中以上
工作经验	无特别要求
专长技能	熟悉收款机操作及商品销售包装技巧

续表

体能要求	能久站及搬动5公斤以上的商品
工作职责	1．执行门市商品销售及为顾客提供最佳服务质量 2．维持门市商品及机器设备清洁 3．正确操作收款机 4．提供顾客商品包装服务 5．维持商品陈列整齐及标价正确 6．遵守公司各项上班规定及接受店长工作分派
从属关系	直属主管为店长

4.3.3 职系、职类与职级的建立

1．职系

职系是以公司内部现有的工作分析为依据，将职务相类似的工作职位归类在相同的职系，以利于未来工作轮调与晋升路径规划参考，因此必须依照公司现有的组织与职位做分类。

2．职类

职类的区分则可以根据工作所涵盖的专业性与一般性做分类，专业性多以该项工作内容需具备的认证资格或专业的技术与知识来判断，而专业性职类的职位在考虑薪资给付时，会依其市场水平做调整，并对不同职类的职位调动作限制。

3．职级

一般职位的职级多采用管理职种与幕僚职种两种方式区分，主要是以其工作行为特性及人员管辖范围来区分，而在不同职级间的职称会因不同组织形态而不同，甚至在同一职级间也可能再予以细分，因此，必须依据本身组织结构的特性做职级与职称分类。

例如，员工—店长—区主任（区组长）—课长— 部门经理—总经理，此系统较常用于小型店面的连锁店组织中，如便利店、快餐店等。

员工—组长—店长（店经理）—区经理—部门经理—总经理，此系统较常用于大型店面的连锁店组织中，如超市、量贩店、餐厅等。

4.3.4　职位的增删与异动

当公司内部因需要而派生出新的工作时，就可能会产生新的职位，相对地，当需要消失或转移时，也会发生职位的删减或异动。

4.4　案例：肯德基在中国创造纪录

肯德基是美国 20 世纪 50 年代创立的一家主要经营炸鸡的快餐店，经过多年的苦心经营，目前，它已成为世界上最大的炸鸡连锁集团。平均每天都会有一家肯德基餐厅在世界的某个角落开业，而每天光临肯德基餐厅的顾客高达 600 多万人次。

肯德基在美国的知名度与麦当劳相差无几，它们几乎同时创立，并同样在短短的几十年里获得飞速的发展。肯德基的创立完全出于偶然。

20 世纪 50 年代初，在美国肯塔基州有一位名叫山德士的小业主，在芝加哥的一次食品业研究会上，他认识了一位经营汉堡包餐厅的哈门先生，两人立刻成为好友。一次偶然的机会，哈门获得了山德士制作炸鸡的秘方，便在自家餐厅窗外挂上“肯德基家乡鸡”的招牌。从此，炸鸡成为哈门汉堡包餐厅的主力产品和招牌菜，甚至超出了原先经营的汉堡包。而哈门餐厅的营业额也由此节节上升，在一年之中连跳三级，并创下年营业额 45 万美元的好成绩。

肯德基家乡鸡如此受到大家的欢迎，哈门就萌发了开设连锁店的念头。1952 年，当哈门的新店开张时，他特地邀请山德士来主持开业典礼，并宣称山德士为“肯德基上校”。在哈门的鼓励下，山德士于 1954 年开始肯德基家乡鸡的连锁经营。他的经营计划很简单：他把食谱提供给区域连锁店，而肯德基家乡鸡店每卖出一份炸鸡，他便可取 5 分钱的权利金。这是肯德基最初涉及特许经营，尽管很不完善，但确实对肯德基后来的迅速发展起到了关键的作用。

特许计划刚推出时，很多人还表示怀疑，不能接受这种方式。哈门为了支持山德士，购买了其第一份特许权。随后，人们逐渐对其有了信心，购买特许权的投资者多了起来。就连当初抄袭麦当劳兄弟开店的高林斯兄弟也开起了肯德基炸鸡店，而今，这两人已成为肯德基最大的连锁店的拥有人。此后，肯德基发展一帆风顺，短短几十年，便一跃而成为快餐业的巨人。

1987年11月12日，肯德基在北京前门繁华地段设立了第一家餐厅，以经营炸鸡为主，这是一家当时全球最大的肯德基快餐厅，营业面积达1 000平方米。而北京肯德基有限公司也是当时北京第一家经营快餐业的中外合资企业。

以北京作为发展的起点，肯德基在中国的发展十分迅速。1992年餐厅总数已达到11家，是当时在中国经营快餐店连锁餐厅中数量最多的公司。1995年，餐厅发展到50家。进入1996年，肯德基的发展有了一个飞跃，1996年6月25日，肯德基在中国成立第100家店，这是一个里程碑，标志着肯德基在中国发展的新阶段。同年6月1日，在上海人民公园开设的肯德基快餐厅以日营业额39万元刷新了肯德基全球单店单日营业额的历史记录。

肯德基的“餐厅经理第一”，即餐厅经理被充分授权，公司在经理、主管层中提倡自主管理，也就是在运营中，要求他们主动地思考问题，然后再充分授权给员工组长及所有员工。他们“只有不忽视每个人的能力，才可以将资源和效益极大化”。

自主管理才能产生联盟，部门之间才可以主动地合作。餐厅经理和各部门主管的作用被视为维系和捍卫公司完整体系的生命之源。在肯德基，企业文化被奉为一种生命力的延续，被不断丰富的企业文化代代相传，使得肯德基以其强大实力在全球迅猛扩张。

集团十分重视员工的培训和发展，从餐厅服务员、餐厅经理到公司各职能部门的管理人员，公司都按照其工作性质安排严格的培训计划，这些培训不仅帮助员工提高工作技能，同时还丰富和完善了员工自身的知识结构和个性发展。

肯德基专门为餐厅管理人员设立教育发展中心，每年为来自全国各地餐厅的管理人员提供上千次的培训课程，包括质量管理、产品质量评估、服务沟通、有效时间管理、领导风格、人力成本管理、团队精神等。

从见习助理、二级助理、餐厅经理到区域经理，每次职位的升迁都有不同的培训发展课程。在学习中，学员们结合实践经验和理论知识，经常提出新的建议，从而进一步修正和完善培训教材。升迁和加薪并不是公司唯一的激励机制，公司提倡的是要树立远景目标和团队精神，并实现自我价值。

肯德基在中国之所以取得如此优异的成绩，主要是因为它有一套科学严密的管理系统。这套管理系统中以 QSCV 为四大管理要素。

Q 代表优质的产品。高质量的产品居四大要素之首，也是肯德基历久不衰的基础。肯德基的每一块炸鸡都选用符合美国本土标准的 AA 级鸡肉，整鸡经过一系列加工后，均匀裹粉，然后放入特制的高压锅烹炸。为了保持鸡块的新鲜程度，炸好 90 分钟后仍没有售出的炸鸡必须丢弃，绝不允许廉价处理，从而保证每块炸鸡的质量及口味绝对让顾客 101%的满意。肯德基对顾客的承诺是，在任何一家肯德基餐厅，顾客都可以享受到统一质量和口味的炸鸡。

S 代表友善的服务。肯德基的目标是顾客 101%的满意，即超越顾客的希望，让顾客在肯德基所得到的服务要多于他原来希望得到的服务。这就要求每个员工都具有高度的敬业精神，尽量满足顾客的要求，对顾客的服务细致入微、快捷友善，让顾客感到亲切、舒适。快餐服务强调的是速度，肯德基的工作人员需要在一分半钟内完成对顾客的服务，包括从顾客点餐到顾客就座用餐。

C 代表清洁卫生的餐饮环境。肯德基餐厅有一套严格、完整的清洁卫生制度，每位餐厅工作人员都会负责一项特定的清洁工作。随手清洁是肯德基的一种传统，肯德基的每位员工都会用爱心给每位顾客创造一个美好的用餐环境。

V 代表物超所值。这不仅体现在质量优良的炸鸡上，还在于提供给顾客合理的价格之上，每位顾客到肯德基餐厅享受到的是值得信赖的质量、亲切礼貌的服务和舒适卫生的用餐环境。

正是由于肯德基使用了先进的管理技术、严格的检查制度，才使肯德基确保了产品的质量、服务、卫生及合理的价格能始终如一，满足了顾客的需求并因此赢得了众多顾客的青睐，从而创造了不同寻常的成绩。

肯德基的企业宗旨是回报社会。肯德基一直很关心儿童教育事业的发展，为了能使少年儿童在一个健康的环境中成长，肯德基每年均以各种方式支持教育事业，大到捐资兴学，小到免费邀请残疾儿童就餐，无论投入大小，都体现了肯德基的一片爱心。

各地肯德基公司还结合当地的实际情况举办各种有益青少年身心健康发展、寓教育于娱乐的文体活动，形式多种多样。

第 5 章

对外招募连锁加盟店

5.1 招募加盟店的方式

加盟店主的资格限制可因加盟方式与企业形态的差异而有所不同，主要的招募方式和流程则大同小异。

加盟店主的招募可以粗略分为“一般招募”和“由申请者主动寻求加入”两种方式。

发展初期的连锁加盟企业，由于知名度较小，大都选择主动出击；而较具规模的连锁加盟企业，虽然会因为知名度较佳而吸引有意加盟者的主动咨询，但是仍有其依循的招募方式。以下以一般招募方式为例来说明一下。

1. 媒体招募

传统的招募方式仍然是通过媒体招募，以媒体传递信息为主，传递的信息以吸引有意加盟者为目的，包括基本的加盟优惠、加盟条件及联络信息等内容。

媒体招募必须考虑传播地区、传播目标及接触频率等条件，以形成媒体组合功能。使用媒体的目的，除了容易建立知名度外，还包括有较强的引导效果。

常用的媒体包括电视广告、报纸广告、杂志广告、车厢广告、网络广告等。

如果连锁企业本身拥有针对主顾客群或会员发行的刊物，能够维持主顾客群对企业商品的质量和品牌的忠诚度，也可视为一个很好的传播媒体，成为招募广告的重点。

2．招募说明会

对于发展初期的连锁加盟企业，说明会是一个主动招募加盟店主的方式。由于一般大众对新连锁加盟企业的企业体系及商品都不了解，即使知名的连锁加盟企业，对于有意加盟者的疑问，也不容易经由书面或广告的方式使其有完整的了解，这时以面对面的立即沟通方式，就能收到较佳的说服效果，甚至可以配合实际商品作为说明，对于缺乏详细书面资料的连锁加盟企业来说，这是效果较好的招募方式。

定期或不定期的说明会或座谈会，是经常使用的招募方法，而且多半在企业所在地举办，但也可针对特定加盟者，分区办理座谈会或说明会。

3．开拓人员或其他类型的口传招募

有的连锁加盟企业设有专职的开发拓展部门，这些专职部门的开发人员对于潜在加盟者或地段不错的传统店，采取主动约谈方式，以说服对方加入连锁加盟，对于零散的有意加盟者，也会由专职的开拓人员负责发展。

鼓励员工及现有加盟店主介绍的方式也常被采用。由于内部员工及加盟店主对企业和加盟条件较熟悉，可以无形中为公司招募，而加盟店主更可以现身说法，客观地回答申请者的问题。

4．店面 POP

连锁加盟企业通常拥有相当数量的渠道及门店，所以以店面 POP 的方式传递招募加盟店的信息，是惯用的招募方式。在店面明显位置张贴征求加盟的海报，一方面是成本费用较低，另一方面是考虑有意加盟者在门店出现的可能性较高，配合门店的商品展示及实际各类经营状况，通常更具参考价值及说服力。

5．加盟说明书或 DM

加盟说明书或 DM 是平面媒体的一种，也可作为说明会开拓人员招募的辅助工具，或者用在门店通道中当成说明数据，部分 DM 甚至直接附有加盟申请表格。

6．混合运用

大部分的连锁加盟企业同时运用以上所有的招募方式。

5.2 招募加盟店的流程

招募方式的采用只是最初的步骤，由对外传播信息到加盟店实行签约，企业可按以下招募流程进行。

1．媒体宣传，传递信息

这一阶段以信息传达为主，把招募加盟店的开发地点及基本信息传给大众，可由不同的媒体或通过不同的方式来进行。

2．电话询问或传真

连锁加盟企业多半设有专线电话或传真号码，以供有兴趣的人获取资料。除此之外还备有书面或口述数据，由专人提供解答，但一般都是仅就初步加盟状况做解说。因为这个步骤是为了响应有意加盟者，并且对加盟者做初步过滤。一般加盟广告并不能清楚说明细节，有些企业甚至提供 24 小时电话语音数据说明。

3．提供基本加盟数据

如果有意加盟者符合基本要求，一般会给其提供较完整的书面数据以供参考，同时会要求与有意加盟者见面约谈，或者出席连锁加盟企业的说明会。

4．递交加盟申请表

有意加盟者在确定特许经营总部后，可以直接向总部递交一份书面的加盟申请。有些必须到总部领取专用的申请书，详细清楚地填写有关栏目，并按总部规定交纳一定的申请费。

5．约谈审核

由于很多有意加盟者的特性不容易从电话或传真信息中判断，因此通过约谈的方式去观察有意加盟者，是所有连锁加盟企业不可缺少的步骤。

约谈方式有个别约谈、团体座谈，甚至包括模范门店参观。在约谈时，对有意加盟者本身的审核观察也会在这一步骤中进行，正式约谈的重点，除了观察、了解有意加盟者的理念及状况外，最重要的就是使有意加盟者认清相关的权利和义务。

6．签约加盟预约

如果有意加盟者初步符合要求，在竞争激烈的加盟行业中，会有所谓“加盟预约”的签订，以确保加盟者不被同业抢夺。

7．加盟店地点评估

除了特许加盟外，有意加盟者还需要拥有店面，所以加盟店必要的审查条件会包括加盟店地点的评估。

加盟店的成败会影响整个加盟系统的形象。开店地点对营业成败有决定性的影响，所以在正式签约之前，一次或者多次到加盟店评估地点，是有必要的。

加盟店的门店大都由加盟者物色，企业则提供针对公司商品的市场专业调查和获利评估，其中包括专业的商圈评估、各时段人口流动的差异性、竞争对手状况，顾客及人口分布与结构、交通状况、未来趋势等。

8．审查有意加盟者财力及其他条件

一个优良的门店必须考虑门店本身、门店地点、资金、商品、人员等条件。除了加盟店地点及加盟店主本人外，加盟店主对财力及其他条件也必须一并考虑，但通常主要考虑财务状况。加盟时自然须缴交一定金额的加盟金或权利金，有的企业则规定加盟者每月固定缴月费（也有按营业额抽成或直接供应原料或材料），除了一般财务条件审核外，有时也包括贷款及财务周转能力。

9．事业经营计划的制定与沟通

根据所做的各项统计，为成立加盟店做经营计划，经营计划中以人力及资金的安排最为重要。

（1）人力安排及运用。加盟店人员安排与管理，除了个别公司的特殊关系外，大都由加盟店自行负责，加盟总部只负责招聘的辅导、商店的辅导、加盟店人员的培训。

店主如果不能有效地招聘、管理全职、兼职人员，就无法将加盟店经营得很出色，加盟总部多半会有一套完整的安排程序，提供给加盟店主参考，并定期给予辅导。

（2）资金的安排及应用。加盟店的财务与总部基本上是分开的，除了部分加盟店的收入必须先汇回公司，再由公司汇入加盟店账户中之外，加盟店大都是独立的财务个体。

10．签约

如果有意加盟者符合连锁加盟企业的各项条件，接下来就是讨论签约的事宜，尤其对加盟店与连锁加盟企业总部之间的权利与义务问题，必须经过认定后签署。

11．交纳费用

合约签完后，加盟者要交纳一定数目的加盟费、附加费、保证金、违约金等。收费标准因加盟总部的不同而不同。

12．店铺装修

总部的建筑设计传达给部门后，由部门详细设计商店装修方案，然后介绍建筑工程公司，并负责签订承包建筑合约。商店装修费用由加盟店承担，有些总部也可能提供部分融资。

13．加盟店主对相关员工的培训

连锁加盟企业招募加盟店，通常以具有相同或类似经验背景的对象为主，但也可招募缺乏经验但却具潜力的有意加盟者施以训练。一般可分为对加盟店所做的店主培训，以及对加盟店员所做的员工培训两种。如果加盟店主无法或不愿参加培训，加盟总部将拒绝加盟。

14．开店准备

装修及培训工作结束后，即将进入开店前的最后准备工作，内容包括：购置总部统一规格的货柜、货架、收款机、计算机设备等；商品进货并按连锁总部的统一要求进行陈列；招募店员，进行培训；连锁总部负责广告宣传及促销活动。

图5-1介绍了招募加盟店的作业流程。

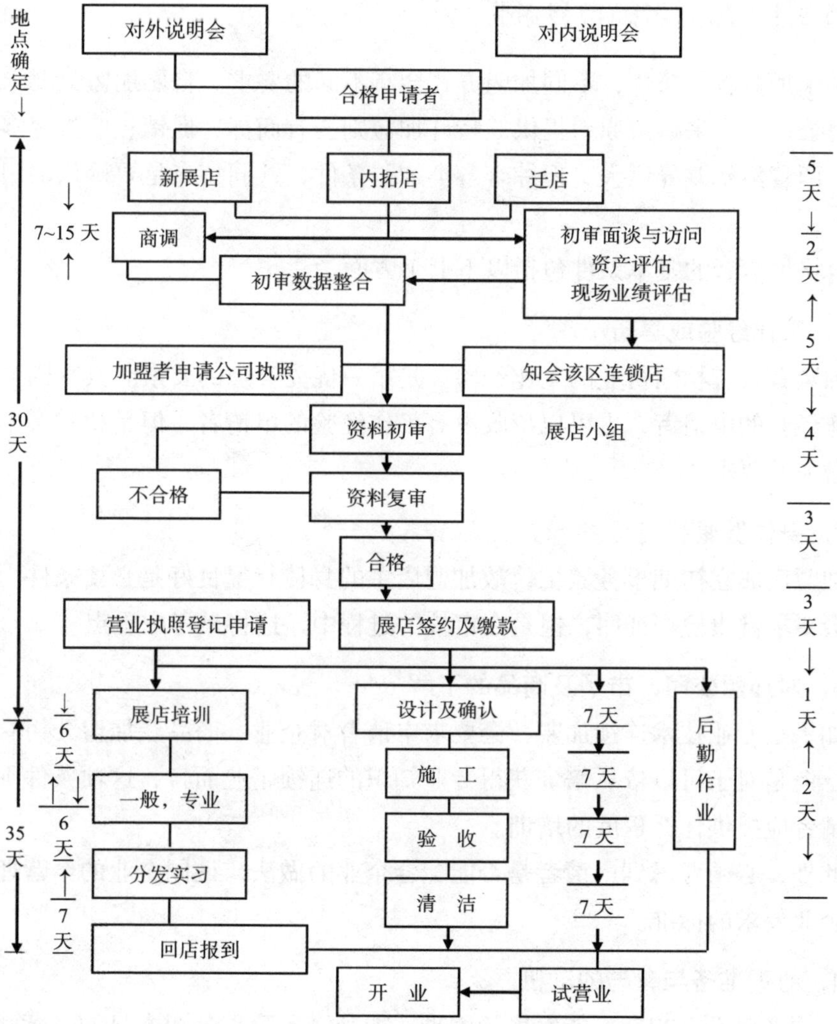

图 5-1　招募加盟店的作业流程

5.3 招募加盟店的资格

5.3.1 加盟者的自身条件

关于加盟者的条件，不同加盟方式会有不同的要求。自愿加盟只要求加盟者配合总公司集中采购或原料提供。特许加盟则会有商标、促销、广告等多方面的要求，两者虽然差异巨大，但综合各类加盟条件，共同特点是要确认加盟者是否适合。

合格加盟者的基本条件包括以下七个方面。

1．工作经验或学历

加盟者具有相同行业的工作经验，是第一优先考虑的要素。其次则考虑有类似工作经验的申请者，也可以招收没有工作经验的申请者，但是相对会提高对学历或潜力的要求。

2．身体健康状况

加盟店成立初期事务繁忙，故加盟店主的身体状况良好是必要条件。虽然不一定会要求健康检查证明，但是在审核的过程中，这将是考虑重点。

3．对加盟公司、市场及商品的了解

如果是专业技术连锁加盟，会要求申请者对企业、商品及加盟公司有一定的了解，但是对于可以依靠培训获得专业知识的连锁企业而言，这项条件则转换成对申请者应提供什么程度的培训。

此外，必须考虑到申请者是否能配合企业的做法，认同企业的经营理念，以达到企业要求的标准。

4．心理准备与参与的动机

申请者对设立初期可能发生的困难，如利润风险、公司本身的经营状况、公司文化及理念等，必须要有一定的心理准备，以接受运营的实际状况。

5. 人性潜力

申请者的个性是否合适？是否有诚意加盟？加盟后能否有持续经营的热情？是否具有潜力及可塑性？是否能履行约定等也是应考虑的条件。

6. 发展潜力

这是最难评断的考核项目，目的是希望能借此发掘出具发展潜力的加盟店长。所谓潜力，是指现有水平、接受能力及未来发展等考核项目。

7. 婚姻状况

有些连锁加盟企业偏好已婚者作为加盟店主，原因是已婚者可能更稳重、更具有责任观念。

5.3.2　加盟店面的基本条件

有关加盟店的店面条件，可分为两种情形，一是由总部寻点；二是加盟者自行觅点后经总部评估。

1. 总部寻点

由总部来开发评估，如此总部则需有专职的拓店人员，专职寻点拓店，而所寻可拓店的地点同时要能明确地区分为总部直营店，或者特许加盟后再开放加盟者来申请。但通常位置极佳的地点，总部不一定会考虑加盟，这也是一般加盟者的心结。

2. 加盟者自行觅点

由加盟者自愿觅点可使寻点的成本降低与时间缩短。想创业获利的加盟者可能通过其个人或家庭关系，获得位置佳且租金低的地点，但总部也应有明确的地点评估与加盟者评核标准，以免产生准加盟者抱怨总部有私心——好地段总部不开放，坏地点不能开店——所以应事前做好明确的布点与开放加盟设店计划，并能告知于前，以免加盟者徒劳无功。

由加盟者自行觅点时，店面条件通常要注意以下几点。

（1）店面地点。此点要注意所在地点的繁荣程度及其商圈类型和范围等。

（2）营业面积。各类型的连锁加盟企业都应有其合适的面积要求。

（3）交通条件。包括店面位置的交通状况、交通路线、公共设施等。

（4）客源状况。是否有基本客源，同业的竞争状况等。

5.3.3 加盟店的资金状况

1. 有保证金或担保金

一般来说，一些连锁加盟企业常要求加盟店必须以现金或非现金的方式作为担保。

2. 加盟金

加盟金的条件由“免交加盟金”到“缴交 100 万元”不等，依照各连锁加盟企业的差异而有所不同。

3. 权利金及广告促销费

通常为按月支付或按营业额一定比率支付。

4. 货款及周转金

是否有贷款能力及是否备有初期周转金。

5. 员工聘用

对聘用员工的流程是否熟悉，尤其在劳工较为缺乏的快餐、餐饮、服饰连锁业中，这是一个比较突出的问题。

6. 评估计划

评估计划包括事业经营计划、利润评估、最低毛利保证、风险、初期可能会遭遇的问题等。

5.3.4 加盟办法的说明

加盟办法的说明如表 5-1 所示。

表 5-1　加盟办法的说明

项　　目	总　　部	加 盟 主	备　　注
加盟金		30 万元以上，视所选店铺毛利而定	加盟契约期满或终止不退还
履约担保		现金 60 万元或以价值 150 万元的不动产设定抵押	现金担保者每半年计息给加盟主，契约期满退还
投资项目	店铺、装潢、设备、商品、技术、广告营销等项目	公司设立开办、店铺运营零钱准备金等费用	
利润分配	采累计式浮动比例额计算利润分配		
费用归属	装潢设备折旧、店铺租金、权利金、广告费、技术指导费、信息处理费、店铺保险费	店铺费用（含店铺销售管理费用、员工薪资）、公共意外与雇主责任意外险费用	
公司补助	发票纸卷费 50%		
毛利保证		全年最低毛利保证 100 万元加（年营业额）4%	一年结算，不足部分由总部补足其差额
契约期间		5 年	
申请营业执照		须另设立公司，以受任经营本公司品牌便利店	
营业时间	24 小时营业，全年无休		

5.4　案例一：日本麦当劳的加盟申请流程

从 1994 年起，日本麦当劳就开始大规模扩张特许连锁店。特许连锁制度的强化扩大了麦当劳的市场占有率，减少了公司总部的经费开支，大大提高了效益。

麦当劳特许连锁制度的申请具有非常严格的程序。

1. 不动产和履历书的提出

由麦当劳总部的店铺开发部负责提供不动产的情况。

2．适应性考试、面试、操作考试以及健康检查

（1）适应性考试和面试的要领与麦当劳雇用普通员工时相同。

（2）操作考试在指定店铺进行，大约需要一星期的时间。

（3）进行健康检查，并提供诊断书。

3．特许连锁合约的说明

（1）特许连锁合约的期限。

（2）特许连锁合约的金额（加盟金、保证金）。

（3）特许连锁合约的更新。

（4）广告宣传费。

（5）特许费。

（6）出租费。

（7）店主或经营者的培训。

（8）资金（加盟金、保证金、内部装潢费用、出租费、开张杂费、小物品的购买费用、其他培训费及运转资金）。

4．第二次面试

（1）社长的最终面试。

（2）社长面试合格后，可以提交特许连锁合约的签约申请书。

（3）向银行汇申请保证费。

5．经理团队（3~4 名）的决定

（1）进行适应性试验。

（2）进行健康检查，并提供诊断书。

（3）进行 FC、统括经营监督管理员和店主的面试。

（4）进行培训。

6．特许连锁合约的签约

（1）准备特许连锁合约签约的必需资料。

1）印章证明书（法人、代表者个人、连带保证人）。

2）法人注册登记副本。

3）股东名册（法人的场合）。

（2）在进行特许连锁合约的签约之前，向银行汇加盟金、保证金的剩余金额。

（3）准备两份特许连锁合约书。

（4）制定特许费的备忘录。

（5）在店铺开张以后签订出租合约。

7．开始店铺实习

8．第二店长代理的检查

9．BOC 讲座（包括考试）

10．店长的检查

11．AOC 讲座（包括考试）

店主或经营者在店铺开张以前必须接受 AOC 讲座。

12．店铺设计的第一次商谈（约 4 个月前）

利用平面图纸进行说明。

13．店铺设计的最终商谈（约 3 个月前）

（1）最终说明。

（2）办理营业许可证的申请手续。

（3）开始进行预算书的制作。

14．店铺正式开张的商谈（约 2 个月前）

（1）决定担当 FC。

（2）进行各种物品的购买。

（3）进行店铺正式开张的广告宣传。

（4）在店铺正式开张以前制定日程表。

（5）对保险进行商谈。

（6）对工程进行说明。

（7）与防火管理责任者进行商谈。

15．店铺运行的商谈

（1）店主的作业评价。

（2）金融评价。

（3）店铺的运行方针。

（4）提出资料一览表。

16．店铺试运营

麦当劳在处理总部与加盟店铺关系上始终坚持互惠互利、共同致富的原则，这一点在征收特许费方面表现得尤为突出。所谓特许费，是指加盟店铺支付的麦当劳特许连锁制度的使用费以及在加盟期间接受麦当劳各种指导和服务的费用。麦当劳的特许费采用与店铺销售额挂钩的征收方法（基本料+等级料），首先由店铺每月暂时向麦当劳总部支付一定金额，然后每年再进行一次清算。比如，在日本麦当劳，年营业销售额为1.2亿日元的加盟店铺的特许费为5%，年营业销售额为5亿日元的加盟店铺则为10%，如此以各个店铺的营业销售额为基准规定特许费的征收金额，而现实中的其他连锁总部对特许费一般都是采取统一征收的方法，但是只要仔细推敲一下就会发现麦当劳的特许费征收制度是相当合理的，因为比起年销售额1.2亿日元的加盟店铺来说，年销售额5亿日元的加盟店铺需要层次更深、范围更广的指导。

5.5 案例二：7-11便利店的加盟流程

加入7-11便利店体系的流程如下所示。

1．公司接待希望加入的潜在特许连锁加盟商

负责接待的总部人员为了能使来访者成为特许连锁加盟商，要向他们仔细介绍公司特许权的情况，并与之认真协商。

2．介绍7-11便利店的详细情况

3．调查店址

为确定能否作为分支店营业场所，总部要进行商圈、市场等方面的详尽调查，并将收集的数据和信息认真加以分析、研究。

4．说明特许合约的内容

就连锁特许权的各项内容和规定逐条解释说明。

5．签订特许合约

在申请者充分研究了业务内容和合约内容并决定加入以后，正式签订合约。

6．制订商店计划，设计商店

总部的建筑设计部门详细研究了顾客的活动线路、经营对策以后，设计商店装修方案。

7．签订建筑承包合约

商店设计完成后，总部负责介绍建筑施工公司，并负责签订建筑承包合约，同时协助进行融资。

8．准备开业

在施工的同时订购各种设备和柜台，并对店员进行业务培训，发放操作手册和进行促销准备工作。

9．店主培训

就开业所必需的准备事项、计算机系统的操作管理、商店运营技巧等，对店主进行培训指导，使其达到真正掌握的程度。

10．开业前的商品进货和陈列

此时总部有关人员亲临商店，选择供应商，提供进货信息，传授陈列技巧。

11．交钥匙

在开业前一天，将商店的钥匙与竣工证书一同交给店主。

12．开业

将开业的广告宣传品通过各种途径发放。

13．开启信息系统

连通商店的计算机终端与总部的主机，指导和支持商店的运营。

14．现场支持人员对各分店进行巡回指导，及时发现分店经营中可能出现的问题并协助店主解决

心得栏

第 6 章

连锁店加盟合约的重点

6.1 连锁总部与加盟店的角色

连锁总部与加盟店彼此因为立场不同、功能不同而有所差异，在加盟合约上必须有所注意。

1．连锁总部的角色

连锁总部应扮演好下列角色。

1）商圈调查，提供信息。

2）做好公关，提高形象。

3）督核各店，维持质量。

4）协助觅店和开店。

5）开发商品，增加竞争力。

6）议价采购，降低进货成本。

7）为顾客服务，处理投诉。

8）举办销售竞赛，提高业绩。

9）强化人员训练，提高素质。

10）辅导加盟店，改善服务质量。

11）中央物流配送，减少人力。

12）报税协助。

13）商店绩效分析、评比。

14）与异业结盟，增加效益。

15）危机处理。

2. 加盟店的角色

连锁加盟店应执行下列多项作业。

1）根据连锁总部要求，确实执行该加盟店的营业业务。

2）提供竞争店的状况（如促销、新展店等活动）。

3）新商品信息（售价、销售状况等）。

4）主动提供商品市价调查。

5）商品销售信息（销量、售价、顾客反应）。

6）滞销、畅销商品的通报。

7）每日销售状况的通报。

8）主动提建议，提高公司整体经营水平。

9）相关市场信息的收集与提供。

6.2 双方签订加盟合约

连锁店加盟合约的内容，签约、执行、解约是三大重点，连锁总部在草拟、签约前宜请教律师、会计师，对如何吸收加盟、如何解约等审慎做出评估。

1. 授权者提供的服务项目及其费用

- 应详细列明授权者提供服务的项目。
- 有无隐藏和不可预见的费用？

2. 合约期限

- 期限长短有无约定。
- 期限是否和租约配合。

3．合约延续

- 期满后可否续约？
- 续约有无条件？若有，条件为何？是否详细列明？
- 是否需要再付加盟金？
- 权利金是否增加？

4．加盟金、权利金及其他款项

- 加盟金到底包含哪些项目？
- 包括开张时的存货或新货吗？
- 有多少自备款可开始营业？
- 是否须缴纳定期权利金？如何计算？如何给付？
- 授权者是否提供记账、报税等服务？如有，是否须额外缴交费用？
- 是否必须加入合作广告计划？其费用的分摊如何计算？授权者提供哪些产品或促销服务？

5．商圈保护

- 合约有无授予区域独占权？
- 独占区域是否在达到某些目的或营业额达到某种标准即终止？

6．采购物料器具

- 是否所有的物料器具都必须向授权者购买？其价钱及条件是否合理？
- 授权者是否协助贷款？

7．选择地点

- 授权者是否协助选择地点？
- 谁对地点的选择做最后决定？
- 装修蓝图是否由授权者提供？
- 有无定期重新装潢及翻新的要求？
- 如须申请更改建筑使用执照，谁负责提出申请，费用由谁负担？
- 有何限制性条款？

8．财务协助

- 授权者是否提供财务协助或协助寻找贷款？
- 如提供财务协助或贷款，其条件是否合理？
- 授权者是否提供缓期付款的优惠？
- 有无抵押？

9．教育培训

- 授权者是否要求加盟者参加培训课程？
- 有无继续教育及协助？
- 是否持续性地提供加盟员工的培训？
- 是否要支付费用？费用是多少？

10．采购对象限制

- 合约是否要求加盟者只能向授权者购买所需的货品或只能向授权者指定的厂商购买？
- 如有，其价格及条件是否合理？

11．限制营业范围及销售的物品

- 合约是否对所销售物品的项目有所限制？
- 限制是否合理？如售卖其他物品，是否需经授权者同意，申请步骤及流程如何？

12．竞争禁止

- 合约是否限制加盟者在约满后或转让后，不得从事同类型的商业行为？
- 如有，其期限及区域是否合理？

13．会计作业要求

- 授权者是否提供簿记及会计服务？
- 如有，是否需额外收费？其收费是否合理？

14．顾客限制

- 有无限制顾客对象？
- 如售出超越授权的地区，有无惩罚条款？

15．广告促销计划的配合

- 广告是地区性的还是全国性的？其费用支付方法如何？
- 如地区性促销由加盟主自理，授权者是否提供协助？
- 授权者是否提供各种推广促销的材料、室内展示海报及宣传品等？是否另外收费？
- 加盟者是否可自行策划区域的促销？如何取得授权者的同意？

16．违约条款

- 何种状况视为违约？
- 违约项目是否属加盟者能力范围内所能控制的？
- 其订立项目与核定标准是否合理？

17．通知条款

- 若违约，授权者是否有义务以书面通知加盟主限期更正？
- 其期间有多长？是否足够？

18．违约后果

- 违约时，授权者可采取何种方式惩罚？
- 授权者是否可直接取消该连锁加盟契约？
- 有无违约金条款？金额是多少？

19．合约终止的处理

- 授权者是否有义务购买加盟者的生财器具，承继商店租约及其资产？
- 处理费用归谁？
- 处理期间多长？是否足够？

20．加盟者转让的权利

- 加盟者是否可根据契约转卖商店资产？
- 加盟者可否在转卖的同时转让加盟合约？或者授权者是否有义务与承买者签订新合约？
- 授权者是否有权核准或拒绝转卖，其权利是否合理？
- 租约可否转让？

- 授权者是否有权核定承买者的资格？其资格如何认定？
- 是否须付给授权者部分转让费？

21．授权者的优先承购权

- 合约中有无明示何种情况下授权者可承购？
- 其承购价格如何确定？商誉及净值是否考虑在内？
- 加盟者求售时是否有义务先向授权者求售？

22．加盟者生病或死亡

- 合约是否直接由继承人承接？
- 合约是否由遗产管理人承接？
- 合约者如长期不能履约，是否必须转让？

23．仲裁、诉讼处理

- 是否由总部仲裁解决所有纠纷？
- 仲裁是否比诉讼省时、省钱？

24．诉讼管辖地

- 授权者指定的诉讼管辖地是否为其总部所在地？
- 是否考虑改为加盟店的所在地对加盟者较为有利？

25．加盟者亲自经营的要求

- 合约是否要求加盟者亲自经营？
- 合约是否禁止加盟者兼职？

6.3 结束加盟合约

6.3.1 加盟合约变动方式（见图6-1）

特许经营关系的结束，不外乎两种可能性：中途结束和到期结束。受许人退出特许经营的方式可能有以下几种。

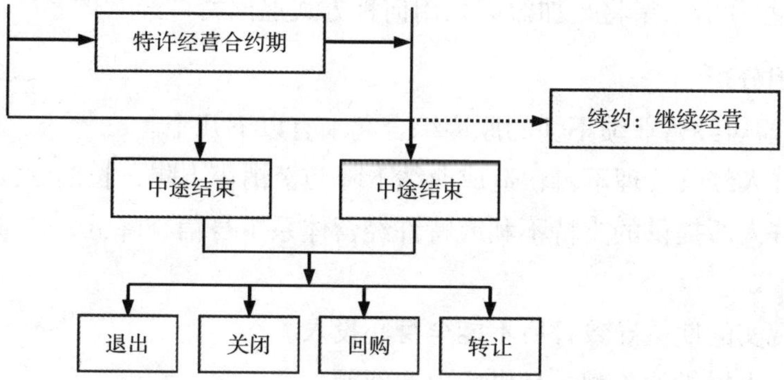

图 6-1　加盟合约变动方式

1．关闭

彻底关闭，清盘出局。

2．合约期满

合约期满后，双方不再续签合约。

3．退出

受许人退出现有特许经营体系，在原址改行营业，或者在原业务的基础上摆脱特许人独立营业。

4．转让

把特许加盟店转给新的受许人。

5．回购

特许总部从不愿意继续经营的受许人手中反向收购加盟店。

6.3.2　中途解约的原因

连锁总部对于签订加盟店连锁合约必定相当努力，但对于连锁店“解约”，也不应当小视。

当受许人（加盟店）的业务长期亏损或无盈利，而特许人（连锁总部）又无法提出有效的解决方案时，加盟店很可能会考虑退出特许经营体系。在做出退出特许经营体系的决定前，加盟店应先对造成经营业绩不佳的原因进行客观、全面的分析，这些分析结果将是加盟店采用何种方式退出特许经营体系的决策依据。

1．原因分析

导致加盟店经营业绩不佳的原因综合起来有以下几个。

1）受许人经营管理不善，造成业绩下降乃至销售下降，长期亏损。

2）特许人所提供的支持不利或特许经营体系本身信誉降低，造成销售下降，长期亏损。

3）不现实的期望导致日后不能全身心投入。

4）特许人提供的关键产品供应出现问题。

5）资金不足。

6）有特许欺诈行为。

7）竞争加剧，而自身或所加入的特许组织应变能力不够。

8）将运营资金不合理地用于营业外投入，造成经营资金不足。

9）对所从事的业务毫无兴趣。

10）家庭破裂等造成的压力，包括离婚或合作伙伴关系破裂等。

11）市场变化或其他不可抗力的影响。

2．责任划分

在分析原因之后，受许人可以了解造成亏损的原因，进而对合约进行仔细研究，找到合理的退出方案。一般来说，如果是因为特许人方面的原因导致提前解约，则特许人应承担相应的责任，如果是因为受许人的原因导致提前解约，那么受许人可能要承担以下责任。

1）承担加盟费的损失。

2）承担设备投资的损失。

3）承担处理库存货品造成的损失。

4）结清与总部、供货商的财务往来关系。

5）承担顾客后续服务成本。

6）承担特许合约中约定的其他违约责任。

不同的特许合约其解除条款也不相同。需提醒受许人，在签订特许合约时，这部分条款要特别注意，一定要在合约中对违约条款及违约责任予以明确规定，以免在解约时出现不必要的纠纷。

6.4　案例：连锁加盟合约范例

范例（一）

立合约书人

甲方：__________（以下简称甲方）

乙方：__________（以下简称乙方）

兹因甲方经营销售业务，乙方愿提供店面成立连锁店，双方同意订立本合约，以兹共同遵守。

第一条　加盟店名称及营业所在地、时间、营业项目、商圈范围

一、基本数据

店名：______________________（以下简称该店）

负责人：____________________

地址：____

电话：________________营业执照注册号：_____________

建筑面积：________平方米；

营业面积：________平方米；

员工数：正职________员；计时工：________员

二、营业时间：当日上午_____点到下午_____点。

三、商圈范围：

东：___________　　　西：___________

南：___________　　　北：___________

四、非经甲方书面同意，乙方无权变更加盟经营店的营业所在地。但在授权期限内，若因租约终止致该店无法于该地继续运营，乙方应于该租约终止前一个月另觅甲方认可的地点让该店继续运营。

五、商店内的营业天数、每日的营业时间及营业项目，依总公司规定办理。除不可抗力外，非经甲方同意，乙方不得自行变更或暂停营业。

第二条　合约期限

自____年____月_____日起至____年_____月____日，共计五年。

第三条　合约继续与延长期限

一、合约届满前六个月，如无任何一方书面通知他方终止合约，本合约期限自动延长一年。

二、合约继续延长期间届满前三个月，任何一方如无书面通知他方终止合约者，本合约再延长期限一年，之后以此类推延长期限一年。

三、所有自动延长期限内双方的权利和义务，遵守本合约的规定执行。

第四条　名词定义

除本合约内另有规定外，本合约内的名词或用语，以本公司加盟经营管理制度内所写为准，如为上面规章所未定义的名词或用语，双方发生分歧时，则以甲方的解释为准。

第五条　合约范围

一、双方同意由乙方提供资金，甲方提供商品服务、经营技术辅导等并由乙方提供管理及服务，以从事本业的经营。

二、双方为执行前项合约事宜，乙方应于____年____月____日之前，依有关法令的规定办理公司设立登记并取得营业执照。

三、乙方应于签订本合约后一个月内提供坐落于________________________的房屋作为加盟经营店店面及营业场所，非经甲方书面同意，乙方不得任意变更地址，如擅自变更地址，以违约论，甲方有权中止本合约，并没收签约金，乙方不得有异议。

第六条　履约保证金

如乙方有积欠款项（包括贷款、违约性惩罚金时）甲方可从履约保证金中直接抵扣。

第七条　加盟经营权利金、管理费及广告费

一、乙方应于签合约当日交付甲方_____万元整，作为加盟经营权利金，合约届满、终止或解除时，甲方无须退还。

二、乙方每月现金支付甲方_____元整，作为管理月费；以及_____元整，作为整体广告促销费用。

三、乙方不得以任何理由要求返还上述费用。

第八条　授权使用

一、甲方授权乙方于本商圈内以甲方的商标、技术经营该店。

二、乙方取得甲方指定的经营权是基于甲方为委托人，乙方为受托人的法律关系。

三、乙方经甲方授权取得甲方商标的使用权，但如果本合约届期，不再续约或乙方违反本合约规定，或被撤销授权，或发生乙方擅自转让本合约规定事宜，乙方使用商标的权利立即终止。

四、乙方不得就甲方所授权使用的商标、服务标记、生财设备、器具转授权他人使用。

五、乙方不得就甲方所授权使用的目标物与其他企业合并或延伸使用。

六、有关该店的经营及服务，乙方同意接受甲方的指导并遵照公司加盟经营店管理规章、附件及本合约的约束。

第九条　开店筹备事项

一、该店开店的一切装潢、材质、水电工程的设计，均由甲方统一规划、验收。

二、乙方提供的店面应具备装饰完整的招牌、天花板、墙壁、地板、安全玻璃门、棚、外围设备等，费用由乙方负担。

三、甲方应于营业处所设置招牌予乙方使用，所有权归乙方，合约到期、终止时，乙方即不得继续使用该招牌并自行拆除，若乙方不拆除时甲方可拆除，发生的费用由乙方支付，乙方不得有异议。

四、乙方应于该店开业前到甲方所指定的银行开设账户。

五、甲方需提供给乙方的协助包括：

1. 完整的企业识别系统。

2. 完整的管理经营经验。

3. 人员招聘、培训的协助。

4. 店头装潢、设备、商品、陈设等运营技术的协助。

5. 招牌、桌椅、冰箱、设备、计算机、计算机软件、其他设备等的统一采购。

6. 促销、广告的规划、执行；商品采购事项的联系；营业管理事项的规划、辅导。

六、乙方需要与甲方配合的事项：

1. 营业卖场的地点。

2. 商店装潢硬件、设备的提供，招牌、天花板、地板（含走廊）、仓库、桌椅、柜式冰箱设备、计算机设备、电话机、其他设备等。

3. 促销、广告的执行、费用分摊，遵照本合约相关条例的规定。

4. 商品进货、销售、盘点事项的执行：依本合约第十条及相关条例的规定。

5. 提供销售的商品成本。

6. 商店经营管理事项的执行，含人力资源运作、促销、广告、财务管理，遵照本合约相关条例的规定。

第十条　经营管理

一、有关乙方经营的一切规划、管理、营销、广告等事项甲方全权负责，乙方不得干涉。甲方有权确定营业分店的名称。

二、乙方开业后，应按甲方所订立的价格作为收费标准（经甲方核准者不在此限），并配合甲方的季节性促销运作。

三、乙方必须依照甲方所订立的商店作业与后场调理标准处理业务。

四、双方同意不因本合约的签订或执行而解释成一方为他方的代理人或合伙人。乙方应自负其营业盈亏的责任。

五、乙方于开业前，应按甲方的规定，参加为期一周的职前培训，由甲方安排课程。开业后，乙方应按甲方规定，参加其店长研习会议一次，如有违者，每次应交付甲方______元作为惩罚性违约金，于每月结算时一并付清。

六、乙方商店作业必须依照甲方所订立作业标准来处理，如有违者每项每次应交付甲方______元作为惩罚性违约金，于每月结算时一并付清。

七、订货与退货处理。

1. 乙方订购货品时，应在订货单上将所需商品、规格、数量与预订出货日等填妥，传真给甲方，甲方应斟酌实际情形配合出货。

2. 货品寄发后，乙方非经甲方同意，不得任意拒收或退回。

3. 已由乙方公司盖章或由负责人盖章签字的送货单，作为甲方日后收款的凭据。

4. 退货时必须以传真通知总公司由配送单位统筹安排处理。

第十一条　权利转让

一、合约期间如因重大事故或不可抗力的原因致无法经营，经甲方书面同意后，由乙方指定或法定继承人继承，继承人除须至总公司接受为期一周的职前培训外，双方必须重新订立合约。

二、乙方不得私下转移经营权给第三者，如擅自转移，甲方将没收履约保证金，并可不经乙方同意而终止合约，乙方不得有异议。

第十二条　费用支付

一、经营该商店所需的房租、商店人员薪资、退休金、年终奖金、税金、水电费、管理费用、商店用品及消耗品、商品成本、运费、商誉月费和其他设备的维修费用、商店一切营销费用均由乙方负担。

二、单店的开业、个别促销费用由乙方支付。

三、公司连锁整体促销广告费用由甲方负担，但乙方的要求超过甲方的配额时，超出部分由乙方自行负担。

第十三条　合计结算

一、乙方应于每月月底结算往来账，乙方凭往来账单，于每月十五日前将该金额支付甲方。

二、双方如逾期支付前述结算金予对方时，任何一方应按该期金额加计月息百分之二十给另一方，作为违约金。

第十四条　危险负担

因不可抗力的原因，包括天灾、地震、人祸及政府法令变更或其他不可归责于双方的事由所产生的事故，其因此所造成的损害由乙方负担。

第十五条　违约责任

一、因任何一方的责任造成合约事项无法执行（包括但不限于不及时结算金额及其他产生的应该付的款项，不执行合约中的规定，不提供收支明细表），经他方定期十五日的期限催告仍未改善或补正时，他方有权解除或终止本合约。

二、因前项情形而解除或终止本合约时，未违约的一方有权请求本合约事项的一切利益归属自己。如仍有损害，可以提出赔偿。

三、乙方如拖欠款项（或违约金），甲方可以自履约保证金中扣除，且有权终止本合约。

第十六条　遵守国家法令、法规

一、乙方须取得执照并经甲方授权，方可以经营甲方所指定的店，并须遵守国家一切法令、法规。

二、乙方如因漏税被查获，造成连锁经营困难及名誉影响时，乙方除应依第十五条约定负违约责任外，并应无条件地赔偿甲方的一切损失。

第十七条　同行竞争的禁止及保密的义务

一、乙方及乙方受雇人及直系亲属、非直系亲属在本合约期间内，或者合约期满双方同意终止、解除后三年内，不得在该商圈内投资、参与、教导、受雇、从事或合伙经营类似的商店，如有违反，乙方须将其（含投资人）所得的利益交付或归甲方所有，甲方并可要求乙方赔偿_____元整。

二、乙方或乙方投资人不得泄露商业机密。否则甲方除可要求乙方赔偿_____元整，还可根据所受的损害程度再要求乙方做出赔偿，乙方不得有异议。

三、本条的规定，于本合约关系结束后三年内仍具约束乙方的法律效力。

第十八条　非代理关系

一、除本合约规定外，乙方或乙方受雇人不得以甲方代理人、甲方代表的名义或甲方的授权人、受雇人的身份对外发生任何法律行为，乙方不得以甲方的名义雇用员工或对外承担、承诺债务或提供担保等事宜。

二、乙方或乙方的受雇人对外的一切法律行为，除按照合约规定、运作或经甲方另以书面同意或授权外，都属乙方的独立作为，乙方应自行负责，与甲方无关。

三、就本合约履行及各项义务的遵守，乙方的受雇人、使用人、履行辅助人如有故意或过失，均视为乙方的行为。

四、如若属于乙方或乙方受雇人的故意或过失，违法或侵害他人权利者，乙方须自行负担其法律责任，与甲方无关，如因此损害甲方的任何利益，乙方须对甲方负全部赔偿责任。

第十九条　移交及结束处理

一、本合约期满或经甲方解除或终止时，乙方应立即：

1. 无条件将该店所属乙方授权的目标物交还甲方，包括属甲方的生财设备、器具、商品、有关文件及手册、规章及其他企业识别系统等，不得延迟。

2. 乙方须负担停业处理过程中实际所发生费用，并以现金支付甲方。

3. 结算后甲乙双方汇寄付清应付款项。

4. 自解约当月最后一天起30天内，甲方须交付乙方往来明细表。

5. 在交付报表给乙方时，乙方应付甲方的款项须一次以现金付清给甲方。

二、本条的约定，虽双方合约关系结束，仍具有约束双方的效力，不因合约终止或解除而受影响。

第二十条　重大违约事由

一、乙方如有下列情况之一，视为重大违约：

1. 乙方未按本合约规定经营或擅售甲方未核准的商品或提供服务。

2. 乙方未按本合约的规定，私自增设分店、店内设备或违反竞业限制。

3. 乙方未按本合约的规定，擅自将该店的服务技术、商品、设备移往他处营业或使用。

4. 乙方有损甲方形象、商誉。

5. 乙方违反本合约第二十条的规定或未依规定营业时间营业。

6. 乙方未依本公司规定使用公司的企业识别系统、制作物等。

7. 乙方的会计记录不实或妨碍甲方的盘点、财务监查、稽核或怠于依约给付债务、交付文件、财务记录。

8. 乙方依法进行重整，清算，依破产法和解、宣告破产，受强制执行或其他任何司法上、行政上的处分，停止营业；买方的负责人隐匿、逃逸或买方所签或背书、承兑、保证的票据等发生停止支付。

9. 乙方擅自以甲方代理人或代表名义与第三人订约，或从事私人行为致甲方权益受损。

二、乙方如有上述重大违约事由之一，甲方可以不通知乙方，立即解除或终止本合约，并追究乙方的损害赔偿责任。

三、乙方有其他违背本合约约定的行为，经甲方认为重大违约，经甲方通告限期改正仍不改正。

四、乙方解除或终止合约的效力并不影响解约前及按本合约第十九条及本合约其他规定属乙方所应负义务的履行。

第二十一条　通知条款

一、一方向他方通知时，依下列规定地址及负责人通知：

甲　方：______________

乙　方：以该店为通知地址。

负责人：______________

二、如一方向他方送达书面通知，而他方拒收者，视为已送达（以递送收据为凭）。

第二十二条　连带保证人

乙方连带保证人承认上述所有条款的法律效力，并愿担负所有乙方违约时的连带保证责任。

第二十三条　合意管辖

甲乙双方均同意如本合约涉讼时，以甲方公司所在地的地方法院为第一审管辖法院。

范例（二）

甲方：医药科技开发有限公司

乙方：______________

甲乙双方本着相互协作和信任的原则，就乙方使用由甲方主开发和完善成型的×××连锁大药房系统和品牌形象，发展药品连锁零售事业，特签订本合约。

乙方确认已对甲方开发的以×××连锁大药房为标志的统一形象、设置及药店制作形式等统一的特定经营管理系统、×××商标和服务标志已有明确认识，并确认×××连锁大药房的形象、招牌、标识等一系列的营业象征的统一性已被顾客和社会广泛认识。

乙方同意甲方确定的×××连锁大药房系统的形象设计和企业理念及九个统一要求，并愿意按照以下各条规定，经营由×××商标统一表示的连锁零售药房的经营活动，甲方以此为条件同意给予乙方这种经营资格。为此，双方经协商订立如下条款。

第一条　区域范围

1. 甲方同意乙方在__________开办、经营×××连锁大药房。

2. 为规范经营，甲方不在距乙方加盟店半径 100 米范围内或甲方给予乙方开店的区域范围内另设×××连锁大药房。

第二条　规模

甲方同意乙方在本合约约定区域范围内开办_____个×××连锁大药房零售店。

第三条　独立的经营者

1. 本合约双方为各自独立的经营者，双方之间不具有投资、代理、雇用承包关系。

2. 乙方独立核算、自负盈亏，独立承担一切费用和责任。但须依本合约的约定，接受甲方的连锁规范管理。

第四条　加盟金

1. 乙方于签订合约的同时按每个加盟店_____元的标准向甲方支付加盟金，合计_____元。

2. 加盟金主要为乙方支付其使用甲方经营技术资产、商标、商誉、加盟期间的广告宣传等药品加盟零售连锁无形资产的费用。

3. 无论是本合约期满，还是中途解约或其他理由，都不退还加盟金。

第五条　保证金

1. 作为合约签订后，甲方与乙方加盟店之间发生债务及对加盟店在经营期间的合约的担保，及对×××连锁大药房信誉的维护，乙方须在本合约签约时按每个加盟店_____元的标准向甲方缴纳保证金，共计_____元。

2. 甲方可以用此保证金的全部或一部分，抵扣乙方加盟店拖欠甲方的债务。

3. 加盟店在接到甲方的抵扣通知后，须立即向甲方支付与被充抵数额相同的现金，补充保证金。

4. 保证金不计息。

5. 如乙方退出合约等行为导致事实上本合约无法继续执行时，保证金不退还。

6. 本合约期满后，在乙方拆除表示×××大药房的全部招牌、工作物品等其他营业标志一个月内，甲方归还乙方全部保证金。

第六条　管理费及纳税

1. 截至_____年_____月_____日前，免收管理费，_____年_____月_____日后，根据加盟店的选址、规模等情况，由乙方每月向甲方交纳管理费_____元。

2. 管理费主要为在本合约执行期间，乙方接受甲方经营指导、帮助及培训员工等费用，其经营中所发生的费用由乙方自行承担。

3. 乙方每月10日前向甲方交纳当月管理费。

4. 乙方按规定在加盟店所在地税务机关申报纳税。

第七条 店铺开发的相关事项

1. 乙方加盟店的地址、经营面积的确定必须事先征得甲方的同意。

2. 为维护×××连锁大药房形象的统一性，乙方加盟店店铺内外装修的风格和标识、招牌等须符合甲方规定的标准。

3. 乙方加盟店营业所必需的工作服、包装袋、商标、单据、标签及所有的消耗品，必须使用甲方提供的统一规范的产品。

4. 乙方加盟店开店准备就绪后，须经甲方验收，并经书面认可合格后方能开业。

5. 本条所列各项费用由乙方加盟店负担。

第八条 经营指导及帮助

1. 为使乙方加盟店能正常经营，在开业前及合约履行期间，甲方应向乙方传授必要的经营知识和技术。

2. 乙方加盟店开业前三天甲方应派遣管理人员给予开业的经营指导。

3. 甲方有义务向乙方推荐营业员和店长，并代为培训。

4. 甲方可根据经营情况派员对乙方加盟店进行经营指导，乙方加盟店应允许甲方派遣人员进入店内检查商品及经营状况。

5. 甲方根据经营需要对×××连锁大药房进行统一宣传，发布广告，开展营销、促销等活动，提升×××品牌形象。乙方应积极参与、配合。

6. 乙方有义务向甲方提供有利于营销的荣誉证书、资格证书、媒体评价等数据的复印件。

7. 为了统一管理，完善终端服务体系，甲方专职督察员有权严格按公司有关规定随时对乙方进行日常店面、服务等检查，凡有违规，可按制度规定处罚。

第九条 商品的购进、配送

1. 为确保商品质量，乙方加盟店的商品购进必须在甲方供应中心统一购买，不得在其他任何渠道购进商品。

2. 乙方加盟店每月按经营需要向甲方上报两次药品需求计划，并按其计划向甲方配送中心按甲方进价购货。关于甲方供药的价格标准，以甲方进药发票作为参照标准。

3. 甲方按药品进价的_____%收取仓储、采购费。

4. 乙方从甲方配送中心购进的药品如出现质量问题，甲方有责任与乙方及时处理。乙方不承担责任。

5. 乙方从甲方配送中心购进的药品如外包装完整而内装实物出现短缺，一经查实，甲方应及时为乙方换货或补货。

6. 乙方从甲方配送中心购进的药品如出现滞销、有效期临近等，甲方有义务协助乙方处理，但甲方不承担责任和损失。

7. 甲方可以随时对乙方的库存药品进行抽查，协助乙方进行药品的管理。

8. 乙方有义务为甲方配送中心的完善提出意见和建议，若乙方有更好的进货渠道，应向甲方配送中心及时提供准确信息，以便甲方不断优化品种结构和进货渠道，但乙方不得以此为理由拒绝在甲方统一购货。

第十条　零售价格的设定

1. 乙方加盟店必须执行甲方制定的药品统一零售价格，以避免无序竞争。

2. 如甲方制定的统一零售价与乙方加盟店所在地区差异较大，乙方加盟店可向甲方书面说明情况，并提供合乎本地区实际的价格建议，甲方根据公司的统一性要求和加盟店所处地区的实际情况综合考虑，双方共同制定出与实际相符合的零售价格（厂家对统一零售价格有特殊要求的除外）。

第十一条　账簿的制作

1. 为使甲方准确把握加盟店的经营状况，乙方加盟店必须按甲方指定的格式制作和保存以下文本：

（1）传票；

（2）销售日报表；

（3）进货单据。

2. 乙方加盟店每月 26 日向甲方上报一次真实的全月销售报表。

第十二条　商品盘存

1. 乙方加盟店要定期进行商品库存、消耗品等的盘点清查，准确把握经营状况，于每月 30 日前上报甲方，以便甲方进行经营协助、指导和商品协助管理。

2. 如甲方经检查后发现乙方加盟店的盘存结果和销售日报表等不准确，要随时通知乙方加盟店，并提出改正意见，同时甲方可以同乙方一起进行盘存清点，以保证结果的准确性。

第十三条　纠纷、事故报告义务

乙方加盟店在运营中发生质量投诉，由此引起的相应诉讼及其他纠纷，应尽快妥善处理，避免和减少对×××连锁大药房品牌的负面影响，并及时报告甲方，以获得甲方的支持和协助。

第十四条　合约期限

1. 本合约的期限自本合约签订之日起算，自开业后三年止，即从_____年_____月____日起至_____年_____月_____日止。本合约期满前三个月，经双方同意，可以更新或续签合约。

2. 若原乙方需继续经营，本合约期满终止时重新签订的合约，管理费不得低于 1 000 元/月，本合约的保证金可充作更新或续签合约的保证金。

第十五条　合约的解除

1. 乙方如发生如下各项中的任何一项行为，甲方以书面形式要求乙方加盟店在规定的期限纠正，超过规定期限仍无改善时，甲方可单方面解除本合约。

（1）乙方加盟店向甲方上报的销售日报表、决算书等其他文件严重失实或连续三个月不上报；

（2）乙方加盟店拖欠须交甲方的管理费超过二个月；

（3）乙方加盟店的其他严重不履行本合约规定的义务的行为；

（4）不按本合约规定的方式购进药品，擅自从其他渠道进药；

（5）因乙方原因造成重大质量事故或投诉的情况。

2. 乙方加盟店发生以下各项中的任何一项行为，甲方可向乙方提出警告，并协商处理办法，若无法达成一致，则甲方可以单方面解除合约。

（1）乙方加盟店未得到甲方事先的书面同意，私自出让经营权；

（2）乙方加盟店未得到甲方的事先书面同意，私自出让本合约规定的全部或部分权利，或对外设立担保或对加盟店进行其他处置；

（3）乙方加盟店向他人泄露甲方的经营秘密，或让他人使用或向他人提供甲方的数据文件；

（4）乙方加盟店损害甲方的名誉、信誉，妨碍甲方及其他加盟店的工作及经营；

（5）未经甲方同意，乙方加盟店将经营委托他人，从全部经营或实际重要部分退出或放弃店铺经营超过 10 天以上；

（6）法令、政令要求乙方加盟店终止经营；

（7）乙方加盟店违背本合约第十条第 1、2、3、4 款。

3. 如甲方发生违反合约或不履行合约规定的义务，乙方可以以书面形式敦促甲方停止该行为，履行规定义务，如甲方在规定期限内仍不履行义务，乙方可单方面终止合约。

第十六条　协商解约、中途解约

1. 甲乙双方协商达成书面协议，可随时中止本合约，此时甲方退还乙方一半的保证金，剩余一半的保证金在乙方拆除所有表示×××连锁大药房的招牌、物品和其他营业象征一个月后归还。

2. 乙方提前三个月通知甲方解约，并付清管理费和其他由甲方代为负担的一切债务，同时明确放弃保证金，并拆除所有表示×××连锁大药房的招牌、特品和其他营业象征后，本合约便告终止，但乙方不能用保证金充抵由甲方代为负担的债务。

3. 如因不可抗拒因素导致经营终止，甲方按剩余年限退还乙方加盟费。

4. 如甲方在乙方无过错情况下单方面终止合约，甲方按剩余年限退还乙方加盟费、保证金，并按乙方进价收回剩余药品。装修费经双方确认后，扣除已使用年数，剩余部分由甲方向乙方补偿，对于可能发生的租金损失也进行酌情补偿。

第十七条　营业的让渡和承续

如乙方希望出让或出租药店时，甲方有权优先接替、承租。

第十八条　遇不可抗力的免责

本合约的任何一方均不向对方承担因劳资纠纷、天灾人祸、行政机关的强制措施及其他超越合理控制的原因造成的损失。

第十九条　违约责任及赔偿

1. 乙方违反本合约第九条第 1 款，甲方因此而解除合约时，甲方不退还乙方保证金，若仍有损失，由乙方另行赔偿。

2. 乙方违反本合约第九条第 4 款，或因从其他渠道购进商品而导致商品质量纠纷、媒体曝光或政府主管部门查处等，另赔偿甲方商誉损失金 20 000 元。若另有损失，甲方保留继续追偿的权利。

3. 甲、乙双方任何一方违反本合约的其他任何一款，均须向对方赔偿 1 000~10 000 元的违约金。

第二十条　连带保证人的义务

乙方连带保证人与乙方连带承担乙方在本合约中承担的一切债务。

第二十一条　受理法院

本合约发生纠纷引起诉讼时，由甲方所在地法院受理。

第二十二条　其他

1. 在本合约签订前，甲方向乙方详细说明开展经营事业成功的可能性及合约内容，获得了乙方的充分理解。

2. 乙方理解并同意以下事实：在甲方说明中所展示的各种资料只是说明成功的可能性，并不是对乙方经营事业的获利承诺。

3. 甲方上市时，乙方所交保证金可以优先以公司内部认购价转为股金。

第二十三条　协商

未尽事宜，甲乙双方本着发展事业的愿望，坦诚地协商解决。

本合约一式二份，甲乙双方各执一份，具有同等法律效力。

本合约由甲乙双方签字盖章且乙方加盟金、加盟保证金到达甲方指定账户后生效。

心得栏

第 7 章

连锁店商圈的开发与评估

7.1 评估新店的商圈

对于商圈的评估，不是只限于开店时才进行。由于在设店地点的周围，面对着同业竞争，业绩将有被瓜分的危险，所以即使已经开业了，在店铺实际运作时也要时常对商店进行评估，了解不同的商圈分布。如何做商圈评估，可从下列几方面思考。

1. 分析时间与距离

这是做商圈评估时最基本的因素。

如果顾客到店消费的距离太远或时间太长，会影响他们前往消费的意愿。另外，不同的商店形态，顾客对于时间、距离的敏感度不同，因此业者可根据自己商店的形态与顾客到店的时间、距离，找出所设定的商店形态的第一商圈、第二商圈和第三商圈。

1）第一商圈为主要商圈，来店的顾客主要是为了方便而消费，顾客的消费力占店营业额的 60%~70%。

2）第二商圈为次要商圈，顾客会来店消费的原因是商店提供了顾客所需要的且具有差异性的商品或服务，顾客消费力占店营业额的 20%~32%。

3）第三商圈为流动商圈，此商圈内的顾客是被商店的营销手法或周遭的设施环境吸引过来的，属流动性顾客，其消费力占店营业额的 5%~8%。

2．把握商圈特性

立地环境大致可区分为住宅区、文教区、商业区、娱乐区和综合区等，不同商圈的特性适合不同的商店业种、业态。例如，文教区近邻学术、文化性机关，其消费群以学生居多，适合设立书店、漫画店等；商业区的流动人口多、热闹，各种类型的商店会聚集在一起。业者可根据商圈的特性与商店业种、业态，找出适合的商圈。

3．考虑商圈大小

由于商店的经营与城市机能的发展息息相关，对业者而言，可根据顾客来店时间、距离，地区的人口密集程度，消费力高低与人潮流量，将商圈依序分成：近邻中心型的徒步商圈、地区中心型的生活商圈、大地区中心型的地域商圈、副城市中心型的城市部分商圈与城市中心型的城市全局商圈，如表 7-1 所示。

表 7-1　商圈的分类方法

近邻中心型（徒步商圈）	半径 250~500 米
地区中心型（生活商圈）	半径 1 000 米
大地区中心型（地域商圈）	公交车路线可以延伸到达的地区
副城市中心型（城市部分商圈）	公交车路线集结的地区，可以转换车，为交通辐轴地区
城市中心型（城市全局商圈）	包括整个城市四周，其交通流量或人潮流量层面可能来自四面八方

业者可以再依据商圈的性质与大小，进行商店的运营规划与业种、业态的开发。

7.2　分析开店地点的客流量大小

客流包括现有客流和潜在客流，连锁店选择开设地点总是力图处在潜在客流最多、最集中的地点，以使多数人就近购买商品，但客流规模大并不总是带来相应的优势，应做具体分析。

1．分析客流类型

（1）自身客流。自身客流是指那些专门为购买某商品的来店顾客所形成的客流，这是连锁店客流的基础，是连锁店销售收入的主要来源。因此，新设连锁店在选址时，应着眼评估自身客流的大小及发展规模。

（2）分享客流。分享客流是指一家店与邻近店形成客流的分流，这种分享客流往往产生于经营相互补充商品种类的商店之间，或者大店与小店之间。例如，经营某类商品的补充商品的商店，在顾客购买了这类主力商品后，就会附带到邻近补充商品商店去购买供日后进一步消费的补充商品；又如，邻近大店的小店，会吸引一部分专程到大店购物的顾客顺便到毗邻的小店来。不少小店依大店而设，就是利用这种分享客流。

（3）派生客流。派生客流是指那些顺路进店的顾客所形成的客流，这些顾客并非专门来店购物。在一些旅游点、交通枢纽、公共场所附近设立的商店，利用的就是派生客流。

2．分析客流目的、速度和滞留时间

不同地区客流规模虽可能相同，但其目的、速度、滞留时间各不相同，要做具体分析，再做最佳地址选择。例如，在一些公共场所附近、车辆通行干道，客流规模很大，虽然也顺便或临时购买一些商品，但客流目的不是为了购物，同时客流速度快，滞留时间较短。

3．分析街道两侧的客流规模

同样一条街道，两侧的客流规模在很多情况下，由于交通条件、光照条件、公共场所设施等影响而有所差异。另外，人们骑车、步行或驾驶汽车都是靠右行，往往习惯光顾行驶方向右侧的商店，连锁店开设地点应尽可能选择在客流较多的街道一侧。

4．分析街道特点

选择连锁店开设地点还要分析街道特点与客流规模的关系。交叉路口客流集中，能见度高，是最佳开设地点。有些街道由于两端的交通条件不同或通向地区不同，客流主要来自街道一端，表现为一端客流集中，纵深处逐渐减少的特征，这时候店址宜设在客流集中的一端。还有些街道，中间地段客流规模大于两端，相应地，店址设置在中间地段就更能招募潜在顾客。

7.3　开店地点评估的 12 个重点

连锁总部有许多部门，店铺开发部门是其中的重要部门，该部门人员工作最重要的任务是，寻找并评估各种适当的店铺地点。

开发人员的主要目的是提供有关不动产方面的专业服务。其中包括中长期的环境预测和一些相关的文件数据研究，对不动产进行各种评估，包括财经分析、成本分析等，以期能使新地点的选择拥有较佳的条件。

开店地点的市场评估可划分为 12 个步骤，这套作业逻辑将有助于开发人员以合理而系统的方式累积市场重要信息，为思考模式中极重要的一环。

（1）在商圈所在区域内，开车绕行至少 2 次。

（2）收集各项统计资料。

（3）收集有关产权持有者及目前用户的资料。

（4）进行商圈内的访谈，尤其是相邻店面的观察。

（5）标示出近期可能到期的店面所在位置。

（6）拟订开发计划及准备进行流程。

（7）对可能设立的地点进行分析。

（8）在道路图上加注商圈的实际范围。

（9）了解并得到人口普查、交通流量、住宅都市发展计划等资料。

（10）进行地区游览模式与影响评估分析。

（11）营业额与投资成本预测。

（12）分析是否适合在此地开设新点。

上述各步骤的具体做法说明如下。

1．开车绕行

准备完整的街廓全图，并多预留备份，若能拍摄画面更佳，携带如摄影机、相机、录音机、笔记本等工具，以开车绕行方式在地图上按一条街一条街的方式观察及标注各种状况；口述录音所看到的街廓形态、人潮、生态、店号名称、营业项目、外观、道路方向性、红绿灯位置、建筑物种类、天然障碍（如桥梁、平交道或河川等）及附近住家情形。在此，还必须熟记四大原则：用眼睛观察，用录音机记录陈述内容，反复细听录音内容，在道路图上标注属性数据。

2．搜集各项资料

一般来说，在以开车绕行商圈区域前，最好能先行取得统计数据。例如，各出版数据对该区域市场动态的报道，包括所在地的对外交通、人口数、零售业家数、住房人口、银行数、车辆数、主要商业行为、平均消费额、气候、报纸发行量、无线电视及有线电视的占有率等，其次为各协会的统计资料；此外，收集面对此区的市场占有率、销售比率、对企业商品的接受程度及同行的占有率等数据，都将为决策者提供更有力的资料背景。

3．了解各建筑物资料

了解各建筑物资料有助于我们了解顾客群所产生的业务容量有多大，进而建立顾客层的消费水平及额度。

4．确定区域访谈对象

区域访谈对象应包括既有店面的营业人员、学校单位、警察单位、水电燃气公司、百货及超市、城市规划单位、相关协会等。充分了解各种数据的准确性及各方面的反应程度，同时增加本身对区域的洞察能力。这种多半以聊天方式来进行的访谈模式，必须在专业档案里翔实记录其对象、时间及内容，是很好的样本调查数据。譬如询问学校单位的入学人数、学校上下课时段、供餐状况、学生是住校还是通勤，以及每年的学生增加量等，而对交通单位，则可询问最近交通流量、车行方向等问题。

5．对既有店面状况加以确认

了解在该商圈或邻近区域的既有店面获利情形、合约的到期日，以及重新整修前后的营业差异等。

6．拟订开发计划

无论是否已经拥有可设地点的数据，还是可先行圈出适宜开店的最佳位置，最好分出一、二、三级的选用程度，一旦决定在该商圈内设点，则必须考虑地点的能见度、外露面、通路及顾客容量。对于建筑物本身如结构、采光、颜色、造型、材质等，也需一并考虑，当然这就是为什么三角窗或道路交叉口最具设店价值，因为四面八方顾客所汇聚而来的机会较大，加上路口红绿色灯变换时，驾驶人在等候的同时将优先看到路口的店面而可能前往消费，因此具有多项利基的要件。

7．找出人口统计数据及人口密度及聚集区

除了找出人口统计资料外，最重要的还有人口密度及聚集区，尤其是区域小、人口密的地方，这才是发展连锁店面的绝佳区域，也才能确实发展连锁的功能。

8．进行第二次游览模式后，即可开始预估营业额

除了利用房产数据及顾客轮廓来模拟营业额大小之外，也必须对建筑物本身所能提供的实际产能做一下检测。一般来说，假如附近已有大型的人口产生实体（如大型办公大楼），则已约略能猜测八成的预估准确值，大致了解消费的平均额度。可采用类似地点、类似店面形态的市场比较法，这将有助于营业额的预测，因为经验的累积是准确预测的不二法门。

最后经由简报会议，会同企划、财务、营业工程等相关单位与管理部门，共同商议投入该据点的可行性。另外，时间的掌握是签约的要件，若不是十分合宜的开店地点则不宜贸然决定，应多些时日考虑与观察。

各种比较合适的地点可归为下列 15 类。

（1）独立式。此类店在城市中较为少见，但在郊区及小城镇最多，其特色为可放置较大而醒目的招牌，可设停车位和较具弹性的活动空间，但是必须具备独立吸引客源的能力。

（2）街道连栋式。此类店大部分位于商业区的街道上，有可能承租或承购整栋大楼，或者某商业大楼的一、二楼层，也可以与其他相关行业共同承租店面分担使用，其特色为缺乏停车空间且顾客多半以骑车及徒步方式光临。

（3）百货公司。此类较具规模的开放式购物中心，其缺点是无法设立明显的独立招牌，但可拥有较为固定的客源，节假日的人流较多，因此交易次数较高，营业额也会相对随之提升。

（4）学校。此类店大部分均设于学校活动中心内，主要顾客均来自学生及教职员工，营业时间和学校上课时间也多半相同。

（5）商店街。此类店形态上可能会与许多其他品种商店一起营业，如餐饮、精品店、服饰品等，店与店之间以隔间墙加以分隔，公交车停靠站较多，是下班及节假日人流高峰聚集的地点之一。

（6）休息站。此类店是为长途旅行的顾客服务的，除了以游览方式为主的顾客群外，初步分析以中、老年客层居多，而且淡旺季分明。

（7）商业大楼。此类店多半设立于商业大楼的一楼，以吸引大楼内部人员及过往行人为主，但必须配合大楼外观及管理委员会规定来规划店面，因属商业行为区域，故店面侧重要求适当面宽。

（8）医院。速度、质量、卫生等是医院内店面形态的常规。因拥有固定客源，较不易产生同业竞争的情形，但要考虑产品配合顾客导向的需求问题。

（9）军区。由于军人无法常常擅离营区，生活上较为枯燥乏味，此类店对设施的质量保养及水平定位较难控制，另外在产品的运送方面，也应列为考虑重点。

（10）地铁站。地铁系统及转运站是人流聚集场所，人流及商圈形态将随之改变，但由于站内面积狭小、地点取得不易，宜谨慎选择经营。

（11）火车站。交通运转中心会有固定的客源，但就像前述地铁站一样，必须考虑店面面积较小、客源流量大、停留时间短等因素。

（12）公园及动物园。由于此地点属非常封闭式的商圈形态，驱车前往者占大多数，仅节假日呈现巅峰营业状况，因此淡旺季区别很大，而且多半以儿童市场为主，强调家庭组合的产品较符合此特定情形。

（13）博物纪念馆、游乐区。

（14）机场。除了国际机场外，国内机场必须提升服务水平及设施质量，才有进入经营的价值。

（15）特殊地点。此项尚待开拓的市场形态包括加油站、购物区、多功能休闲综合区等。

7.4　新店的开发要求

展店布点是开店计划的具体执行，应针对此提出明确的要求。年度开店数量、开店范围界定、开店条件制定、商业区选择、立地选择及零售网络联结等方面，都是主要的布点战术要求。

1. 年度开店数量

根据公司的各项资源及市场的需求分析，可以制定年度展店目标。由展店目标的多少，可以看出本企业开店策略是保守还是开放，要考虑一下实际开店数减去关闭店数而形成的净开店数。

2. 开店范围界定

开店范围的选择有两大类，一种是全面性选择，另一种是部分性选择。全面性选择是面向全部市场空间，随着顾客群的发展而发展。部分性选择有三类：第一类是选择城市繁华区；第二类是选择城乡结合部；第三类是选择交通要道处。

3. 开店条件制定

连锁总部必须对所开店铺的面积、交通、招牌、内外卖场、装潢设计有一定的标准规格，不同的店铺规格会影响展店各项策略的选择。为了应对不同的建筑形式、规格，有的公司具有 3 ~ 5 种不同面积的店铺设计，可进行菜单式选择。除面积外，开店还要考虑楼层、建筑材料、店宽、水电等需要。

4. 商业区选择

依店铺、商品、服务内容、顾客层来找有特定功能或属性的商业区。例如，美容沙龙应选择在商住混合区，位于次干道或交通方便、立地标志明显、停车方便的地方。超市应选择在有一定商业功能的居民区，以中下收入阶层为主，交通相对方便。

5. 立地选择

店铺立地指确定设立店铺的理想开店场所。这里会牵扯到立地条件和布点顺序。

立地条件指店铺所在地周围的环境条件，如交通状况、公共设施、停车空间、商店密集度、办公室、住宅密集度、社会稳定状况等。连锁企业必须确定店铺的最佳立地条件。

布点顺序指各项立地条件的优先级，主要有三种顺序：全面布点、中心放射布点及包围布点。全面布点多半在强攻据点或各类立地条件差异不大时使用；中心放射布点是以一个特定区域为范围，先占中心点后再分别扩展到边区，进驻城市繁华地段就是代表方式；包围布点的典型做法就是以“乡镇包围城市”，如先沿着大城市边缘环形公路进行新城（卫星城）布点，然后根据情况向中间渗透，如沃尔玛的初期布点就是这样的。

还有一种特殊情况，就是“政策性布点”。政策性布点指具有宣传或形象塑造作用的店铺，虽然持平或略为亏损，但也会考虑经营。另外，还有“卡位”开店，为了避免其他同行进驻好的经营地点，虽然有商业区重叠的缺陷，但连锁企业也会在商品结构上进行区别经营的前提下，采取具有一定垄断色彩的布点策略。

6．零售网络联结

优良的零售网络联结（指连锁企业开发新的零售网点时使网点之间相互呼应，联结成一张无形的大网）战术有宣传效果增强、形成网络及 Image 建立（提高曝光率）的效果。

零售网联结战术主要考虑是单一业态店铺还是多业态店铺。对于多业态店铺连锁经营者，不但要考虑每个单店的经营，更要考虑到整体销售网络互相支持、呼应的效果。所以，对同一商业区中，客源重叠的店铺或政策性布点都要有一定的规律，以避免造成互相制约失去连锁的优势及产生布点不均的现象。这种现象经常在连锁店开到一定数量时出现。

7.5 新店的开店运作

连锁分店有直营店与加盟店的分别。经营连锁企业，需要具备统一协调控制各连锁分店的经营能力，这种控制和自主的关系当中存在一些相互制约的因素，但并不是矛盾的关系。只要掌握关键部分，减少总部和门店之间的不协调因素，总部和门店就会有机地结合为一个整体。

7.5.1　开业筹备

1．经营方针设定

（1）分店定位，如属于何种类型的百货公司或专门店等。

（2）顾客对象设定，如针对何种年龄层、收入层或顾客类型等。

（3）商圈范围，以分店为中心约多少距离为半径或者车程时间要多久等。

（4）竞争概况，对于同业、同地域的竞争情况分析。

（5）商品类，以哪些商品为内容组成。

（6）今后扩建或发展计划的动向及可能性。

（7）商品展示陈列方式，是采用开放式还是封闭式陈列。

2．经营全盘计划及体系

（1）分店长期计划的设定。

（2）分店中期计划的设定。

（3）分店年间预算体系的检查与确立。

（4）其他计划体系（如资金计划、技术合作计划等）的确立。

3．门店管理

（1）门店行动指引路线平面图制作。

（2）各种设备、桌椅、广告物、标语的放置。

（3）各区位检查和标示。

（4）服务行动路线调整。

4．门店装潢

（1）租店签约：尽量提早签约，确定交屋日期。

（2）面积丈量：事先取得同意，前往测量。

（3）门店设计改良：尽快绘制草图。

（4）估价发包：广告物、地面、水电、壁面、厨房、柜吧台、桌椅、营业设备、冷气机、音响。

（5）监工：施工过程中的督导、协调、日程控制、质量管理。

（6）验收：逐项试用及验收。

5．政府机构

（1）门店使用执照核备申请。

（2）水电通信的申请。

（3）街委会、居委会、公安消防的联系。

6．商品策略

（1）国内商品的调查与资料收集。

（2）顾客层、对象重点掌握。

（3）分店重点部门、次要部门的分析与决定。

（4）进口商品与国产商品构成的概括把握。

（5）自营商品与专柜商品的组成比例及构成内容。

（6）供货商的接洽、分析与决定。

7．商品采购

（1）应考虑供货的时间性与货源的配合性。

（2）自制商品或自行开发品牌商品的对策，有关业务的交涉、分析、决定与执行。

（3）进口商品以何种方式购入（如自行采购或委托第三方）。

（4）国产商品以何种方式购入。

（5）购入数量、时间、追加订货量等问题的决定。

（6）商品的选择、决定、进行采购及保管等作业。

8．运营体系及组织系统

（1）分店管理体系及营业活动方向的决定。

（2）组织系统的分析与决定，各部门工作责权划分及制度的建立。

（3）分店管理目标的确立（预算实绩管理）。

9．商品管理、营业管理体系化

（1）分店自商品购入至销售的管理方法：如购入方法、品检、库存管理、入账，销售统计、定价、降价、商品分析、盘点等各方面的体系化。

（2）传票操作系统的建立。

10．销售计划

（1）分店年度计划概要及年间区分（依季节划分）。

（2）每月（周）营业计划（依商品类别划分）的决定。

（3）预算制度的建立。

11．采购计划

（1）应与销售计划充分配合。

（2）购入商品的时机、质量、数量的把握。

（3）进货方向的确立与厂商的配合。

（4）采购金额的决定及预算制度的调整。

12．促销广告

（1）促销广告案的规划和核准。

（2）广告物的制作（海报、传单、卖场饰物旗帜、邀请函）。

（3）赠品订购进货。

（4）广告媒体的执行。

（5）广告预算的决定及预算制度的反应。

（6）广告策略运用的分析决定（包括广告代理商的选择、媒体种类的选择）。

（7）各时期广告表现及运用的重点，以系列化推出。

13．开业时的活动

（1）开业时间选定：配合地理风水及民间习俗。

（2）邀请贵宾和剪彩人的通知。

（3）剪彩和开业的道具。

（4）祝贺物的摆设。

（5）开店的预演和预营业。

（6）开店的安全措施。

14．开店公关事项

（1）新闻传播界的说明会及宴请。

（2）同业的说明会及邀请。

（3）供货商的说明会及邀请。

（4）政府相关机构（主管单位，公安消防，居、街委会）说明会。

（5）顾客团体说明会。

（6）媒体消息的发布。

15. 人员招聘培训

（1）人事费用预算的决定。

（2）各职能人员构成分析与决定。

（3）应聘人员应具备的经验及条件，人员的招募及任用。

（4）招聘广告的拟定及核准。

（5）劳动计划、招工简章的准备及人事主管机关的核备。

（6）通知报到。

（7）职前培训（公司简介、远景、规定办法）。

（8）顾客接待礼仪培训。

（9）作业技巧演练。

（10）开业工作分配和活动说明。

16. 开业进度控制

（1）每一细项列表。

（2）分配每一工作的负责人和监督人。

（3）逐项控制作业进度。

（4）实时显示进度达成报告。

（5）差异时的补救。

17. 短期预算及各项费用的决定

（1）短期预算的决定（包括营业预算、经费预算等）。

（2）开店筹备各有关费用的最后决定。

18. 开业准备

（1）开业和一切必要事项的分析、决定、执行、工作分配（如展示、模拟销售、纪念品、广告、顾客访问等）。

（2）开业当日的所有活动计划。

（3）总体逐项检查。

（4）最后的清洁管理。

（5）人员讲话。

19. 其他事项

（1）各项管理规则、办法及报告传票制度的建立。

（2）包装器材及员工制服等的订购。

（3）其他行政工作上应准备的事项。

7.5.2　开店作业事项

（1）政府申请作业。有关公司名称、商标的登记、设立、申请执照、申请用电等。

（2）大硬件规划执行。有关招牌、门店装潢、陈列架、附属道具等的规划、设计、签约、施工等。

（3）小硬件规划执行。有关店内的营业器具、办公设备的估价、签约、采购或定制。

（4）水电规划执行。店内外所需的照明设备、线路、插座、开关、水管、冷气、冷气机配线等设施的规划、议价、施工安装等工作。

（5）验收作业执行。请专业人员负责对大硬件、小硬件、水电等工程做质量验收及位置验收（开业一周内）。

（6）清理作业。装潢施工完毕、商品进店前及开业前一天，均应对门店内外环境、桌椅、营业器具、商品物料、做全盘性的整理、清洁。

（7）物品整理。物品进店后清点数量品项、品名及检验质量并依物品的储区存放好。

（8）促销广告作业。开业促销方案申请核准；备妥赠品；制作张贴海报和POP；备妥促销道具；广告媒体的执行。

（9）人员招聘。招聘广告；甄选、核定；录用通知；报到。

（10）人员培训。各项职前培训的执行，促销活动说明，实地演练。

（11）整体控制。由分店部门主管针对上述项目编制“开店进度总表”，以便全盘掌握，整体控制。

7.5.3 各部门工作

通过筹备工作项目内容的设定及时间进度的排定，为了适时地完成开业筹备工作，下面以实际必须展开的业务事项，依各部门的工作性质类别加以说明。

1．营业采购工作

（1）营业经营规划。包括商品组成、营业构成比例、楼面规划及采购通路的确定等，以作为商品战略、采购作业及楼面装潢设计的依据。

（2）厂商征求及专柜条件设定。依据制定的楼面规划及商品组成，进行厂商的接洽与拜访，若是自营部分则考虑采购的商品情况及数值，如是专柜经营则考虑提供的销售空间及设柜条件的洽商。

（3）营业预算计划。根据设定的楼面商品的内容及比例，加以模拟营业额预算，以作为商品的采购及商品比例的作业基准。

（4）商品采购。配合所设定的营业预算，计算所欲采购的商品类别及安排进货的时间。

（5）宣传推广计划。依据所拟定的营业方针，拟定开业前、开业间、开业后的广告宣传策略运用，促销活动重点及各项广告媒体费用的计划等。诸如，开业前的市场调查及营销资料收集、住宅访问、开业赠品、开业引导活动、媒体安排与运用、展示促销活动等，均需依次计划。

（6）美工展示陈列作业。有关海报、函件、DM、POP 等美工设计、楼面商品的摆设、橱窗及展示区的陈列等，均是开业筹备所不容忽视的工作。

（7）其他事项。与营业采购相关的其他业务也必须随时加以联系，以利整体作业的推动。

2．财务会计工作

（1）资金运用规划。配合整个开业筹备业务，对于各项资金的运用要确实地加以掌握，诸如开办费、内装费、工程设施费、商品采购费等，均应予以规划。

（2）商品管理业务。诸如存货计价基础的设定、商品的盘点、货号系统的编制、商品检验基准的设立、存量管理体系及开业前商品进货日程的排定等，都是商品管理中必须着手准备的事项。

（3）会计账务管理。凡是与会计作业和账务处理有关的事项，均应事前妥善地规划，如拟定发票的使用与管理、账务处理作业、固定资产的分类及筹备期间有关的会计账务整理等，都要建立一套管理制度。

（4）现金出纳管理。收款机的使用与管理、现金与周转金管理、信用卡销售业务、付款日期的设定等业务，均是应予准备的事项。

（5）其他事项。凡是与会计、账务、现金管理等有关的业务也应随时与相关部门协调与配合，以推动业务的进行。

3. 人事教育工作

（1）人员招聘。依据公司的组织系统及设定的人员编制数，配合筹备业务的工作进度，分批招聘各有关人员，由于筹备期间公司尚未正式营业，因此对于人员报到的不同级别和时间均应事前做有效的安排，一般的招聘时间先后顺序安排是主管级人员、基层管理人员、一般员工、收银员及营业员等。

（2）教育培训实施。针对教育培训的对象，安排共同性与专业性的培训课程，并考虑人数的多少、训练的特性、进行场地、时间及讲师的安排。同时配合开店的实际需要，对于现场实习及模拟销售，也是员工教育培训方面在业务执行展开中的主要工作。

（3）人事管理制度。有关从业人员的任免、考勤、升迁、考绩、奖惩、核薪、出差、担保等各项规定，均应加以考虑，以便人事管理作业能有一定准则。

（4）员工福利措施。对于员工的退休制度、膳食管理、互助办法、抚恤措施等必须着手制定。

（5）其他事项。诸如员工服务手册、教育培训材料编印以及与人事管理具有相关性的业务，都要全盘加以规划。

4. 总务行政工作

（1）工程发包与财产购置。有关门店的内部装潢、公共设施、安全设备、营业用品（T台、橱柜、展示台、吊架、装饰品、陈列用具等）、音响设备、电话设备、事务用品（收款机、复印机、计算机、打卡机等）、办公室设备与器材，以及营业有关的器材设备（收银台、包装台、检验台等）必须配合业务需要进行发包与采购。

（2）开业前行政物品采购。如包装用材料（包装纸、包装袋、纸盒）、标价用品（标签机、吊卡、卷标纸等）、报表交易所印刷、员工制服承制以及开业时使用的物品（剪彩用具、请柬印制、酒会场地布置及准备等），总之，凡是开业前所必须使用的物品均应加以准备。

（3）登记申请事项。开业所应登记申请的事项，如营业登记、电话申请、专卖品的申请、公司商标登记等，都应事前加以办理，以配合开业时使用。

（4）总务行政管理制度。有关文书管理、财产管理、安全防护组织等总务行政管理体系也要加以设定，以便于各项行政业务的推动。

（5）其他事项。由于总务行政类工作是推动各部门展开有关业务，所以必须与相关部门充分联系与配合，才能顺利地推行各项业务。

5. 企业稽核工作

（1）工作时间进度规划。针对筹备业务展开时各项工作先后次序的排定以及部门间有关业务的协调与联系制定工作时间进度规划，并且对于进度延误部分，谋求妥善处理措施。

（2）经营预算策划。将公司运营上长短期发展计划及经营方针与目标做全盘规划，并且汇总各部门提供的预测数据进行预算的测定，同时将公司业务流程系统加以确立，以完成整体的策划制度。

（3）其他事项。有关筹备期间各部门展开的业务，对于突发事件或异常现象进行协调与联系，必要时拟定处理对策，以求筹备工作的推进。

7.6 案例一：屈臣氏的选址标准

屈臣氏针对的往往是具有冲动型消费特性的目标顾客，所以屈臣氏对店铺的要求是，位置醒目、能见度高，而且就商场整体布局、客流动线来说，店铺最好处于人流必经之地。

屈臣氏最终将店铺选在商圈的中心商务区内，租赁大型高档商场的店面。因为中心商务区内客流量大，信息传递较快，便于屈臣氏面向顾客进行宣传，并对顾客起到引领作用，同时赋予了屈臣氏强大的生命力。屈臣氏选址标准如下：

（1）人流汇集点，即店铺区域的流动人口量在 4 000 ~ 8 000 人次/天。

（2）临交通主动线，可视性好，一般要求在 50 米以外易看见，有较好的招牌广告位，且无进店障碍。

（3）繁华的区域型、小区型的商业街市上，商业、商务密集、商圈成熟区域，以及市商业中心或区域商业中心。

（4）使用面积 200 ~ 300 平方米，地上一层布局方正为佳，有独立的进、出口，净高不低于 3.2 米，形象展示好。

（5）租赁年限一般在 10 年以上，具备清晰的产权证明等相关法律文件。

7.7　案例二：开心汤姆连锁店选址规程

开拓市场，是开心汤姆全球市场发展战略的一部分，也是开心汤姆未来十年的全球规划战略的重点。开心汤姆每家餐厅的店铺选址、租赁都必须符合开心汤姆的发展战略要求，因此必须遵照严格的程序进行。开心汤姆必须考虑经营发展的长期性与稳定性，要求店铺租赁期一般为八年。开心汤姆一贯视其店铺的租赁为长期的商业行为，开心汤姆在考虑自身发展利益的同时考虑了店铺所在物业业主的商业利益，事实上这也是互惠互利的商业关系。

开心汤姆由于其出色的食品口味与首屈一指的服务质量，以及别具一格的市场定位，每当开心汤姆餐厅开业，当地人都会蜂拥而至，绝对是一尝为快的“开心”好去处，其轰动性的效应是不难想象的。因此，每家开心汤姆餐厅都是该商业区吸引顾客、集中人流的闪光点，使该商业区人气急升，知名度大大提高，更显繁荣之景。

开心汤姆在进军中国各大中城市的同时，积极寻找店铺租赁的合作伙伴，与其携手并进，并创光辉煌。

1．开心汤姆餐厅租赁店铺的要求

（1）开心汤姆餐厅店铺一般要求地处商业区中心繁华地带。

（2）面积要求 300 ~ 450 平方米；结构布局合理，有利于店铺的设计与装修。

（3）店铺周围应该毗邻大型的购物中心、娱乐中心或政治文化中心，交通要便利。

（4）店铺要有明确的产权所属关系。开心汤姆或其加盟商只与店铺所在物业产权拥有者签署租赁合约。

（5）店铺所在建筑物符合有关部门的规定，不在当地市政改造地区范围之内，不用拆迁房。

（6）店铺水电、暖通等方面必须符合有关规定。

2. 开心汤姆美式连锁店的建立

在接受投资者申请并签订意向书后，总部将协助投资者就其选定的店铺地址进行调查，以便对连锁店开发成功与否做个评估。

商业区域调查包括下列项目。

1. 商业区域概念

商业区域是指以店铺坐落点为圆心，向外延伸某一距离（一般以方圆500米为判断主商业区域的基准），以此距离为半径形成的消费圈。

2. 商业区域形态

（1）商业区。其顾客习性具有快速、流行、娱乐、冲动购买及消费金额不低等特点。

（2）住宅区。至少应在2 000户以上，此区消费者习性为消费群稳定性、便利性、亲切性、家庭购买能力高。

（3）文教区。

（4）办公区。

（5）综合区。

3. 商业区域调查的重点

（1）对该商圈内人口数、职业、年龄层调查。

（2）对该商圈内消费习性、生活习性调查。

（3）对流动人群的调查。

（4）对该商圈利基店设施及竞争店调查，相对于快餐业的利基点有百货公司、学校、大超市、车站等。竞争店调查较为重要。

（5）对商圈未来发展性的调查。

4．市场评估

（1）消费行为分析。分析顾客行为，其主要目的是发掘主要顾客群，掌握其消费趋势，进而建立目标市场，从而规划产品区隔市场，掌握 5W1H 原则，即 What、Why、Who、When、Where、How。

（2）市场调查。

（3）市场评估：①市场的大小；②市场需求情形；③市场占有率。

心得栏

第8章

对连锁店加以督导

连锁体系要经营成功，连锁总部是否能确实掌控各连锁店运营是关键。

各地的连锁店代表整个连锁体系与顾客接触，为维持经营质量一致性、建立良好企业形象与连锁声誉，连锁总部对于分店的运营必须加以辅导与协助，以便分店迅速进入稳定经营。

8.1 连锁分店管理

分店的运营以人事管理及商店管理为执行核心，结合作业流程、商品管理与销售管理的运作绩效，依据会计管理或利润中心制定的数据评估，以达成顾客消费的具体成效。

1. 把分店办成“标准的店铺”

所谓标准的店铺，就是能完整体现连锁总部的设想、计划和要求的店铺。从顾客立场出发，分店应当具备如下几方面的特征：充足的商品；完美无缺的商品；便利购买的状态；感觉良好；不需要太多花费。

2. 有较高的数量管理和质量管理水平

数量管理和质量管理是从商品管理角度讲的。数量管理要求达到单品管理程度，即具体到顾客无法再分辨但店铺计算机可分辨的品种的那种程度。质量管理主要的要求是按照不同种类商品的理化性质，给予相应的温度、湿度控制，保证商品在保鲜期、保质期内提供给顾客。这两方面一来可以提高店铺商品管理和质量管理水平，降低经营费用，提高盈利水平；二来可以提高为顾客服务的质和量，把店铺办成更受顾客欢迎的分店。

3．提供高质量服务

这里的高质量服务，不仅指纯粹意义上通常所谓的服务，而且包括分店从商品提供、店铺设计布局、商品陈列直到最终服务的所有方面、所有环节的内容在内，是连锁经营整体状况的综合反映。毫无疑问，这样的服务不取决于分店本身，相当程度上要依赖于连锁战略经营手段的开发和实施。但如果最终执行环节不能切实贯彻落实，此前各阶段开发的战略体系也无法发挥作用。

4．提供良好的购物环境

良好的购物环境也是一个综合要求。包括分店选址、建筑设计、店铺外观、内部装潢、通道与升降设施设置、照明、色彩、色调、商品分区配置和陈列安排、员工服务态度和商店气氛等多方面因素。其中有些方面有赖于总部安排和提供，有些则要靠分店自己努力才能做好。

5．低费用

低费用是另一方面的要求，指在连锁店运营的各方面都要尽可能降低成本，节省费用。一来是为了获取更多的盈利；二来只有低成本、低费用经营，才有可能降低商品销售价格，把连锁店办成真正意义上的大众化店铺，奠定企业发展的坚实基础。

6．造就大批连锁店经营管理人才

对分店经营管理的一项非常重要的要求，是在日常经营管理过程中培养大批优秀人才。连锁经营步入正轨后的企业通常都以每年几百家分店的速度扩张，需要大量从事分店经营管理的人才。而这些人才无法靠学校直接培养，也无法从社会上直接获得，只有经过在本连锁体系内的实践和培养锻炼，才能胜任工作。因此，培养人才的任务自然而然落到了分店的身上。

8.2 区督导的任务

连锁总部要想有效辅导或掌控各连锁分店，就要加强对分店的掌控，以维持服务质量和管理的一致性。连锁总部可指派督导巡查考核店务，以协助分店业务的进行。

区督导主要负责督导、协助辖区内的连锁店开展工作。他应完成的工作任务是必须不断给予连锁店指导，使其职责能最大限度地发挥。其工作要点包括正确地传达总部的经营理念、方针、决策事项；明确地做好计划，致力于各加盟店营业额、利益目标的达成与增长；对于各项目、活动，能保持一贯性持续、具体的指导与落实执行；能正确收集竞争者、商圈动态、顾客信息加以分析、检查并报告；能对加盟店有效核查，以维持契约的遵守及手册的运作；能辅导加盟店完成定期的报表以尽其义务；依照总部规定，定期、持续巡访加盟店；时常发挥其具有自信的领导统御能力；促成相互信赖的人际关系；能以公平、客观的立场对待加盟店；对加盟店的抱怨、纠纷原因能倾听，即早下对策解决；对所约定及承诺事项必须实现；对问题点甚至个人烦恼，能发挥“顾问”的功能来协助、建议、处理；一通过自我启发，以具备所需的专门知识与技术；不断地磨炼自己的心志、毅力，展现旺盛的精神与热诚。

区督导是连锁总部与连锁店运营之间的桥梁，主要协助总部管理与控制业务，落实总部的决策规划，并监督、指导连锁店的运作。一般来说，区督导会随不同性质的店铺而在工作职责上有所不同。例如，对于直营连锁店，区督导主要是以辅导者的立场来传达总部的信息与政策；对于加盟店，区督导则兼任辅导与顾问的角色。

区督导的管理职务主要有下列几项。

1. 作为总部与连锁店的沟通桥梁，贯彻总部工作

连锁经营常会有区域差异性的问题存在。为了能使总部的规划因地制宜的推行，将制式化的营业手册转为符合实地操作的运作，区督导应作为总部与连锁店的沟通桥梁，使总部能掌握各地的经营实况与趋势，并推动总部的工作。

2．全力支持连锁店

区督导对连锁店发展过程中出现的问题要及时予以解决，当连锁店在遇到经营危机时，区督导可根据实际状况，以其拥有的资源给予连锁店具有时效性的支持，以提升连锁店业务及竞争力。

3．维护所属范围的连锁店形象

区督导对于所属分店、连锁店的执行业务具有控制监督权。区督导可视情况需要，每隔几天便到所属的门市进行巡察，主要工作除做报表分析外，还应针对商品结构、店运作进行管理，并调查其是否对不足之处加以检查并进行改善，以此提升门市的形象。

若遇有顾客抱怨或提出建议，区督导需汇总资料做出分析，提出改善方案给相关人员并监督执行成果。

4．控制与检查

区督导可以对所提供的产品或服务的质量进行把关。

在巡视各分店时，区督导对滞销品的清除、产品新鲜度的管理，以及缺货的及时补足等工作进行监督。另外，区督导还需督促所属门市负责人对仓库存货、卖场商品进行检查。

8.3　区督导的辅导项目

区督导对连锁体系内加盟店的督导与协助，主要包括与店长沟通、协调；店的内部管理；店的卖场状态；店的商品管理；店的商圈管理等。

8.3.1　与店长沟通、协调

该项目主要目的是与店长等就运营现状或问题进行沟通探讨，并依实际需要给予店员说明工作的意义及目的。通过彼此的交流，对辅导改善工作取得共识，帮助工作的推进，其主要工作要点有以下几点。

（1）就工作方式与时间提出说明。

（2）就准备的店资料与店人员探讨并提出问题征询。

（3）店长说明。包括店现今运营及作业说明、店需要及计划展望说明、店人员应用及管理原则、店商圈环境及消费特性说明。

（4）利用时间（如晨会）向店人员说明工作的目的与意义并予以鼓励。

8.3.2　店的内部管理——会计作业方面

对内部管理的了解主要着重两大部分：一是会计作业方面，二是内部作业方面。会计作业方面，小组应针对账项管理、原始凭证、现金管理、预算控制及收银作业五项基本会计作业进行了解。

1．账项管理

（1）当日应计之账是否于当日记载完毕？有无积压、补制等延误情形？现销、赊销及现金的收付是否按日记载？

（2）所制作的传票是否依各会计科目性质分别登记入账？传票是否有会计及主管的签章？

（3）每月过账后，是否将各科目账的借贷双方各作一记，并将差额数登记在余额栏内？

（4）各项科目的运用是否适当并符合规定？科目的分类是否归列正确？

（5）金额重大异动的科目，查明是否使用合理？

2．原始凭证（计账凭证）

（1）原始凭证是否齐全完整？除调整、冲转、转账或结转入次期账目者外，其余皆应将凭证订附于传票后或另依序转订成册。

（2）原始凭证是否正确有效？内容是否正确？是否以公司为抬头且仍属有效期间？是否经有关人员或主管签章？已报销的凭证是否依规定加盖戳记或编号。

3．现金管理

（1）营业收入是否每日确实点收？核对盘损、盘盈金额是否符合。

（2）是否每星期一次确实实施现金（零用金）盘点？

（3）每日营收额是否隔天办理银行存款，并汇入总部的收款专户？

（4）银行存折余额是否与分类账中的银行存款余额相符？

（5）现金账的余额是否与零用金相符？

（6）每月留置店内的现金是否有效控制或有超额的现象？

4．预算控制

（1）各项费用的使用是否编列科目及预算？

（2）费用的使用情形是否有异常之处？

5．收银作业

（1）每日收银工作是否由被指派人负责？其操作熟练度如何？

（2）收银员的待客、接客、送客等工作态度如何？

（3）收银员的结账、包装等动作是否熟练迅速？

（4）每笔交易是否正确输入？金钱收受是否清楚？是否将每笔交易发票交给顾客？

（5）较大金额的盘损或盘盈时的处理方式是否恰当？

8.3.3　店的内部管理——内部作业方面

内部管理的第二部分——内部作业方面，主要是针对店内各项作业的传达与执行、分类与归档的情形，其评核要点如下。

（1）各项作业的分类归档工作是否完整清楚（以示对作业的负责与重视）？

（2）各项作业执行后是否有各相关人员或主管的签署（以示负责并利于将来追踪）？

（3）店内作业传达及执行情形如何？执行后的成果验收如何？

（4）店内的计算机作业（厂商进货、互拨、退厂、退仓、调整）是否由专人负责？是否落实柜台化的操作？

（5）各项输出及输入的单据，有无专人验收及主管的签章并收集归档？

8.3.4　店的卖场状态

在卖场方面，我们主要以人员作业、顾客动线及卖场规划三个方面作为评估检核的要点。

1. 人员作业方面

（1）营业员的服务态度如何？是否亲切热忱？

（2）营业员服务仪容是否符合规定？是否整齐干净？

（3）营业员在卖场中的言谈举止如何？

（4）营业员的商品陈列技巧如何？

（5）营业员在卖场中是否能够互相支持照应？动作是否简捷迅速？

（6）营业员是否经常面带微笑、神情愉快，使顾客产生易于亲近与信赖的感觉？

（7）营业员能否善用各种基本接待用语？能否以愉悦的语调、态度与顾客应对？

（8）营业员对商品知识的了解与应用的情形如何（如商品特色、使用方法、价值性的介绍及相关品或替代品解说等）？

（9）营业员对区域内的商品掌握与工作流程的熟悉度如何？

（10）店面高峰时间人员调度配置的情况如何？

（11）对各项职务代理人设置的了解如何（包括店长、组长、会计及休假的营业员等）？

（12）对人员组织的了解如何？

（13）对打烊时间工作情形的了解如何（包括打烊送宾、清洁整理工作、补货、安全检查及收款机的结账情形等）？

2. 顾客动线方面

（1）通道的宽度是否方便顾客挑选商品或通行浏览？

（2）货架的高低与商品陈列摆放的情形，是否影响了顾客的通行与视线？

（3）通道地板情形如何？是否有商品阻碍或地板破损的情况？

（4）通道的指引及POP海报等美工布置是否达到对顾客的诱导性及在区域内的巡回性？

（5）动线的规划是否造成人流不易进入的不妥情形？

（6）有否善加利用动线的规划以活络卖场的人流气氛？

3. 卖场规划方面

（1）相关性的各种商品是否做好系列的分类陈列？

（2）入店顾客的视野是否良好？能否马上看清楚各贩卖商品的摆放位置？

（3）商品的陈列能否配合卖场区域状态做适当的规划，以方便顾客的选购与拿放？

（4）陈列架的形状、大小及排列方式与商品的配置效果如何？

（5）卖场的背景音乐、音量播放的效果如何？

（6）卖场的灯光照明效果如何？

（7）卖场的美工物制作、POP 布置在整体气氛的塑造上效果如何？

（8）商品的展示陈列效果能否激发顾客的购买欲？

（9）卖场的商品分隔及标示的效果如何？

（10）展示橱窗的利用与生活演示，能否将楼面的商品对顾客做提示，达到吸引的目的？

（11）卖场上的走道与楼梯是否适宜？

（12）收银台的位置是否适宜？

8.3.5　店的商品管理

针对店的商品管理，可以从仓储作业及商品控制两方面进行检核评估。

1．仓储作业方面

（1）对商品库存整理度的了解如何？（上架是否归类整齐？仓库是否清洁整齐？）

（2）对后方管理与前方卖场配合度的了解如何？（人员取货是否方便迅速？库存商品是否充分展售？）

（3）对进、拨货及退厂、退仓等实际作业情形的了解如何？（是否确实点收？单据的输入查核是否确实详细？工作的进行是否争取时效？负责人员是否确实签署以备追踪？）

（4）对不良品、送修品处理作业的了解如何？（能否以公司的利润为前提，做最完善的处理？送修过程中能否主动追踪，以给顾客满意的服务？）

（5）对商管员工作态度与技能的了解如何？（对工作是否投入？与店长是否配合？对作业方式是否熟悉？）

（6）仓储空间的利用度如何？

（7）畅销品、滞销品信息的提供与配合如何？

2. 商品控制方面

（1）对商品结构比率的了解如何？何为畅销品？何为滞销品？

（2）对商品控制的实施情形如何？畅销品如何处理？

（3）对商品与商圈内的消费形态及竞争力的了解如何？是否做了加强或取舍的分析？

（4）对门市楼别商品配置的了解如何？（是否符合当地的消费习性？能否吸引顾客而提高销售力？）

8.3.6 店的商圈管理

（1）人潮的流动方向如何？通行量的情形如何？

（2）人潮中年龄及性别等人口结构如何？

（3）入店顾客的年龄层及职业的大致分类如何？

（4）店与邻近主要商店地理位置的关系如何？

（5）店邻近交通状况如何？来店是否方便？

（6）商圈内竞争店的情形如何？对店的运营影响如何？

（7）对商圈内特殊的人文、风俗与消费习性的了解如何？

（8）入店客层的特性与销售商品的结构如何评估？

（9）商圈环境的变迁对店运营的影响如何评估？

（10）商圈未来的发展展望或重要演变如何？

表8-1是区督导针对各辅导项目的工作时间配制表。

表8-1　工作时间配制表

要　项	内　容	时　间	工作要点
沟通管理	与店长沟通、协调		1. 就工作方式、时间与目的说明 2. 就准备的店资料与店长研讨及征询 3. 店长报告说明： • 店现今运营及作业状况 • 店长的经营理念及管理原则

续表

要　　项	内　　容	时　　间	工作要点
沟通管理	与店长沟通、协调		• 店现今运营问题点的说明 • 店商圈环境及消费特性的说明 • 店未来计划与展望
内部管理	会计作业		1. 账项管理　2. 原始凭证 3. 现金管理　4. 预算控制 5. 收银作业
	内部作业		1. 作业传达执行及归档作业的了解 2. 各项计算机作业及责任归属的了解
卖场管理	人员作业		人员作业的了解： • 销售技巧 • 工作动线及销售动线 • 人员卖场活动状况
	顾客动线		1. 对入店顾客消费动线的了解 2. 对动线引导及死角产生的状况了解 3. 对动线规划和顾客选购方便性的了解 4. 入店顾客消费形态与动线规划的比较
	卖场规划		1. 整体或局部灯光照明效果的了解 2. 卖场区隔、走道与楼梯等状况 3. 货架与商品配置及标示等效果的了解 4. 对卖场背景音乐效果的了解 5. 对整体气氛及 POP、美工效果的了解 6. 对门面橱窗与收银台位置效果的了解
	入店		1. 对人员入店状况的了解 2. 对店早会实施情况的了解及工作简报
商品管理	仓储作业		1. 对仓库商品整理情况的了解 2. 对各项进货、互拨、不良品处理等作业的了解及其单据归档的情形 3. 对与前方卖场配合度的了解 4. 对商管员问题的提出与工作态度的了解

续表

要　项	内　容	时　间	工作要点
商品管理	商品控制		1. 对商品控制取舍实施情形的了解 2. 对销售商品、主力商品与商圈的消费形态、竞争力的了解 3. 对楼别商品配置相关性及适宜性的了解 4. 对商品陈列与展示技巧的了解 5. 对畅销品的网罗与滞销品处理的了解
整理	工作整理		1. 当日工作情形报告与问题沟通 2. 对店营业结束作业情形的了解
	入店		1. 对早会实施概况的了解 2. “人员组织协调”调查表的填写
立地特性	商圈探讨		1. 店位置的评估 2. 对商圈内人口结构、职业状况、收入所得、消费能力等概况的了解 3. 对商圈内特殊的人文、风气或消费习性的了解 4. 店附近商圈人潮动向及流量对店的影响评估 5. 商圈未来发展趋势，以及可能对店运营的影响评估
工作整理			驻店结束，工作总整理与检查报告

8.4 区督导的督导频率

1. 区督导巡店——机动性勘察作业

区督导要与店随时保持联系，掌握店状况及了解店问题，因而设立巡店作业。其目的包括对编列对象的改善运作进行观察或协助，同时也对一般对象观察了解。

（1）编列改善对象——包括改善后的店及计划中的对象。改善建议执行一段时间之后，要针对店实施的情形或效益进行评估或辅助工作，以便协助其克服在实施过程中所遇到的困难。

（2）一般对象——指未编入改善计划内的店。此类别的店，通常区督导要视实际情形或需要，机动性地到店勘察。一方面了解店目前的运营情形、人员管理、卖场规划动态或异常迹象；另一方面则作为下年度选定对象的可借鉴数据。

2. 区督导员要确认改善——二次辅导工作

"再检查"工作的安排，时间大约为辅导店长改善的半年后。其目的是了解加盟店于一定期间内所获得的改善绩效与成果，主要针对首次的"改善点"进行评估，并把改善前后的同期各项运营绩效的数据做比较，如增长金额或增长比率等，作为具体的参考标准。

除此之外，部分属于组织内部或管理方面的问题，其改善状况则由人员的工作表态、异动情形或卖场的整体陈列展示、清洁整理、气氛表现及人员访谈所得，作为了解组织改善后的现状。

再检查工作的时间或次数的安排是依实际需要而定的，即由店的改善状况来取舍。其成果的表现不仅代表了店的进步，也可作为辅导工作绩效的考核，同时也是工作方式的修正与经验的累积。

区督导的督导频率如表 8-2 所示。

表 8-2　区督导的督导频率

连锁别	人数	督导频率	工作内容
7-11	—	2~3 次/周	1. 订货技巧 2. 顾客服务 3. 商品结构 4. 情报分析 5. 信息收集 6. 人力资源 7. 商店形象 8. 经营规范
统一面包加盟店	—	1~2 次/周	1. 协助店业务提升及竞争应对 2. 改善商品结构以提升商品力 3. 店运作的管理及检查改善 4. 公司政策的推动及指导 5. 店主家庭 PR 关系建立

续表

连 锁 别	人 数	督导频率	工作内容
全家便利商店	—	2次/周以上	—
莱尔富便利商店	—	2次/月	店铺辅导
OK便利商店	—	1~3次/周	辅导
翁财记便利商店	—	2次/周以上	1. 与加盟店的沟通 2. 店铺经营辅导 3. 按月结账
福客多商店	—	2次/周以上	协助及辅导门市运营及管理
新东阳便利店	—	1次/周	1. 辅导 2. 沟通
司迈特便利商店	—	1次/周	沟通
掬水轩便利店	—	A级店：2次/周 B级店：1次/周	1. 总部命令政策的宣传与执行 2. 加盟店业务辅导问题解决 3. 加盟店各项反映信息回报

注：上述数据因为作者收集数据时间缘故，已有改变，此处仅供各读者参考。

区督导在收到总部所下发的命令及业务政策后将其传达至各分店并给各分店指示与辅导，然后汇集各分店反映的问题并进行沟通与协调，接着再将各分店所做的反应与信息汇报于总部相关单位，以利于总部进行修正检查工作。这一切工作的完成，需要区督导定期访问各分店并做到确实沟通。

8.5 区督导的辅导模式

1. 工作计划的排定说明

经由开会研讨决议，以发生持续亏损或绩效异常退步的店作为制定辅导改善对象的依据，再配合年度重要活动的实施，依店情况的轻重排定顺序并安排改善的辅导时间。

2. 内容

工作计划表中排定的项目包括以下五项。

（1）辅导的数据准备时间。

（2）实际辅导时间。

（3）辅导后数据整理及改善建议研拟时间。

（4）辅导改善工作报告的提呈时间。

（5）改善后检查及再辅导时间。

3. 辅导前资料收集准备

在对一家店进行评估与辅导改善之前，需事前就有关的店基本资料加以收集准备，以便对店的运营绩效及结构有初步的认识与了解，并以此作为检查的依据和与店沟通的资料。

资料收集准备方面，大致分为两大部分。

（1）店的运营数据。店的运营数据，泛指店历年来的营业绩效及商品部门绩效，具体包括以下各项。

1）年度营业绩效实况。

2）商品部门绩效排行榜。

3）年度各楼层销售绩效及坪效。

4）同期各楼层销售绩效及坪效。

5）店立地商圈平面图。

6）商品配置平面图。

（2）店的人事组织数据。店的人事组织数据具体包括以下几项。

1）人员组织配置表（现今状况）。

2）各月人员异动概况。

3）人员组织情况调查表。

4. 与店主沟通协调

（1）了解经营者的经营理念、方针、想法、心态。

（2）了解经营者的真正需求。

（3）了解经营者说法和想法是否相同。

5. 整理资料

（1）企业组织结构及各部门功能、职责。

（2）作业流程。

（3）使用单据与报表。

6. 现状分析

（1）现状把握的分析与诊断工作的准备。

（2）观察、发掘、整理、罗列问题点。

（3）以鱼骨图作为分析工具，进行问题点的要因分析。

（4）提出改善点。

（5）审计与评估。

（6）提出建议方案。

7. 区督导的辅导范围与项目

区督导对加盟店的辅导项目繁多（见表8-3）。

表8-3 区督导对加盟店的辅导项目

◎基本经营概念	◎财务会计
• 经营者	• 会计制度
• 经营战略	• 财务教理
• 经营计划	• 利润及费用收益管理
• 企业文化	• 财务结构
• 地理位置条件	• 资金调度及应用
◎商品政策	• 利益计划及损益平衡点
• 商品计划	• 设备投资
• 商品开发	◎人事组织
◎进货采购	• 人事方针及组织
• 进货基本方针	• 雇用
• 进货管理制度	• 升迁、调动
• 进货实务	• 薪资
• 商品管理	• 人才培育
• 营销计划	• 福利
• 销售管理	◎信息管理

8.6　区督导巡视店铺的评核标准

1. 销售服务

（1）售货员是否跟顾客打招呼？对每个经过身边的顾客，他们都应该主动打招呼，不论他是否购买商品。

（2）售货员打招呼的态度是否友善及主动？笑容是否很勉强？站在店内的售货员是否在沉思或聊天？

（3）售货员有没有在适当的时间向顾客介绍商品？顾客选购了商品后，有没有尝试再向其推销其他商品？

（4）收银员接待顾客是否礼貌？收银员必须双手接过顾客的钱，找回零钱或送上商品时，必须双手送上及道谢。

（5）收银员完成交易的速度是否表现出专业的态度？对店内的计算机操作是否熟练？

2. 售货员仪容、店铺整洁程度

（1）所有店铺员工是否根据公司的规定穿上指定的服饰？他们的衣服、头饰是否整洁？有没有涂上口红？长头发的员工应把头发束起来。

（2）店内各处是否整洁（包括货场、收银柜台、试衣间等）？有没有按时清理店铺？

（3）店内陈列的商品是否开始出现污渍或破损？

（4）货场内灯饰、装修是否损坏？是否需要马上修理？

3. 商品陈列

（1）货场内各项摆设是否遵从公司的要求？层板货物数量是否足够？堆放是否整齐？挂装衣服是否已经扣上所有的纽扣？衣架及货物的方向是否一致？

（2）橱窗及店铺内陈设商品是否定期更换？

（3）商品摆设方面是否按照公司的要求？

（4）颜色是否根据规定由浅到深的方式排列（按个别情况来定，应先查询店长摆设时的概念）？

（5）有没有做足够的宣传？

（6）检查是否所有颜色商品都已摆放正确 ？有没有遗漏？

4. 店铺运作

（1）店铺员工是否按照工作时间表工作？有没有私下更改而没有通知或申请批准的？

（2）个别员工上班情况如何？是否经常迟到或缺席？

（3）每天销售金额是否存到银行？有异常是否报告？

（4）销售金额与人员编制有没有问题？是否出现人手太多或人手不够的情况？

（5）店铺各员工对公司最新的指示是否已经清楚明白？

5. 防止损失

（1）员工离开货场时，有否知会其他的同事？货场人员编配是否足够，每个地方是否有足够的人手？

（2）员工离开货场时，所有带出物品是否均须经过查验？

（3）转到其他店铺的商品，单据副本是否已经签回来？数量有没有问题？货仓来货数量或款式有出入时是否已经通知货仓修改？

（4）除了正门外，店内其他门口在营业时间内有没有公司人员进出？

8.7 案例：总部的督导后援

麦当劳总部在各方面对店铺进行无微不至的援助，总部运营经理（Operation Manager，OM）的店铺巡回主要是为了对店铺的 QSC 水平进行客观评价，然后根据评价找出店铺的问题点，与店长和经理进行详细商谈，共同探讨改善方案。麦当劳总部每年都要对店铺进行一次年度等级评判，OM 的评价就是等级评判的依据。

OM 一般以一位普通顾客的身份在店里一边用餐，一边进行检查，其巡回的具体方法下。

（1）由店铺的店长和经理准备店铺用的工作表，利用 2 个月时间对店堂和汽车餐厅的服务水平进行检查，如测定商品的提供时间等。

（2）完成以上工作后，为了让 OM 做出评价再进行连续三天的测定。在麦当劳称此测定为“摘要”，必须由 OM 或店长亲自操作。

（3）根据以上检查结果找出店铺存在的问题点，然后为了解决问题点设定“跟踪”期限。此期限为 1～2 个月，在此期间店铺边接受 OM 的指导边进行教育培训。

（4）OM 在店铺坐镇一天，再次进行检查，并对改善事项进行重审。

（5）再次开展为期 2 星期的第二次“摘要”测定。

（6）最终，OM 再次在店铺坐镇一天，从各个角度对店铺进行检查。

OM 的主要评价方法如下。

1）店铺的最终等级评判由第二次的“摘要”决定，但总体等级评判则还要将“跟踪”期限店铺方面的努力状况作为考虑因素进行综合衡量，一般的比例为：

- 第一次“摘要”的评价结果（20%）。
- “跟踪”期限店铺方面的努力状况（50%）。
- OM 的两次检查评价（30%）。

2）对各个部门的有关 QSC 项目的内容是否达到规定标准，由 OM 在表格的要领一栏中进行记录，再将因此得出的总计分与各部门的评价基准进行对照，做出各部门的评价。

3）至于服务水平的评价，也要在检查店铺水平的同时将其与其他店铺进行比较，做出客观判断。

心得栏

第9章

连锁企业的培训工作

9.1 建立完整的培训系统

对连锁企业来讲，追求“标准化”就要求有高质量的培训。离开了培训，营业手册所规定的作业标准就难以被员工所理解和执行。因此，建立完整的培训系统有利于对连锁企业各级员工的有效选拔、任用、教育、开发，是连锁企业稳步发展、持续进步的关键所在。

国外规模较大的连锁企业在新员工进入或任务交替时，都会按照营业手册的规定，先给予职前培训或在职培训，其目的是使员工了解其工作内容。由此可见，建立完整的培训系统相当重要。完整的培训系统一般包括下列两项。

1. 职前培训

职前培训是指新员工进店后的基础培训。其偏重于观念教育与对专业知识的理解，让新员工首先明确连锁企业门店的规章制度、职业道德规范，以及相应工作岗位的专业知识。其基本内容有如下几点。

（1）服务规范。让每个员工树立依法经营、维护顾客合法利益的思想。同时，把服务仪表、服务态度、服务纪律、服务秩序等作为培训的基本内容，让员工树立“顾客是上帝”、员工代表企业的思想。

（2）专业知识培训。在帮助员工树立正确工作观念的基础上，理解各自工作岗位的有关专业知识，一般可分为售前、售中、售后三个阶段的专业知识。

1）售前，即开店准备。具体包括店内的卫生清扫、商品配置及补充准备品的确认等所必须掌握的专业知识。

2）售中，即营业中与销售有关的事项。具体包括待客销售技巧、维护商品陈列状态、收银等事项。

3）售后。具体包括门店营业结束后的工作事宜。建立良好的顾客利益保障制度、商品盘点制度等工作。

2. 在职培训

在职培训偏重于在职前培训基础上的操作实务性培训。培训内容主要按各类人员的职位、工作时段、工作内容、发展规划进行培训。主要涉及人员为店长（值班长）、理货员、收银员等工作人员，按其职级展开和实施。

（1）店长的培训内容。店长的培训内容包括店长的工作职责、作业流程、对员工的现场指导、员工问题的诊断与处理、商品管理、如何开好会议、顾客投诉处理、管理报表分析、信息数据管理等。

（2）理货员的培训内容。理货员的培训内容包括理货员的工作职责、作业流程、领货、标价机、收款机或 POS 机的使用、商品陈列技巧、补货要领、清洁管理等。

（3）收银员的培训内容。收银员的培训内容包括收银员工作职责、收银操作、顾客应对技巧、简易包装技巧等。

9.2　做好连锁店培训工作

有远见的企业和企业主管，在人员招聘录用之后，都要执行不定期的培训。

培训包括新员工的培训和企业在职培训两部分。通过培训，无论是对“新人”还是老员工都有很大的益处，特别是能够给企业的发展带来生机和活力。因为无论是哪种类型的员工，都具有一定的素质和潜力，经过有效的培训，就能发挥巨大的作用。

1. 要有明确的培训目标

培训目标有许多，每次培训至少要确定一个主要目标。

（1）发掘每名员工的潜能。

（2）增加员工对企业的信任。

（3）训练员工的工作方法。

（4）改善员工的工作态度。

（5）提高员工的工作情绪。

（6）奠定员工合作的基础。

培训的最终目的在于提高员工的综合素质，从而提高生产率，提高企业盈利水平。

2. 培训时间可根据需要确定

培训时间可长可短，主要是根据需要来确定，但要考虑以下因素。

（1）产品性质。产品性质越复杂，培训时间应越长。

（2）市场状况。市场竞争越激烈，培训时间应越长。

（3）人员素质。人员素质越低，培训时间应越长。

（4）销售技巧。要求的销售技巧越高，需要的培训时间也越长。

（5）管理要求。管理要求越严，则培训时间越长。

3. 培训内容要充实

连锁企业的人员培训大多注重应用性。在培训中，要坚持区分层次和职位。

对新进的员工应该注重企业精神、企业文化、企业发展历史、管理方法等内容的培训。要求他们熟悉连锁企业和各项营销政策，特别是那些与顾客直接有关的政策，熟悉与本店经营有关的商品知识、商店特性，如何接待不同类型的顾客等，进而达到一个操作人员应具备的基本素质的要求。

在这里需要引起注意到的是，无论是对哪类人员的培训，从目前情况来看，都必须对以下两个方面的内容加以重视：一是加强对员工的商业道德教育，培训他们树立一切为顾客着想、严格遵守纪律的意识，以树立企业良好的形象为自己的职责；二是能够熟练运用现代化的信息管理和操作技术，如计算机的使用等。

4．选择适宜的培训方法

常用的培训方法主要有以下几种。

（1）课堂培训法。这是一种正规的课堂教学培训方法。一般由连锁营销的专家或有丰富管理、经营经验的人采取讲授的形式将知识传授给受训人员。

这是应用最广泛的培训方法，主要原因在于费用低并能增加受训人员的实用知识。其缺点是这种方法一般都是单向沟通，受训人员获得讨论的机会较少，讲授者也无法顾及受训人员的个体差异。

（2）以会代训法。也就是说，此种培训方法可以以会议的形式出现，就某一专题进行研讨。会议由主讲老师或营销专家组织。这一方法为双向沟通，受训人员有表示意见及交换思想、学识、经验的机会。

（3）模拟培训法。这是一种专门训练营销人员的培训方法，是由受训人员亲自参与并具有一定实战感的培训方法，为越来越多的企业所采用。其具体做法可分以下三种。

1）实例研究法。这是一种由受训人员分析所给的营销实例材料，并说明如何处理实例中遇到的问题的模拟培训法。

2）角色扮演法。这是一种由受训人员扮演营销人员，由有经验的营销人员扮演顾客，受训人员向“顾客”进行促销的模拟培训法。

3）业务模拟法。这是一种模仿多种业务情况，让受训人员在一定时间内做出一系列决定，观察受训人员如何适用新情况的模拟培训法。

（4）在职进修。企业应该鼓励员工利用业余时间接受函授或进修夜大、职业技术学校课程等，系统地学习连锁营销等理论知识，以及与此相关的专业课程，提高自己的专业理论水平。企业可以对员工给予适当补贴，但必须以员工的学习成绩为依据。这样可能会在更大程度上调动员工积极参加学习进行自我教育的自觉性。

当然，员工培训的方法远不止这些，企业可以根据需要创造适合本企业的有效方法。

不能忽视的是，连锁企业要加强对加盟店员工的培训。加盟店虽然不直属于企业，但是加盟店使用的是企业商誉。因此，对加盟店的员工也要正规培训，具有培训合格证者才能工作。对加盟店员工的要求应与直营店员工完全一致，这是连锁企业的标准之一。加盟店员工的培训主要有两种方法：一是在加盟店开张前，把员工送到企业的培训中心接受一系列的培训，这对管理层的员工比较合适；二是总部派人或督导人员到加盟店对员工进行培训，并进行现场指导。

5．培训评估

培训评估可以依据四个评估层次进行。

（1）学员反映。可利用观察法、面谈、意见调查法等了解学员对课程、教学及环境的满意度。

（2）培训效果。可利用笔试、座谈体会等了解培训的效果。

（3）行为改善。可对受训者的主管、同事进行访问或行为观察，以了解行为调整的结果。

（4）绩效评估。可从个人或组织绩效提升加以测定，但因此方法牵涉其他变量影响，是比较复杂而且困难的。

9.3 培训店长和店员

9.3.1 培训店长

店长并非一朝一夕就能培训出来的，培养一位优秀的店长必须戒骄戒躁，要循序渐进地加以培训。为了彻底实施经营理念及基本方针，在对店长施行教育培训时，最重要的就是，平时在执行工作时，要让店长自觉自己就是经营者，让其在工作上具有自主性，提高店长对工作的热心度。

针对店长的培训工作相当重要，必须重视，而且也应要求培训学员（店长），签下“承诺书”。

培训承诺书

公司名（下称甲方）和被公司资助参加课程名为：__________ 培训的本公司员工（下称乙方），拟定合约如下。

1. 甲方资助乙方参加赴____的____（课程名）培训，为期___。始于____年___月___日，结束于____年___月___日。乙方同意接受该项目的培训及有关资助。

2. 乙方培训结束，必须为公司服务__年，即自____年___月__日至____年___月___日，并签订相应的雇聘合约。

3. 乙方若不经甲方同意，提前终止该合约，甲方有权按下列标准向乙方索回有关费用。

（1）本地培训：

按实际报销的金额索回。

若为公司与其他公司的合作培训计划（如相互交换培训，）则按下列标准索回。

3 个月	2 000 元
3~6 个月	4 000 元
7~12 个月	6 000 元

（2）国外培训：

3 个月	10 000 元
3~6 个月	15 000 元
7~12 月	20 000 元

4. 乙方在培训期间若因违反培训方的纪律而被终止或自愿终止其培训，即按甲方为乙方已付的实际费用进行赔偿。

5. 乙方培训结束后，在工作中因严重违纪被甲方辞退或开除，按下列条款赔偿甲方的损失。

（1）乙方培训结束后在公司服务的时间不到本培训合约中规定的服务期限的一半的，按甲方已经报销金额或以上标准［（3）、（1）、（2）所规定的标准，下同］的 2/3 赔偿。

（2）乙方服务时间已满本培训合约规定期限的 2/3 的，赔偿甲方已经报销金额或以上标准的 1/3。

（3）乙方服务时间超过本培训合约规定期限一半的，赔偿甲方已经报销金额或以上标准的 1/2。

（4）若乙方违反本合约拒不赔偿甲方的损失，甲方有权向所在地劳动仲裁部门提出仲裁请求。甲、乙双方均须执行仲裁部门的裁决。

甲方：　　　　　　乙方：　　　　　　鉴证部门：

年　　月　　日

培训店长的重点有以下四点：

1. 培训经营者的精神

如果店长只认为自己是一个被雇用者，那么整家店将很难有大的起色。因此，首先就必须培养店长有“我就是这家店的经营者”的气势，让他在心理上把自己当成一位店领导者。培训内容包括人生观、工作观等。

2．向店长说明工作的意义

经营一家店要做的事，从收款机作业到打扫卫生，工作的范围极为广泛。但其实只要照着工作手册去做，久了就会熟能生巧。但要弄清为什么要做这些工作。在了解工作意义、理由之下做事和茫茫然机械地照规定做事，两者所呈现的工作效果会有很大差别。再者，身为一店之长，若其本身不了解工作的意义，就没有信心教导下属员工。因此，培训一个成功的店长，与其说是指导他工作的方法，倒不如说更主要的是向其说明“工作的意义”更为恰当。

3．教导人、物、钱方面的管理

在人的方面，要教导店长对店员的管理，包括如何管理店员的出勤状况和服务状况。此外，要教导店长有关商品管理的知识，只有这样，店长才能完全地运作店里的一切，如区分哪些是滞销品，哪些是畅销品。最后，让店长学会确实地执行现金管理。

4．计算机信息的传授

店长必须能熟悉各项信息工具，其中又以学会 POS 的操作方法为必要条件。更重要的是，取得 POS 数据后，该如何从数据中分析出有用的信息，这些分析方法是用怎样的标准去衡量的呢？这些都是店长培训时必须学习的内容。

9.3.2　培训基层服务人员——店员

店员是最直接和顾客接触的人，站在连锁业第一线的这些人，可以说代表着连锁企业的对外形象，其服务质量的好坏，对店铺的业绩影响很大，甚至影响整个企业的声誉。为了提升店员服务质量及工作效率，并且维持所有分店服务质量的一致性，落实标准化、简单化与专业化的 3S 原则，连锁企业必须针对服务人员的工作性质，加强其教育培训，以达到顾客满意、创造业绩的目标。

1．确认店员的工作内容

虽然店员是整个连锁企业组织中最小的一分子，却也是组织中最庞大的一群人。每间店的基层工作，全有赖于这群身负重责大任的人来执行，看似不起眼的基本工作内容，却深深影响着分店的业绩。

店员的工作内容包括下列几项。

（1）整洁工作。整家店铺给顾客的第一印象就是其周围与店内的环境。最基层也最重要的工作全靠店员来完成，即他们每日有始有终彻底地搞好清洁。环境整洁工作包括店外与店内。店外包括周围环境、招牌、店面玻璃等；店内则包括走道、柜台、壁面与 POP、照明、冷气机、厕所、仓库、其他设施等。

（2）收银作业。此工作主要是帮顾客结账。在这方面店员要注意账款的处理、窗体作业、零用金收支处理等。店员在做收银作业时，是和顾客直接接触的，其一举一动、言行举止都落入顾客眼里。除了账款要正确、作业要快速外，在拿取物品、包装时切勿轻率，以免让顾客觉得店员的服务态度差。

（3）商品整理。店员要常巡视卖场商品，将商品摆放整齐，并且货架上缺货时，要适时补充商品。在商品摆放方面，要注意商品与价格卡同步陈列，商品前进陈列。此外，还要注意商品的丰富化、新鲜度，以及灵活有弹性的陈列作业等。

（4）商品的订货作业。店员发现商品缺货时，就要进行叫货。依照规定的作业程序进行叫货、进货、存放。在进行过程中，务必仔细清点款项与货项，做到准确无误。

（5）顾客服务。向顾客提供该店专业技能的服务及商品服务的解说。在进行此项工作时，店员的言行举止特别重要，店员必须面带微笑，真诚耐心地提供服务，让顾客有宾至如归的感觉。

2. 确认店员应具备的条件

确认店员是否具备端庄的仪容、乐观开朗的个性、亲和力。

（1）端庄的仪容。所谓端庄的仪容，指的是整齐、清洁的装扮。外表是店员给顾客的第一印象，整齐、清洁的仪容可以给顾客留下好的印象。

（2）乐观开朗的个性。店员如果始终保持愉快的心情，不但有助于服务质量——用积极的态度主动与顾客接近，而且可以笑对任何挑战与挫折，这对顾客满意度影响很大。

（3）亲和力。一位具有亲和力的店员很容易取得顾客的信任，拉近他与顾客之间的距离。创造一个和谐、温暖的卖场环境，让顾客感觉舒适、自在，有助于业绩的达成。

3. 确认店员的教育培训

根据连锁业业态、业种的不同，以及店员的工作内容与性质，其必须接受下列几项教育培训，以增进其工作绩效及服务质量。

（1）基础事项。每位店员都要对公司的一些基础事项有所了解，包括公司的概要、经营方针、就业的各项规定、公司内的用语、销售用语、打招呼的方法、规定的服装、职场的礼节等。

（2）销售业务的相关事项。主要是让店员了解下列三件事情。

1）销售活动：商品与服务的交融、销售的成立、需求的满足。

2）销售员：和顾客的关系、顾客至上的道理、上司与下属的合作。

3）销售方式：询问销售、有所接触的销售。

（3）有关处理业务方法的事项。

1）收集报告及窗体的方法；报告的方法，表彰的书写方式及流程、数字的书写方法。

2）收集器具资产的方法：器具的名称、收集方法。

（4）顾客、商品的相关事项。

1）存货的商品内容：商品的分类、主力商品、对商品整理的注意、各商品的季节性、厂牌种类等。

2）厂商和商品：主要厂商的各商品名称、各厂商的市场占有率。

3）顾客和商品：主要顾客名称及其所要商品，厂商、顾客和自己店长的关系。

（5）开店准备。

1）店内的清扫：卖场、店面、橱窗、仓库、洗手间、办公室等。

2）商品配置与补充：确认销路、代替商品、区位的分配、商品的补给。

3）陈列的方法：POP广告、广告招牌的确认、装饰、照明的变更、海报、橱窗模特儿的摆放。

4）责任担当者：确认担当者，如有缺席者时的调配。

5）准备品的盘点：要找的零钱、传票、包装纸、袋子、其他准备品数量的确认及补充。

（6）营业中与业务有关的事项。

1）待客销售技巧：接近的方法、购买心理、商品提示的方法、标准应对语法、敬语的使用。

2）商品说明：商品特征、使用方法、质量、组合方法等。

3）金钱收受与包装：拿钱时的方法、确认的方法、找钱方式、包装方法等。

4）送货方法：邮寄时登录传票的方法、贵重物品的注意事项等。

5）销售事项：顾客卡的整理。

（7）打烊前的业务。

1）打烊：器具、商品的整理、铁门的关锁。

2）计算业务：现金出纳的合计、现金的确认、做成当日买卖的计算报表。

9.3.3　新进人员必须加以培训

新进人员往往因进入一个新环境而感到不安、焦虑甚至有挫折感，以至于新进人员流动率、失误率都偏高。因此，连锁企业对新进人员的培训，在教学目标上应着重增强新进人员的适应力，以降低流动率和失误率。

1．教学目标

（1）认识环境。让新进人员熟悉工作场所、工具设备所在的位置，以降低初到陌生环境的焦虑。

（2）规章介绍。了解连锁企业规章、经营理念、工作守则及应有的权利义务，以培养符合公司规范的工作习惯及态度。

（3）认识同事。增加工作场所人际关系支持网络，以降低疏离感。

（4）学习新技能。发挥生产力、避免职业伤害，以降低工作挫折感。

2．课程内容

（1）环境内容。

1）介绍附近交通工具、站牌位置、班次时刻表、邮局、医院等公共场所。

2）介绍卖场、仓库、盥洗室、休息室、私人储物柜、工具放置地方、急救箱、紧急出口等。

（2）规章介绍。

1）公司经营理念简介。

2）人事、薪资、福利规章简介。

3）上班规定及作业规定说明。

（3）人际关系技能。

1）认识伙伴，由店长或学长（或师傅）引见。

2）学习组织中人际关系的建立、维系与增进。

（4）作业技能。

1）收款机、标价机的操作、维护及简易故障排除，如更换发票、纸卷，收款机按键功能介绍及操作指法等。

2）生财设备的操作、维护及清洁，如汽水机、咖啡机、烤箱、冷冻冷藏冰箱、微波炉、热狗机等的正确使用及保养方法。

3）清洁工作，如扫地、拖地、刷地，货架、玻璃、柜台的清洁，以盥洗室清洁与垃圾处理等尤需注意。

4）商品陈列与补货技巧，如何使商品陈列具有丰富感，如何有效率地补货，并熟悉各项商品的陈列位置。

5）基本报表填写，各类报表的填写说明，如现金日报表、误打、销退记录表、交班簿等。

6）顾客服务技巧，包括如何运用识人术、适时提供顾客协助、顾客抱怨处理、简易包装技巧、包装原则。

7）安全防范与紧急事件处理，如防火、防偷、防抢、防骗、防止职业伤害等。

表9-1是为新进人员培训时设计的“教育培训”上课检查表，表9-2是“教育培训”准备事项检查表。

表9-1 “教育培训”上课检查表

编号	检查事项	负责人	完成日期	检查结果
	培训执行			
• 需预先准备事项				
1	邀请培训主管，主管姓名			
2	受训学员名单、分班			

续表

编号	检查事项	负责人	完成日期	检查结果
3	课表制作			
4	场地登记、住宿安排			
5	培训费用申请			
6	上课通知的制作、发放			
7	讲师钟点费申请、收据准备/交通费准备			
8	海报（培训名称、流程、讲师姓名）			
• 可预先向厂商大批订购的事物				
9	学员讲义			
10	笔			
11	笔记（横格纸）			
12	海报纸/白报纸			
13	麦克风			
14	投影片、投影笔			
15	咖啡、茶包、搅拌棒			
• 课前备妥的事物				
16	三餐预订　早餐：　午餐：　晚餐：			
17	纸盘、叉子			
18	点心、水果			
19	学员名牌			
20	课程评估表			
21	录音机、摄影机、录音（影）带、电池			
22	教室桌椅安排			
• 需向培训中心确认的事物				
23	投影机/灯泡/电池			
24	指挥棒			
25	麦克风/电池			
26	录像机/电视			
27	车位预留（讲师/培训主管）			

续表

编号	检查事项	负责人	完成日期	检查结果
	培训评估及改善			
1	进行培训评鉴			
2	统计及分析评鉴结果			
3	根据评鉴结果调整授课内容或方法			
4	课程结束后针对课程实施结果回馈讲师			

表9-2 “教育培训”准备事项检查表

一、教育培训名称：

二、上课时间：____年__月__日—____年__月__日

编　号	检查事项	负责人	完成日期	检查结果
	培训需求分析			
1	组织需求分析			
2	员工需求分析			
3	学员背景分析			
4	职务分析			
5	目标设定			
	培训规划及课程设计			
1	培训课程企划案			
2	培训计划研拟			
3	套装课程评估或课程开发			
4	课程确认			
5	讲师评估			
6	讲师确认			
7	与讲师联络/询问授课意愿			
8	安排讲师访谈学员（1~2次），了解学员背景			
9	根据访谈结果与讲师进行教案编写沟通			
10	向讲师索取教案初稿/学员讲义数据进行审查			
11	再与讲师沟通教案及学员讲义，无误后定稿			

续表

编　号	检查事项	负责人	完成日期	检查结果
12	询问讲师可否录像/录音			
13	讲师住宿安排			
14	讲师交通安排			
15	告知讲师为其备妥的事项，完成课前沟通			

9.4　案例一：连锁快餐店的培训方法

麦当劳连锁店是在极其快速的发展中成为覆盖全世界 50 多个国家和地区、拥有 1 400 多家分店、每天为 2 200 万人提供服务的连锁快餐店的。如何在快速发展中使公司维持一支高素质、富于生产力的员工队伍，是企业经营中的一大难题。

麦当劳的培训举世闻名，成为多家连锁店的学习对象。麦当劳在经营上的一大秘诀是大量采用兼职人员，提倡所谓“年轻人才短期战斗力”和“持续的人才活性化”系统，新员工主要从应届高中生和大学毕业生中招聘。

在一家麦当劳分店里，一般只有三四名正式员工，包括店长和副店长，主要从事管理工作；而其余的六七十名员工都是兼职人员，采用轮班制并计钟点工资。

从麦当劳的晋升及培训制度中，可以窥见其组织发展和人才发展的策略。

1. 新员工入职培训

新员工一经录用，即成为麦当劳戴白色船帽的水手（取名“水手”，象征每家麦当劳餐厅都是一艘船，员工是船员，在激烈的市场竞争大洋中，全体员工同舟共济）。新员工经过 6 天的入职培训并通过成果检验后，将成为戴蓝色船帽的水手。麦当劳的“人事金字塔”如图 9-1 所示。

新员工培训的第一天是“水手指导”项目的培训，内容包括认识新环境、了解麦当劳文化、作业状况及工作准则、员工各项权利义务等。培训方式是资深指导员利用“水手手册”、录像带等进行亲切、和善地说明和讲解，进行现场参观等。该培训的主要目的是通过了解麦当劳，消除新员工初到新环境可能产生的紧张和不安。

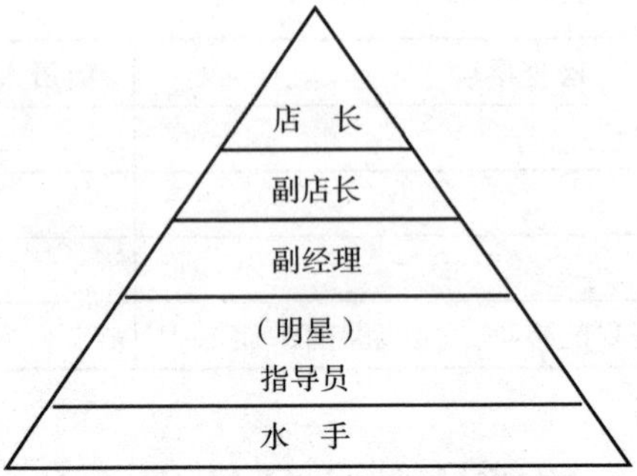

图 9-1　麦当劳的“人事金字塔”

第二天进行初级课程培训。男生跟随另一名指导员学习厨房事务，包括认识厨房设备和器具的用法、学习厨房礼仪、产品制造、如何清洁环境等，时间约三小时；女生则被分配到柜台招呼顾客、收账、接受顾客点餐及收拾整理环境等。

新员工经过五天的培训后，第六天进行成果检验，通过检验后发给蓝色船帽，晋升为正式水手，钟点费同时加级。

2. 晋升指导员的培训

新水手戴上蓝色帽子后，即加入生产、销售行列，在指导员带领下，经过一两个月的学习和锻炼，如果已经熟练掌握分内工作，可以自己申请或通过主管推荐，参加一项员工高级培训项目，这项培训和考核非常严格，时间也较长，因此参加这项高级培训的员工被称为“挑战者”。

要通过这项培训项目，男生必须掌握柜台销售工作，女生则必须懂得厨房生产作业，而且要利用上班时间，努力改善一对一培训时所指出的店中业务缺失。最后经过严格的考核后，从“蓝帽水手”升格为指导员，优秀者更可成为“明星”（比指导员高一级）。

3. 晋升副经理的培训

晋升副经理的条件，必须是指导员中成绩优秀者，须在一家分店担任指导员三个月以上，经由店长和副店长推荐，方可获得资格参加为期一到两个月的“副经理培训程序”培训。

“副经理培训程序”课程内容包括学习生产管理、客席管理、商品管理、基本的运营管理、接待和安全管理等。最后通过考核，成为副经理，副经理是兼职人员中的最高级别。

4．晋升第二副店长培训

第二副店长属于正式员工，麦当劳的正式员工来源有两个：一是从优秀的兼职人员中内部提拔，二是对外招聘。

无论哪种途径，都必须在店中实习两个月，同时接受店长的“管理培训程序”在职培训，然后进入麦当劳公司的汉堡大学受训九天，学习商品制作法、销售管理、原料和商品质量库存管理、店铺卫生安全管理、劳务、顾客、利润、保养和情报管理等专门为该职位设计的课程。修完全部课程且成绩合格，可取得汉堡大学学士学位，同时晋升为第二副店长。

5．晋升店长培训

晋升到第二副店长，回到分店参与实际作业，同时再研修“管理发展程序”。约六个月后，又进入汉堡大学接受十天密集培训，学习专为培养店长而设立的课程。

店长培训课程内容包括：劳务、机器制造原理、全套经营管理、普及技术革新及新产品的指导等课程。合格后取得汉堡大学硕士学位。但是要晋升店长，还需时常复习，反复演练在培训中学到的知识，并经过推荐和审查合格。由于店长是一家分店的主脑，其才干及领导能力攸关全店业务与管理成长，因此在人选的考虑和审核上，需要特别慎重和严谨。

从麦当劳完整、严格、规范的员工培训制度中，我们不难窥见其培训政策和培训文化。这种结合本身发展需要，具有浓郁的麦当劳特色的晋升培训制度，切实保证了麦当劳餐厅的各级员工都具备本员工作所必需的能力和素质，员工的高素质确保了公司组织效能的充分发挥，有效地支持了企业竞争优势的确立。这或许就是麦当劳享誉世界、长盛不衰、不断扩张发展的秘密吧！

9.5　案例二：屈臣氏规范化服务的培训项目

（1）店铺架构、顾客服务、拉排面、促销陈列标准。

（2）陈列图陈列标准、物价牌、打价枪、标签、礼品包装。

（3）整理货仓、收仓货、收街货。

（4）收银相关技巧，收款机系统介绍。

（5）基本顾客服务。

（6）基础商品知识及自有品牌商品了解。

（7）收款机系统培训加强。

（8）店铺陈列标准加强。

（9）产品分类和位置介绍。

（10）物流管理（收货、转货、退货）。

（11）订货系统和库存管理。

- 物流管理——订货程序（仓货、街货）。
- 手持计算机的应用。
- 后台订货功能的介绍：订货、收货、退货、转货、报废。
- 后台计算机的应用：POP、物价标签的打印、公告的查看打印、调价。
- 仓库的标准、货品的分类存放与管理、仓管员的职责。

（12）现金管理。收款机现金和保险柜现金的管理、现金送行及凭证处理，送款和换零钞/黄薄的填写、保证金处理、保险箱内长短款的处理、现金使用审批报销程序、员工押金处理、备用金处理、后台计算机的相应操作。

（13）陈列图的管理：收发、存放、更新、使用。

（14）货场的日常管理。

- 货场标准的维持及日常管理——货品（促销货品/货架货品）、人员（促销人员/保安/清洁工）。
- 后方区域的标准及日常管理——收货区、员工休息室、办公室。

（15）促销管理：促销前准备工作、促销当天工作、促销主题的陈列要求、促销货品的管理（订货、退货）。

（16）盘点管理：盘点前的准备工作、盘点文件、盘点时的工作程序、盘点期间员工的工作安排，盘点结束前工作、审计部入机流程。

（17）文件管理：

- 文件处理——店铺常用表格的使用（订货单/LOG 簿/黄簿/收货差额统计表/

每月店铺清洁内容/过期货品检查表/化妆账簿/奖金申请表/签到表等)。

- 店铺具备的各种证件明细及摆放。

(18)如何提高店铺销售。

(19)如何开班前会：会议前的准备、主持会议的技巧、会议后的跟进落实。

(20)店铺员工的人事管理：员工管理(员工仪容仪表/考勤/超时工作/补钟安排/每天工作安排/培训指导)、新员工培训期后到店铺的指引、制服与铭牌管理、员工离职处理程序、店铺经理调铺或离职交接程序、各种人事报表的使用。

(21)化妆专柜的管理：专柜及促销小姐新到店铺、退场处理程序、化妆单簿，账簿登记、化妆报表、专柜订货，每月盘点。

(22)店铺保安安全管理：高买处理、保安员管理、拾获顾客财物的处理、垃圾的处理、店铺防盗系统、店铺的开启和关闭。

(23)沟通和处理投诉。

(24)应急处理：

- 店铺各种设备的报修。
- 店铺防盗系统不能启动、停电、收款机不能操作、电子刷卡机故障、火警、紧急联络电话。

(25)店铺广播管理。

(26)政府人员、传媒到访店铺的处理。

(27)店铺日常运营业务。

心得栏

第 10 章

连锁业的“手册化”经营管理

10.1 运用“手册化”经营管理

连锁系统的作业特征是化繁为简、标准化经营，而这一切都可通过“手册化”经营管理方式。

（1）现场作业简单化（Simplification）：连锁企业讲求迅速，因此越简单的流程越能达到目标。

（2）专业化（Specialization）：一切工作将趋向细分并专业化，在商品方面则强调差异化。

（3）标准化（Standardization）：一切工作将趋向标准化，每件事都依照标准形式去做。

连锁店经营最重要的是，通过 3S 原则将各种例行工作予以手册化，凡事都有标准做法或工作程序。

对于这种“手册化经营管理”，一般人却误解甚深，视其为束缚人类行动的工具。

一般所使用的大部分手册，仅是条列注意事项，即并未有整合性文章；至于其内容，也仅是让业已熟练、已经不需要手册的人士所能理解。但是，这并非连锁经营体系中的手册。

所谓手册化，是指将完整的作业命令加以书面化。书面的“手册化”管理，也要不断地更新、修正，经营管理制度不断健全与更新，操作系统化以节省内部协调的运作成本与时间，建立标准化且巨细无遗的门市运作管理手册，如店主管手册、店员手册、营业分析技巧（月报）、卖场管理手册、员工手册、商圈调查营销手册、新拓店作业手册等。

10.2　推动“手册化”经营管理

在“手册化”管理中，餐饮业的一个著名例子是美国麦当劳快餐店的做法。麦当劳自己制定一套“麦当劳基本手册”并彻底执行，取得非常好的效果。

1. 彻底推动 QSC 的基准手册

麦当劳的最高公司政策［Q（Quality）质量，S（Service）服务，C（Cleanness）清洁］不但在餐饮业界，甚至在运输配销业界也具有深远的影响。它在服务业界广受推崇，业者均以它作为工作指标。这些原本只是被视为商品附加价值的一部分店面管理，经由麦当劳连锁经营的成功，逐渐受到大众的重视。

基准手册应该根据 2H2W 来制定。2H2W 即什么（What）、为什么（Why）、如何（How）、何种程度（How much）。

麦当劳为了从头到尾执行这套基准手册，建立了一套完整的体系。在控制质量方面有运营及维修手册；在服务方面有促销手册；在清洁方面有建筑维护预防性修护等手册。这些手册由总公司相关单位编制而成，内有主题的短文、照片、说明事项。

在实际运用时可分为数个阶段：

- 训练计划。
- 工作检查表（Check List）。
- 各种指导资料（Guide）。
- 工作评价（Performance Review）。
- 工作心得报告。

在计划方面，适用于员工的有以下几项：

- 经营管理培训计划（Management training program）。
- 经营开发计划（Management development program）。
- 主管培训计划（Supervisor training program）。

另外，在进入美国芝加哥的汉堡大学之前，还有基本作业讲习、实用器材课程计划必须完成，差者在进入工作之后，还要参加服务员基本作业、服务员高级培训课程的进修。基本和高级的差异是由教育和培训的质量与内容来决定的。

在接受基本培训时，目标设定在能够完成某件事，而高级培训课程的目标则是如何将事情做得更好、更快，并且养成计时人员的判断力、注意力，并要求正式员工探求事物原理，作为他们平日的运营调整标准。

一般手册中所看到的情形多半是“必须”、“确实的”……等字眼，其实这些话毫无效力可言。麦当劳字数繁多的员工操作手册之所以能够成为实践工具，正是因为它不是一些空洞的口号。无论是以工作职责为出发点的手册，还是以工作岗位为出发点的手册，都必须以现场作业为出发点，以实用为目的来编制手册。

高效率的手册，并不是那些引用高级工具或采取其他类似公司事例编写而成的空中楼阁式手册，它是以现场作业为原始材料，并吸收、加工而成，只有这样，才能成为真正有实效的手册。

麦当劳手册的最大目的是彻底贯彻 QSC，让顾客得到最大的满足。Q、S、C 是什么？为什么员工非遵守不可？为何应该达到原标准？这些问题在基准数据手册及高级作业手册中都有答案。

服务员对于自己负责的工作，只需要具有最低限度的基本知识就足以活用这些数据手册了。而手册的高完成度与手册之间的高连贯性是作业程度中的关键。各店的生产效率、计时人员比例、店头销售系统（POS）普及率、配销中心供应品分配比例等，是一般追求的目标。系统化作业的硬件固然很重要，软件的完成也是非常重要的。

能够很好地将手册规定的内容完成，并与生产采购系统及营销系统密切合作，这三者的整合作业，使得前线——运营工作能够踏实向前，这便是麦当劳的基本政策战略化了。

2. 麦当劳基本政策的七大要素

（1）著名的麦当劳基本政策有七大要素。

1）QSC+V（质量、服务、卫生+价值）。

2）TLC [（Tender（细心）、Loving（爱心）、Care（关心）]。

3）Customer’s be First（顾客永远第一）。

4）Dynamic，Young，Exciting（行动、年轻、刺激）。

5）Right Now and No Excuse （立刻动手，做事没有借口）。

6）Keep Professional Attitude（保持专业态度）。

7）Up to you（一切由你决定）。

这七项不仅是企业观念，而且是麦当劳的行动规范，这更可以说是麦当劳的战略。清楚地说，这些是判断的标准，致使最前线的店铺店员，自始至终地将其作为一贯性行动的模板，但这仍需要有默契的配合。

（2）在麦当劳作业中有一些很重要的字眼，它能使作业发挥最大的作用。

1）Get Fresh（保持新鲜），Quality & Quantity（质和量）。

2）Fast（快速），Smile & Hustle（微笑充满生气）。

3）Clean Clean Clean & Clean（清洁之后还是清洁）。Sanitation（卫生），Clean as you go（随手清洁）。

4）Fun place to go（充满快乐的地方），Good will（亲切好意）。

5）Return Customer and New Trial（固定的顾客与新来的顾客），Family Restaurant（家庭式餐厅）。

6）Don’t Stop Motion（保持动个不停）。

（3）这些字充分补全了手册的不足，提高了手册完成度，更使这些观念不但深入员工内心，同时还成为所有顾客对麦当劳的形象认同。总而言之，麦当劳这套运营系统至少已取得了下面几项显著效果。

1）在整个公司中建立了共同价值观。

2）强化店面自立的特性。

3）提高了员工的工作意愿。

4）在短时间内将兼职打工人员训练成军，并将兼职打工人员的流动率降到最低。

5）对多样化市场及质量的变化极为敏感。

6）对培养经理及主管相当有用。

7）养成工作人员能及时下正确决定的习惯。

8）促进组织及人才活用。

10.3 撰写连锁店操作手册

所有成功的连锁体系，其核心是一个符合连锁特点的单店管理系统，用以确保整个特许经营网络的营业水平的稳定。这个系统的数据会全面及明确地记录在操作手册中，并在开展特许经营业务时分发给各加盟商。操作手册专为受许人及其分店的运营人员所设计，里面载有加盟业务日常运营的所有相关数据。

为了不断提升加盟店的商业管理知识及加盟业务知识，加盟店会得到特许人所提供的全面系统的培训，但是仅仅凭借这些培训还不能让受许人完全掌握特许业务的操作标准。操作手册的制定恰恰弥补了培训的不足，它为加盟店进行日常运营管理提供了全面的工作指导。手册中包含以书面形式提供的经营特许业务的详细方法和各个细节方面的指导数据。具体而言，一份能提供良好指导的操作手册应包括以下内容。

1. 简介

这部分主要对本业务的基本特征和经营哲学进行简要介绍。

2. 业务体系

这部分应该详细说明业务体系的各个细节，如业务如何建立，它的各个组成部分如何相互配合，从中能否大概了解本业务整个体系的运作流程。

3. 设备

这部分专门说明业务经营所需的设备，应详尽解释所需设备的功能和具体操作方法，还应给出设备出现故障时如何维护，以及设备供货商和维修商的联系方式。

4. 经营技巧

此部分包括详细的经营技巧，它是进行日常经营管理的说明书。大致内容包括下列各项。

（1）营业时间。

（2）交易方式。

（3）员工工作安排。

（4）标准工作形式和程序。

（5）对员工仪表的要求（如制服）。

（6）员工培训程序。

（7）招聘和处罚员工的程序及需遵守的义务。

（8）定价政策。

（9）采购政策与交货安排。

（10）产品标准（数量标准和质量标准）。

（11）服务标准。

（12）员工职责：对每位员工职责的详细描述。

（13）特许使用费的支付：计算费用的详细方法，应提供一个样本。

（14）会计：受许人应采用的会计方法、内容和程序。

（15）现金和信贷管理程序。

（16）广告和市场营销：包括对售货现场广告、营销和推销技术方面，可以做和不可以做的各种行为的清单。

（17）对营业场所风格要求及使用特许人商标或服务标记的方式。

（18）存货控制程序。

5. 标准形式

这部分提供经营指令的各项内容的参考样本，如员工劳动合约、广告与市场营销合约等。

6. 信息

连锁总部应该公开提供如下信息。

（1）确认及加盟权的数据，包括合法资格证明、资信证明及注册商标、商号、专利等。

（2）有关连锁总部的总体经营情况、财务状况及直营样板店的经营业绩。

（3）有关特许权的出售数量及终止率的统计资料。

（4）其他受许人的经营情况，已经被实践证明的特许网点投资预算表。

（5）批准受许人的经营区域和加盟方式，以及在该区域的投资预算。

（6）受许人为获得或开始加盟经营应支付的费用及支付方式。

（7）受许人在以后特许经营活动中继续向特许人或其代理机构支付的费用及支付方式。

（8）与受许人有业务联系的总部工作人员名单。

（9）受许人应购买、租用的不动产、服务、供应物资、产品、招牌、装置或设备，以及为进行这些活动需要联系的人员名单。

（10）总部对受许人提供的各种经营管理及财务上的援助。

（11）总部对受许人商业行为的限制。

（12）有关培训计划。

7．营销加盟权的确定

总部把其加盟权市场化的最好方法是展示其成功并建立试点经营，以证明受许人的想法是正确的。如果在试点经营中，总部有能力展示其成功，那么这本身就是一种最好的营销。

10.4 连锁店操作手册的内容

连锁店操作手册是连锁店的经营智能，必须妥善编制，努力实现，尽量不外泄。

1．业务手册

业务由不同部门和若干工作环节组成，有明确的前后逻辑关系，是针对某项工作而展开的各种事项和工作关系。业务手册明确规范某项业务的政策、内容、标准和流程，使业务标准化并维持较高水平。

（1）开店分册。详细说明开店流程及其相关事项，具体包括以下几项。

- 商圈调查和选店条件。
- 开店法律手续。
- 商店装修。

- 计算机设备。

（2）分店运营手册，详细介绍分店运营规范，包括以下几项。

- 分店组织。
- 销售及服务标准化。
- 商品陈列。
- 财务体系。
- 盘点制度。
- 收款及现金管理。
- 与总部的关系（人、财、物、信息、共同活动等）。

（3）加盟店手册，详细规范加盟店的选择、加盟店商圈的划定、加盟合约等。

（4）广告手册。本手册规范企业广告活动。

- 广告目的、预算、形式。
- 和企业营销活动的配合，新开店的配合。
- 企业整体广告和地区分店广告。
- 个案的处理原则。

（5）公关手册。本手册规范企业的公关活动，包括公众公关活动和加盟代理商公关活动。

（6）营销手册，详细规范企业营销策略和营销行为，包括以下几项。

- 市场分析和定位。
- 商品策略。
- 渠道策略。
- 价格策略。
- 竞争策略。
- 推广策略。
- 营销组织及管理。

（7）总部管理手册。总部的内部管理和有效控制是连锁组织的关键，主要包括以下几项。

- 计划管理。连锁店是多店铺经营，必须有各种长期策略性计划和短期作业计划，才能方便工作人员操作。计划管理也是连锁店管理的起点，计划的产生是市场分析的结果。

- 销售管理。销售管理是总部日常管理的关键，分为各分店的销售日报和总部的汇总分析两个方面，是商品规划、库存管理、价格管理的基础。
- 与生产部门的配合作业。这是连锁企业的“采购”作业，须满足各分店的所需商品。此项工作需与销售管理密切配合。
- 存货管理。可分为现货管理和配货作业两方面。
- 信息管理。连锁组织日常信息量极大，必须借助于完善的信息管理体系，对各种数据加以收集、分析，这是连锁组织成功的关键。现代连锁组织均采用计算机化管理，须制定计算机系统规范。

（8）VI手册，规范企业视觉要素。

2．员工手册

员工手册针对组织中的具体工作进行规范，使员工能迅速认识工作环境，理解本岗位运营和作业内容、相关人事制度等，使企业每个工作岗位工作标准化。

（1）员工手册体系。

- 企业组织手册：明确化企业组织结构和各部门职能。
- 品牌经理手册。
- 正规连锁分店店长手册。
- 营业员手册。
- 支持加盟店的业务员手册。
- 企划人员手册。
- 公关人员手册。
- 计算机员手册。
- 财务人员手册。
- 配货人员手册。

（2）员工手册提纲。

- 工作职位的相关工作常识。
- 企业介绍。
- 本工作职位在组织中的位置及职务说明。

- 本工作职位的主要业务及程序、标准。
- 本工作职位的权限和义务。
- 本工作职位和其他岗位的关系。
- 本工作职位的工作环境。
- 本工作职位的员工资历。
- 本工作职位的人员任用。
- 本工作职位的相关制度。

10.5　案例：麦当劳手册标准化

1．麦当劳的管理精髓

为了保证麦当劳公司的经营观念“QSCV”（质量、服务、清洁和价值）得到忠实地贯彻，麦当劳制定了自己的企业行为规范从而把每项工作都标准化，“小到洗手有程序，大到管理有手册”。

随着麦当劳连锁店的发展，麦当劳人深信：快餐店只有标准统一，而且持之以恒、坚持标准，才能保证成功。

麦当劳为了使经营观念“QSCV”能够在连锁店餐厅中贯彻执行，保持企业稳定，每项工作都做到标准化、规范化，针对几乎每个工作细节反复、认真地观察研究，编制了运营手册。该手册被加盟者奉为圭臬，逐条加以遵循。

（1）麦当劳运营培训手册（O&T manual）。麦当劳运营培训手册极为详细地叙述了麦当劳的方针、政策，餐厅各项工作的运作程序、步骤和方法。30 多年来，麦当劳公司不断创造性地丰富和完善运营培训手册，使它成为麦当劳公司运作的指导原则和经典。

（2）岗位工作检查表（SOC）。麦当劳公司把餐厅服务系统的工作分成 20 多个工作站。例如，煎肉、烘包、调理、质量管理、大堂等，每个工作站都有一套“SOC”即“Station Observation Checklist”。SOC 详细说明在工作站时应事先准备和检查的项目、操作步骤、岗位第二职责及岗位注意事项等。

（3）袖珍质量参考手册（Pocket Guide）。麦当劳公司的管理人员每人分发一本手册，手册中详尽地说明各种半成品接货温度、储存温度、保鲜期、成品制作温度、制作时间、原料配比、保存期等与产品质量有关的各种数据。

（4）管理发展手册（MDP）。MDP是麦当劳公司专门为餐厅经理设计的管理发展手册，手册采用单元式结构，循序渐进。管理发展手册中介绍麦当劳的各种管理方法，也布置大量作业，让学员阅读运营培训手册和实践练习。

与管理发展手册相配合的还有一套经理训练课程，如基本运营课程、基本管理课程、中级运营课程、机器课程、高级运营课程。餐厅第一副经理在完成管理发展手册第三班学习后，将有机会被送到美国麦当劳总部的汉堡大学学习高级运营课程。

2．麦当劳手册的原则

麦当劳之所以能在激烈的竞争中迅速发展，是因为它适应社会化大生产的要求，实现了商业活动的简单化、专业化和标准化，从而获得其他商业形式无可比拟的效益。

（1）简单化。将作业流程尽可能地化繁为简，减少经验因素对经营的影响。连锁经营扩张讲究的是全盘复制，不能因为门店数量的增加而出现紊乱。连锁系统整体庞大而复杂，必须将财务、货源供求、物流、信息管理等各个子系统简明化，去掉不必要的环节和内容，以提高效率，使“人人会做、人人能做”。为此，要制定出简明扼要的操作手册，员工按手册操作，各司其职，各尽其责。

（2）专业化。将一切工作都尽可能地细分专业，在商品方面突出差异化。这种专业化既表现在总部与各成员店及配送中心的专业分工上，也表现在各个环节、岗位、人员的专业分工上，使得采购、销售、送货、仓储、商品陈列、橱窗装潢、财务、促销、公共关系、经营决策等各个领域都有专人负责。

1）采购的专业化。通过聘用或培训专业采购人员来采购商品可使连锁店享有下列好处：对供货商的情况较熟悉，能够选择质优价廉、服务好的供货商作为供货伙伴；了解所采购商品的特点，有很强的采购议价能力。

2）库存的专业化。专业人员负责库存，他们善于合理分配仓库面积，有效地控制仓储条件，如温度、湿度，善于操作有关仓储的软硬件设备，按照先进先出等原则收货发货，防止商品库存过久变质，减少商品占库时间。

3）收银的专业化。经过培训的收银员可以迅速地操作收款机，根据商品价格和购买数量完成结算，减少顾客的等待时间。

4）商品陈列的专业化。由经过培训的理货员来陈列商品，善于利用商品特点与货架位置进行布置，及时调整商品位置，防止缺货或商品在店内积压过久。

5）店铺经理在店铺管理上的专业化。店铺经理负责每天店铺营业的正常维持，把握销售情况，向配送中心订货，监督管理各类作业人员，处理店内突发事件。

6）公关法律事务的专业化。连锁店通过聘用公关专家，可以以公众认可的方式与媒体和大众建立良好关系，树立优秀的企业形象；而通过专职律师来处理涉及公司的合约、诉讼等法律事务，以此确保公司少出法律问题，始终合法经营。

7）店铺建筑与装饰的专业化。通过专业的房地产专家、建筑师、商店装饰专家的工作，把店铺建在合适的地点，采取与顾客购物行为相一致的装饰方式，使购物环境在色彩、亮度、宽敞度、高度方面维持在一个较高的水平。

8）经营决策的专业化。通过任用资深经理，连锁店在店铺形态选择、发展区域、扩张速度等方面均可实现决策专业化，保证决策的高水平。

9）信息管理的专业化。通过建立或采用配送中心物流管理系统，商品、人事管理系统，条形码系统，财务系统，店铺开发系统，连锁集团数据库系统等信息系统，及时评价营业状况，准确预测销售动态。

10）财务管理的专业化。任用财务专家实现连锁店在融资、资金流通、成本控制方面的高水平运营。

11）教育培训的专门化。设立培训基地，任用专职培训人员，持续地为连锁店培养高素质的员工。

（3）标准化。将一切工作都按规定的标准去做，连锁经营的标准化表现在以下两个方面。

1）作业标准化。总部、分店及配送中心对商品的订货、采购、配送、销售等各司其职，并且制定规范化规章制度，整个程序严格按照总公司所拟订的流程来完成。

2）企业整体形象标准化。商店的开发、设计、设备购置、商品的陈列、广告设计、技术管理等都集中在总部。总部提供连锁店选址、开办前的培训、经营过程中的监督指导和交流等服务，从而保证了各连锁店整体形象的一致性。

第 11 章

连锁业的商品策略

11.1 连锁业的商品规划

对连锁经营而言，商品策略极其重要，连锁店不仅要引进新商品，更要注意滞销品。

商品依其来源的不同可分为外购商品及自制商品。对于外购商品而言，其在生产方面着重的是商品的开发、商品采购；对于自制商品而言，其在生产方面着重的是原料来源、制程控制及存货管理。

在规划商品组合的同时，必须先通过市场调查分析与商圈的信息参考，了解顾客群的真正需求，找出最适合该店的商品（商品定位），然后规划出商品组合策略，最后，制定出合理的商品价格，完成商品组合规划。

1. 确定商品定位

商店的商品定位与其所在的商圈属性息息相关，连锁总部必须要了解该商圈的特性是文教区、商业区还是住宅区。了解了商圈的特性，才能针对商圈内主要顾客群的生活习性加以分析，找出最适合出售的商品。

（1）实时消费的物品：是指顾客即兴需要的商品，如深夜的零售包子。

（2）紧急需要的商品：是指顾客临时欠缺的急用品，如医药箱、创可贴等。

（3）特殊时令的商品：是指因应时节的商品，如夏天的冰棍、冬天的火锅食品等。

（4）轻薄短小的商品：不占空间，或者用完可丢弃的商品属于此类，如免洗碗盘。

（5）休闲娱乐的商品：指可以打发时间的商品，如小说、扑克牌、书报杂志等。

2．规划商品组合

在规划商品组合时，要考虑顾客的消费便利性与分店经营的利益性，其次是商品的广度与深度。

所谓商品的广度，指的是购买相关商品的便利性，要满足顾客一次购足相关商品的需求；深度则是指某一类商品的品项数相对上的多寡，若这类商品和其他商品相比种类较多，则这较多的类别可称为深度强。

在拟定商品组合策略时，若能将商品的广度与深度配合考虑，则可形成商店的特色及商品的丰富感。

3．制定商品价格

商品的定价，必须兼顾到合理的利润、顾客的满足感，以及实际的竞争状况。通常连锁总部对于较畅销、差异度不大且价格敏感度高的商品，会参考同业间的定价，以免制定的价格过高；对于一些单价较高、非畅销的商品则要视自身营业状况而定，以免价格定得太低，有损其形象。商品的定价要考虑三个方向。

（1）同业的竞争。在制定价格时，要参考商圈内其他竞争者的定价，对于一些价格较敏感的商品，如饮料、牙膏等，应定在竞争店的低价格带；对于某些价格较不敏感者，如服饰类等，则定在竞争店的高价格带。这样一来，本店所销售的物品，才会具有竞争力。

（2）顾客的心理。如果有某类商品，其最高价高于其他家同类商品的最高价，顾客便会产生一种心理作用，认为这家店的东西比别家贵。因此，为了塑造合理的价格形象，对同类商品价格可制定最高上限，凡超出该上限的商品即可考虑不引进。例如，点心类的上限价格为 30 元、饮料类的上限设定在 15 元等，以免让顾客产生“贵”的感觉。另外，顾客对于一些数目通常会产生错觉。例如，尾数比整数更让顾客有便宜之感，像 29 元、69 元、99 元等标价的商品，就比 30 元、70 元、100 元等这些整数令人感到价格便宜。

（3）作业技巧的安排。价格高低的感觉乃是经过比较之后的相对概念而来的。所以，为创造清晰的价格形象，在标价时可考虑将某些价格相当接近的同类商品，予以一致的定价，并用卡片标示强调。这样做一方面可以让顾客清楚地看到标价，经营者也可以不用一一标价，以节省时间，可以说是既省时又省力。

11.2　连锁业的商品来源

连锁店总部的原料开发机能，是由总部将制造商品的原料，以及提供货源的厂商分店所耗用的资材做一完善的调度。在加盟连锁店运营时，为了谋求所使用的各类材料的统一，总部必须具备开发独特的资材以及调度采购的能力。由总部来完成这些工作，为的是使资材的质量提高、成本降低，唯有总部将产品生产之前的原料开发出来，才具有竞争性。拥有一套完善的采购操作系统，是连锁经营成功的关键因素之一。

是自制商品还是外购商品，主要取决于总部对经济效益的考虑。此外，连锁经营形态、商品种类多寡、需求量、生产技术、自制额外成本、存货处理技术、场地限制及自有品牌等因素，也是总部在决定商品是自制还是外购时的考虑因素。

不论是决定自制生产还是对外采购，成本利益上的经济规模都是总部所需加以注意的重点。

11.2.1　外购商品

连锁总部若决定外购商品，外购商品所应该注意的事项包括商品开发及商品采购两个方面。

1. 商品开发

为了提高企业的竞争力，经营者应该改变过去自我开发设计商品的做法，同制造业者及批发商分享彼此的信息，以团队的合作形式来开发新商品。

2．商品采购

（1）品质至上。现今是强调质量竞争的时代，连锁经营者在采购时不能像过去一样，单以成本高低作为是否采购的依据，而应优先考虑质量好坏。因为低质量的商品所带来的外部损失（如退货的时间损失，维修成本及让顾客不满意所产生的商誉损失等），恐怕更加惊人。

（2）降低成本。经营者在追求高质量的同时，也应致力于降低成本，以提高本身的竞争力。

在降低成本方面，可以通过统一采购来提高经营者对供货商的议价能力。此外，也可与专业物流业者共同建立专业分工的体制，以提高本身的后勤经营效率，降低运销成本及存货成本。

11.2.2　自制商品

1．自制商品应注意的事项

连锁总部若决定自制商品，所应注意的事项包括原料来源、制程控制、存货管理三个方面。

（1）对于从事商品生产的经营者，可以通过联合采购来降低原料的采购成本。要慎选供货商以管制原料的质量；在采购原料时就对原料质量严格把关，避免因质量不良而产生的后继成本。

（2）在制程控制方面，以提高制程能力最重要，唯有稳定的制程，才能制造出高质量的产品。在缩短产品制程方面，可以通过工作流程再设计，精简、删除不具成本效益的作业环节，以简化作业流程。

（3）存货过多会增加不必要的保管及仓储费用；存货过少又可能失去增加收益的机会，进而造成顾客流失及商誉毁损。因此，商店要衡量不同店址与当地消费习性，除对商品数量做最适配置外，根本之道在于连锁总部加强各分店的存货管理能力，以及面对意料外存货的处理能力。

2．连锁企业开发自有品牌的意义

自有品牌（Private Brand，PB）是指由连锁企业开发、组织生产并归其所有的商品品牌或公司符号和标记。自有品牌开发是连锁企业通过收集、整理、分析顾客对某种商品的需求信息及要求，提出新产品的开发设计要求，并选择合适的制造商进行生产或自行设厂生产制造，最终以连锁企业自有品牌在其门店内销售的一种策略。连锁业开发自有品牌的意义有以下几个。

（1）有利于增强商品的竞争力。自有品牌的实施增强了商品竞争力，最突出的表现是它实现了商品的低价。自己生产或组织生产有自家标志的商品，节省了流通费用；内部销售，减少广告费；包装简洁大方，节省包装费用；规模生产和销售，降低成本。

（2）有利于形成特色经营。根据市场情况及时生产和供应某些自有品牌商品，使连锁企业的商品构成和经营富有特色，同时连锁企业以自有商品为基础向顾客提供更全面的服务，借助于商品又可进一步强化企业形象，两者相辅相成，形成企业自身对顾客的独特要求。

（3）有利于充分发挥无形资产的优势。自有品牌战略的实施，使连锁企业的无形资产流动起来，给连锁企业增加了利润来源。通过自有商品赢得商标的信誉，这种商标信誉最终变成连锁企业的信誉，从而赢得稳定的市场。

（4）有利于掌握更多的自主权。连锁企业以自有品牌进行销售，取得市场经营的主动权，获得了制定价格的主动权，获得商业利润和部分加工制造利润，增强了抗击市场风险的能力，成为市场经营活动的积极参与者，从厂家的销售代理人转变成为顾客的生产代理人。

（5）有利于准确把握市场需求。自有品牌战略的选择，使大型连锁企业的这种优势能够得到有效的发挥，它们直接面对顾客，能够迅速了解市场需求动态，并及时做出反应，大型连锁企业实施自有品牌战略往往能够领先生产者一步，无形中增强了企业自身的竞争力。

（6）有利于提高经营管理水平。实施自有品牌战略，要求连锁企业必须造就和培养一批高素质的经营管理人才，因为此时的连锁企业不仅只是销售商品，还要负责产品开发设计、品牌管理、生产与质量检验、促销宣传等一系列复杂的整体营销工作，需要培养大批专业人才，有利于提高企业经营管理水平。

11.3　新商品的开发

商品是连锁企业生存与获利的基本源泉，也是与竞争者决胜的关键。

适时进行新商品引进与滞销品淘汰，使商品组合不断的良性循环，以维持并增强商品竞争力，是连锁企业经营成功的重要因素之一。然而能在市场上存活甚至畅销的商品，并不一定就适合在本连锁体系内出售，仍必须经过更详尽的分析与销售企划，并进行试销及成果检讨，方可确认新商品的引进是否成功。

例如，擅长出售小家电型态的渠道，其销售人员、运作系统、卖场设计和运营策略均着重于销售小家电，在考虑导入大家电新商品型态时，就不能仅考虑商品的市场特性了。因此在开发新商品时，应将连锁店本身特性列入重要考虑因素。

1．新商品的定义

对连锁企业而言，新商品的定义可说是——只要是目前门市尚未陈列或销售而在市场上已经流通者，都可称为新商品。

新商品和滞销品常是一体两面，新商品导入不当，常会成为滞销品，是零售商挥之不去的烦恼。故如何成功开发新商品，是采购部门的重要工作之一。

2．新商品引进的来源

只有掌握市场信息，特别是商品信息，方能了解市场脉动，导入适切的新商品，实时掌握商机。连锁企业获取新商品的信息渠道有以下几个。

（1）供货商。供货商对市场信息关心的程度绝不亚于连锁企业。因此，从供货商处可获知消费需求的趋势、厂商本身新商品推出计划、其他厂商的新商品计划等。

（2）门市销售人员。借着门市每天的销售活动和顾客的接触中，可以了解顾客所希望的商品倾向及价格水平。以这些知识及经验为根本，可以对是否引进特定新商品有初步的概念。

（3）竞争者。通过实访竞争者的卖场，分析它的促销手法（如 DM 的商品组合），不仅可掌握竞争者的动态，又可对市场的流行商品有更深入的了解，作为开发新商品的参考。

（4）专业报纸与期刊这些媒体对市场、商品信息常有深入的报道，也是一个不错的信息来源。

（5）顾客。提供顾客免费服务专线，收集顾客潜在需求，也是开发新商品的重要渠道之一。

3. 商品存货的有效控制

对于每个连锁加盟店经营者来说，存货管理是经常面临但一直很难规划控制的一环，加盟店可以用商品周转期（商品从进货到卖出时间）、商品订购前置时间（从订货到进货时间）来规划安全存量。以平均每日销售量和订货前置时间，经过粗略估算，便可估算出安全存量，再视缺货情形和淡旺季做调整，这是简化的计算过程。

此外，也可以从周转率来控制存货，但以每月销售金额除以库存金额得到的周转率，会因商品的不同而有差异。一般来说，商品毛利低、周转快，则需要较高的周转率，如餐饮店就需要较高的周转率；而珠宝店或高级服饰店，因为商品毛利高、周转慢，所以周转率的标准比较低。一般高周转率的业种如便利店，周转率为 2.5~3.0；低周转率的业种如珠宝，为 0.5~1。

店主要意识到，商品卖不出去就是损失，因此每天工作中要小心谨慎，同时要细心地做好商品的整理排列。提早做滞销处理（滞销品一直不做处理，等到要处理时就算打了对折仍然是无人问津，因此，只要一发现销路不好，尽早以八折、七折来处理掉）；探求降价的原因（为了不重蹈覆辙，降价的理由要明记在传票上，以便日后做参考。）

在营业场所的销售人员，若预计某种商品卖不出去，要尽力推销它。总之经营者要做到：强化与供货商的关系，有理由时要极力地争取退货或交换；尽量减少库存。

11.4 滞销品的下架

零售店在经营过程中为了提高商店的营业额，常常盲目地追求商品组合丰富化，若处理不当，常会使部分商品滞销，进而影响运营资金的周转、降低坪效、妨碍卖场观瞻，连带降低商店利益。所以，引进新商品、处理滞销品，对连锁企业而言，实在是一项极为重要的课题。

滞销品是不能实现价值的商品，甚至不能称为“商品”。因为滞销品即使摆在卖场，也只是浪费陈列面积、浪费时间，而无法提高销售效率。如果未能下定决心把这些滞销品尽快处理，反而抱着“务必捞回本钱”的想法，将造成积压更多滞销品的不良后果。

整个滞销品处理的过程中，除了做好事前防范及事中发现并诊断的工作外，一旦发现滞销品，要尽快处理！如此才能更有效地达到资金运用流畅、卖场空间美化、商品陈列丰富及保持商店形象等效果，并创造其他销售机会、提高营业利润。

连锁企业应通过销售数据找出滞销品，查看其滞销原因，是商品设计、材质、色泽不好，还是价格不合理，一一列出，加以分析。再依各个原因分析，记下改善对策。若是商品设计不佳，则要清楚列出不佳的状况。若问题出在价格方面，可以在旺季时参考其他竞争店的销售价格，来增加自己每季之前购货的预测能力。

若是商品管理方面的原因，如由于置于商场死角，无法成为主力销售商品。解决办法为将商品的摆放方式改变，但不只是单纯移动，尚须配合营销策略做最完善的调整，才能有效地提升库存周转率。另外，为了加强商品销售率，日常的待客之道及售后服务等重点也不容忽视。

11.4.1　滞销品严重影响利润

在库存管理方面，最令店主管头痛的首要问题就是，入货超过一段时间完全销不出去的滞销品及一些根本无人问津的商品，但它们占了卖场相当大的空间，给销售带来负面影响。

（1）由于这些商品卖不出去，因此，商店预算将只着重于补购已售商品，商品的新鲜度将逐渐降低。

（2）卖不出去的商品越多，表示每季季末的廉价出清物机会更多，滞销品越多，获利状况越差。

（3）滞销品占据卖场空间，阻碍流行性商品的销售。

（4）滞销品未经妥善整理而置于卖场中，即使花再多的钱装潢，也会破坏整体陈设效果。

11.4.2 为什么会出现滞销品

为什么会出现滞销品？要了解出现滞销品的原因。

1．批发依存关系造成滞销品

（1）太过依赖批发商，本来应由商店本身负责处理的事情，如商品状况及商品配置业务，皆委由批发商决定及负责。

（2）明知商品没有卖点，但碍于与批发商的关系而勉强进货。

（3）批发商以贱价将库存商品转卖给商店。

2．采购预测失误造成滞销品

（1）天气变化反常，造成预测失算。

（2）缺乏有准确预测能力的采购员，以及缺乏拥有商品完善组合能力的商店主管。

（3）缺乏计划性的采购案且已成积习。

（4）未完全查明顾客及竞争同业的动向，同时市场分析工作也欠完善。

3．采购作业失误造成滞销品

（1）忽视了商店所在地的地域特性及客层的生活形态。

（2）商店本身库存状况未仔细查明，就随意采购。

（3）采购计划缺乏妥善规划。

4．商品需求突然萎缩造成滞销品

（1）流行趋势急剧变化，使商品突然滞销。

（2）销售旺季已过，商品滞销。

（3）销售状况大起大落的商品。

（4）过了某个特定的销售期，使得商品滞销。

11.4.3　找出滞销品

连锁企业应积极引进 POS 系统，目的就是提早发现滞留店中的滞销品。

除利用滞销品管理法外，还可利用 ABC 分析法来帮助企业达到找出滞销品的目的。ABC 分析法是将商品地位的重要性及其所占比率的大小依次排列，再进行比较分析得出结论。这种分析法将完全没有销售业绩的商品挑出，并把成为滞销品可能性较高的库存商品也挑出并列入表中，制作成一份实用表格，这样就可以清楚地了解滞销品的状况及可作为候补的商品类型。

依据 POS 信息分析，可将本来已列于预定销售的采购计划中的商品转列为无法销售的商品，故此分析可能成为滞销品的商品。因此，各连锁店主管为了强化商品竞争力并采取敏锐的行动，应将 POS 信息分析的数字图表化，利用色彩区分，使其更为易读。

11.4.4　滞销品的改善

商店如何处置已变成滞销品的事实呢？

1．将滞销品逐出卖场

就算商店对于库存管理再细心，在每季季末时总会残留下一些库存品。

若商店中的商品销售率低于标准，则可采用以下的方法将商品逐出商店。

（1）将本店无法卖出的商品转至他店销售。

（2）在商品尚有新鲜度时加以标示，在季末时再全数减价出清。

2．加强陈列促销滞销品

若是将滞销品以低价的方式逐出卖场，实在难以维持经营者的营业利益。其实，倒不如强化滞销品的销售策略，以不同于减价的方式来将商品尽快卖出。

（1）滞销品常因陈列场所不当而造成，可将滞销品移往较好、较醒目的陈列场所。

（2）将销售状况不佳的商品置于销路很好的商品群中，但须注意量不能太多，否则可能得到相反效果。

（3）将滞销品撤除，另觅适当时机再行推出。

（4）虽然商品销售成绩未见理想，但也可大胆地将其陈列。

3. 强化跟催销售状况

仅将商品逐出卖场，会造成商场中商品不足，因此，除了撤掉滞销品外，尚须跟催销售状况。

（1）商店主管须拟定每月的商品营销战略，同时与供货商等做事前完善的讨论沟通。

（2）除了销售总业绩外，商店主管须确切把握店中各商品的卖出金额与卖出数量。

（3）为了使库存量趋于零，要有一套发送的物流系统。

（4）由于上游经营者配送频率提高，故商店经营者此时需将订货及交货间的时效循环减至最小。

为了有效跟催商品整个销售状况，除了须将销售信息知会上游经营者外，更需与制造商构筑出一套完整的操作系统。

4. 维持适当的库存

提高库存周转率，首要条件便是早期发现卖场中的滞销品。但是，在旺季时，往往库存量会超过预估的销售量。也就是说，商品在开始都可能会出现存货状况。

为了提升库存周转率，经营者在采购商品时就必须保存适当库存的采购观念。

（1）在销售季刚开始时，销售状况尚不激烈，因此库存量可以不要太多，而将重心放在加强商品陈设等层面上。

（2）强化采购预算管理，努力使库存量合乎销售预订量。

11.4.5 滞销品处理方式

滞销品处理应分三个阶段来讨论。

（1）进货前。力求采购计划的周密与进货态度的谨慎，是杜绝滞销品的首要前提。采购人员及商品开发人员应扮演好把关者的角色，拒让潜在滞销品上架。

（2）进货后。商品一旦被导入商店，相关人员应善尽“照顾”之责，随时注意商品周转情形、库存状况，以尽早辨识出卖场中已成为滞销品的商品，方能实时处理，减少损失。

（3）善后处理。商品经评定为滞销品后，应立即果断处理，而不应置之不理。

第 12 章

连锁业的物流配送

12.1 物流配送的种类

连锁店的经营免不了要涉及商品配送的流动，称为物品配送或物流。

物流，是物品流通的简称，是从供应者向需要者的物理性移动过程，是创造时间价值、场所价值、加工价值的经济活动。美国物流界对物流的定义为，物流是计划、执行与控制商品、服务及相关信息从原始点到消费点，按照顾客需求进行有效率且有效益的流动与储存的过程。

一般而言，连锁企业的物流分为两种：一种是连锁企业自己所拥有的配送中心，另一种是联合型的配送中心。

1. 连锁企业自己所拥有的配送中心

这种形式的配送中心是由连锁企业独立出资、独立经营管理，为自己的连锁企业提供货物的物流中心。

一般情况下，实力较强的连锁企业都建有自己的配送中心，它主要是为本企业的连锁店配货，同时也可以为其他企业提供货物，能够创造更大的经济效益和社会效益。这种做法也符合企业的长远利益和战略发展的需要。连锁企业都各有自己的经营特色，自建配送中心有利于协调与连锁店之间的关系，保证这种经营特色不受破坏和改变。

2. 联合型的配送中心

这种配送中心具有开放性的特点，是由一家或几家连锁企业与物流企业联合，分别承担不同功能，共同实现配送中心任务，为自己的连锁店和其他企业进行货物配送。

这种联合可以有效地节约建设投资，降低物流成本，提高配送效益，也能够推动物流企业完善功能，带动物流企业的发展。

12.2 连锁业的物流特性

连锁店经营的最大特色，是由连锁总部统合各个分店的运作，而不像其他单店一般各自负责自己店铺的运营。正因如此，连锁店的物流活动必须受到连锁总部的指挥，一般来说具有下列几项特性。

1. 少量多样化

由于近年来顾客的偏好趋向多样化，为满足各种类型的顾客的需求，连锁店必须提供种类繁多的商品品目；相对地，每项商品的需求量也随着需求种类的增加而减少了。对于各连锁店来说，必须储存多种类而少量的存货；相同地，当连锁店向总部的仓储部门或物流中心订货时，也是采取少量多样化的方式，以补存货的不足。

2. 物流周期短

当连锁店的各分店存货不足时，只要直接向物流中心发出订单，物流中心便将货品直接配送至各分店；而一般的零售店在同样遇到存货不足的问题时，必须直接向各供货商发出订单，再由各供货商将货品配送至各店铺。在连锁店的物流管理系统下，各供货商只需处理物流中心频率低且数量大的订购及配送。因此，连锁店的物流时效较一般零售店短，进而提高经营效率；成功的连锁企业由于具备经济规模效益，其物流配送快速而且周期短。

3．成本降低

由于连锁店的物流活动由总部的物流中心来负责管理，因此在采购上能汇集所有分店的需求量，统一发出大数量的订单；将货品集中存放在仓库中，可以节省各分店的仓储空间；并在配送货品前，将时间及距离纳入考虑，可以规划出最佳的路线，因而能降低单位成本，进一步达到规模经济的效果。

表 12-1 描述了传统物流和现代化连锁物流的差异。

表 12-1　传统物流和现代化连锁物流的差异

项　目	传统物流	现代化连锁物流
商品种类	少	多
每种商品数量	多	少
配送频率	低	高
物流周期	长	短
作业方式	人工	自动化

12.3　连锁业的物流步骤

近年来，各连锁店经营者越来越重视除了仓储以外的其他物流管理机能，以及因应分店数目的快速增加，因此设立了物流中心，以便专责管理连锁店的物流过程，其物流管理活动均包含了以下四个重要步骤。

1．订购

商品的订购包含两步，一是各个分店向物流中心要求配送其所需商品，二是物流中心向各个供货商整批订购商品。两种订购形态有很大的差别，一般分店所下的订单通常商品种类繁多而数量很少；而物流中心向各个供货商通常订购整批、大量的商品，以便满足所有连锁店的需求。

2．仓储

当供货商将所订购的商品运送至物流中心时，便将所有商品存放在物流中心的仓库中。由物流中心统一储存商品，可大量减少各分店的存货数量，节省仓储空间，使分店卖场获得充分的利用。

3．捡货

当各连锁店必须补充商品时，便向物流中心发出订单。此时，物流中心会依照各分店的商品需求，至仓库中捡选所订购的商品，再加以包装、分类后，运送至各个订货分店。

4．配送

商品配送是商品由供货商出货之后，转移至各连锁店的最后一个步骤。当汇集各连锁店的订单后，物流中心便依据供货绩效，开始设计路线最短、时间最省的经济配送路线，使用货车等交通工具，将捡货完成的商品分别配送至各连锁店，完成了连锁店的物流循环。

12.4　连锁业的物流管理重点

1．订购制度

（1）采购组每日检查库存（计算机自动刊印），若至订购点时，需填写订购单，经主管核章后办理采购事宜。

（2）采购组查询商品供货商的其他商品库存状况，以简化作业并符合规模经济。

（3）采购组依据厂商数据表制作订购单一式二联，并以传真或电话通知厂商，并将订购单第二联交（传真）储运组备查，第一联自存。

（4）采购组于每次确认订购单后，当日发出通知，依照与各家厂商协议的时间，送货至订购单位，进货时间安排在每日上午10：00—11：30，下午3：30—4：30。

（5）紧急采购经部门主管核准后进行，事后需补填请购单。

（6）储运组也须与采购组共同依照储位大小、经济订购量、安全库存等设立采购量，采购量的最小数量须事先与厂商协议。

（7）采购组应在进货验收单上每日查核应送的商品。如发现过期而未到的订购单，应立即查询商品延误的原因，并催促尽快发货。

2．进货制度

（1）厂商于送交货物时必须填写进货验收单一式三联，详细写明送货内容及订购单号码,连同所送的商品送到指定的收货处,并由储运组收货人员进行验收。

（2）储运组核对进货验收单与订购单无误后，在进货验收单上签章，将第一联退厂商作为送货的凭证。

（3）储运组将进货验收单的号码抄录在货品上，同时在订购单上填写进货验收单号码与收购日期。

（4）储运组根据进货验收单检查及证明下列各项：商品编号、品名规格、交货者名称、交货数量、实际接收数量、收货日期。

（5）储运组若发现送来的商品混有其他商品或其他特殊状况时，必须在进货验收单接收状况栏内写明，作为质量检验的参考。

（6）储运组在进货验收单上填入必要内容并核章后进行商品质量检验工作。

（7）验收注意事项：货号、品名、规格、数量、重量、包装、质量、有效日期、进价。

（8）验收无误的商品，再由储运组以彩色笔将该商品的储位于验收时书写在商品包装上，以便存放定位。

（9）储运组于验货时如有溢收数量，应通知采购部视实际情况是否补开进货验收单，否则拒收。

（10）储运组应依据进货验收单，每日提出应交未交物品，供采购组跟催，次月 5 日前应提出超交、欠货数据，供采购、会计、管理部门参考。

（11）储运组将交货实况填入厂商数据卡交货数据各栏后办理入库存手续。如验收后发现不符所需，则通知厂商进行退货处理。

（12）储运组核对商品数量与良品总数是否相符，于安排商品进入仓库后，在进货验收单二至三联良品总数栏盖仓库接收章，再送至储运组主管处核章。

（13）储运组主管核章后的进货验收单第三联自存，根据良品总数转存至计算机。

（14）进货验收单第二联送会计作为付款的凭证。

3．返品作业制度

（1）出货中途不接受退货，唯下列状况可接受退货：货品搬运中损坏、品项错误、瑕疵品回收、延迟且逾时、地点错误。

（2）司机送货至门店时，如有上述情形，应将退回品项及原因记录于销货单上，经顾客确认，于返回公司后，依据销货单上的记录制作销货退回单。

（3）如顾客事前通知商品退回，运输应制作销货退回单五式三联，交由司机至顾客处办理退回。经双方签认后第三联交门店存查。

（4）商品载运回公司后，司机与仓管收货人员确认退回的原因是否符合，并依状况判定为再入库、报废、退回厂商三类，经质量管理人员签认后，销货退回单第一联交运输部门，第二联自存。

（5）对于必须接受的退货请求，应由营业部处理并经签认后，方能接受退货。

4. 报废作业制度

（1）报废管理的目的是有效控制和计算原材料成本。

（2）报废品的定义。

1）凡原材料无法继续使用或转作他用而必须丢弃。

2）凡正常加工过程中所丢弃的残物不应报废而属损耗。

3）研发人员的正常研发所丢弃的残物料。

（3）报废品的区分。

1）材料的质量验收未能落实或规格与实际需求不符，致使无法使用且不能退货者。

2）仓储人员保存不当，致使材料损坏无法使用者。

3）研发人员的研发停止，致使该批材料无法转作其他用途者。

4）因运送或搬运不当，造成材料破损污染而无法使用者。

5）原材料、成品过期而无法使用者。

（4）报废品的处理。

1）报废品应存于暂存区，以便随数据查询及更正。

2）所需报废的商品应由权责单位于月底填写报废单一式二联。经与质量管理人员确认，并经经理核准后，会同会计部门进行清点，清点完毕，报废单第一联自存，第二联交会计。

3）经核准报废的商品由储运组统一销毁。

4）报废品若是原料，以采购时买进的价格计算；若是商品，则以出货价计算。

（5）报废品处理的权限范围（见表 12-2）。

表 12-2　报废品处理的权限范围

职　　务	金　　额
组长	99 元以下
课长（副）	100~499 元
经理（副）	500~999 元
副总经理	1 000~4 999 元
总经理	5 000 元以上

5．拣货作业管理

（1）库管依据商品拣货汇总表于储区进行拣货作业。

（2）依区域路线，将多张销货单依商品类别将数量加总后进行拣取。

（3）依总数拣取后，将货品依门店及配送远、近原则分货至待出区准备出货。

（4）分货时，店名应标示清楚。

（5）以先进先出方式拣货。

（6）库管于销货单上签名后，再由司机签名后放行。

（7）拣货及销货单由司机携出作为出货凭证，商品拣货汇总表由库管人员存栏，作为出货依据。

6．交货装运规定

（1）配货时要注意商品包装是否完好。

（2）出车时一人一车，固定司机驾驶固定车辆，但路线可依组长安排轮流变动。

（3）司机人员出车时，要随车填写车辆日报表。

（4）装货上车前，应由仓储人员与司机共同会点无误后放行。

（5）卸货后单品逐项点交后，由门店签收。

（6）若发生错误时，由运输人员全权负担，并于下次送货时补送所需的货品。

7．紧急配送作业

（1）如遇连锁店紧急订货时，如属小量订货，由营业部协调临近门店进行调拨；如无法调拨或需求量大时，由仓储科协调司机进行配送。

（2）紧急配送酌收运费。配送车队规划需注意以下两点。

1）货品的配送原则上由公司车辆进行。

2）考虑经营效率，车队可注意下列组合（见表12-3）。

表12-3 车队配送组合优缺点

组合方式	优　点	缺　点	说　明
公司车 公司人	1. 配送质量易掌握 2. 短期成本低 3. 企业形象 4. 可配合公司政策	1. 长期的粗重工作难接受 2. 长期成本高，风险大 3. 车辆损耗大	有助公司发展整体物流系统
签约车 签约人	1. 风险转嫁 2. 配送效率高，可接受较高难度的工作 3. 车辆维修较佳	1. 配送质量较难控制 2. 易发生危机 3. 管理成本较高	专注公司发展，配送委由专业运输人员执行
公司车 签约人	1. 可部分转嫁风险 2. 配送效率高，可接受较高难度的工作 3. 车辆使用较小心 4. 不影响企业形象	1. 配送质量较难控制 2. 易生危机	解决人力资源不足现象
签约车 公司人	1. 机动性高，可适时调整公司的配送能力 2. 减少车辆的维修保养成本	临时性车辆取得不易	因季节性或偶发性原因使运量突增

8．配送路线规划

（1）路线由组长于每日出货时安排。

（2）路线要做成路线网，才能掌握每条路线的安排是否恰当，新增的连锁店加入时，也能安排妥当。

（3）原则上每条路线所跑的距离应尽量相近，以提高服务效率。

9．空篮回收

（1）司机于销货单上记载出货及应回收的空篮数，并将每天进出的篮数依据店别登记于空篮使用统计表。

（2）回收前次送出的篮数时，若回收篮数不正确，即于回收时说明原因，若遗失，须由门店赔偿，空篮禁止借用。

10．库存管理

（1）每一单品引进后，须由仓储人员设立存货卡。目的在于记录该货品的储位、大小、特性、供应厂商、每批采购量等。

（2）库存管理标准如下：

1）安全存量=3 天×每日出货量

2）最高存量=（9 天×每日出货量）+安全存量

3）最低存量=（领先时间×每日出货量）+安全存量

4）请购量=最高库存存–安全存量

（3）货品人库，有效日期以不超过原出厂日期 1/2 为原则（例外情况由采购人员检定通知）。

（4）储存区的货品在进货时，用有颜色的笔在纸箱上标记，而每个月使用颜色不同的色笔，以利检货人员迅速辨认，并做到先进先出。储存区的货品存放方法如表 12-4 所示

表 12-4　储存区的货品存放方法

红　色	蓝　色	绿　色
1 月	2 月	3 月
4 月	5 月	6 月
7 月	8 月	9 月
10 月	11 月	12 月

（5）货品进仓即应定位，并于各储位设立广告牌，将货品的名称或代号标明，以利寻找与归位。

（6）每日对存货做盘点，未来货品增加时，可分区盘查。

（7）储区内应限定仓储人员出入，以确保管理，并做好整理整顿，保持清洁及设备、货品定位。

（8）商品保存检核重点。

1）温度、湿度控制。

2）通风良好。

3）防漏、排水。

4）防鼠、防虫害。

5）重的货品尽量放置在低处。

6）栈板台上货品高度及重量要符合规定。

7）以胶带网住货品，以保持稳定性。

12.5 案例：沃尔玛公司的物流中心

作为美国最大的连锁公司，沃尔玛仅在美国就设有30个配送中心，这些配送中心只为本公司所属的连锁店配送商品，不接受其他商店的订单，也不实行独立核算。

连锁店铺将订单传递给临近的配送中心，配送中心汇总后报公司总部，商品由公司总部向工厂统一采购，店铺将货款汇至总部，由总部与工厂结算，配送中心不负责货款结算。

沃尔玛创立之初的战略，是以折扣店的形式服务中小城镇居民的购物需求。当时由于商品生产者和批发商大多服务于大城市的居民，而沃尔玛的折扣店往往集中在小城镇，这导致沃尔玛的配送成本偏高，不能履行其经营宗旨，即“天天平价”的战略。

为了降低配送成本，沃尔玛决定通过建立配送中心自己完成商品的配送功能，第一个配送中心为半径150~300英里的175家商店配货。

从20世纪70年代开始，沃尔玛着手建立配送中心，当时它就用了两项最新的物流技术，即交叉作业和电子数据交换。供货商将货物运到配送中心，配送中心根据每个店铺的需求量对货物进行重新打包。沃尔玛的价格标签和UPC（统一产品码）条形码早已经在供货商那里贴好，服装类商品都已经挂在衣架上。货物在配送中心的一侧作业完毕后，被运送到另一侧准备送到各个店铺里。也就是说，货物从“配”区运到了“送”区。配送中心配备激光传送带，有数英里长。货物成箱地被送上传送带，运送过程中激光扫描货物箱上的条形码，这样，这些货物箱就能够在庞大的配送中心找到将要装运自己的卡车。由于不必存货，沃尔玛每年都能节省数百万美元的费用。到了 20 世纪 80 年代早期，沃尔玛通过计算机用 EDI 不仅将自己的各个店铺与配送中心连接起来，而且把自己与供货商连接在一起。

沃尔玛还购买了一颗专用卫星来传输公司的大量数据。由于使用了配送中心和 EDI，沃尔玛在 1992 年的配送成本低于其销售额的 3%，而其竞争对手则高达 4.5%~5%。这意味着沃尔玛每年比竞争对手节省下 7.5 亿美元的配送支出。

更重要的是，由于使用了 EDI 和配送中心，货物和信息在供应链中始终处于快速流动的状态，提高了供应链的效率。例如，如果你在沃尔玛的一家连锁店里购买了一件某种品牌的粗布衬衫，由于这种衬衫的供货商的计算机系统已经与沃尔玛的计算机系统连接在一起，供货商每天都会到沃尔玛的计算机里获取数据，包括销售额、销售单位数量、哪个店铺、库存情况、销售预测、汇款建议等。沃尔玛系统会向供货商提供这种衬衫在此之前 100 个星期内的销售历史记录，并能跟踪这种产品在全球或者某个特定市场的销售状况。而且，这种衬衫的销售数据只提供给生产这种品牌衬衫的供货商。此后，供货商根据订单通过配送中心向沃尔玛的商店补货。从下订单到货物到商店，这段时间是 3 天，而在 20 世纪 80 年代中期，这个过程需要 1 个月的时间。于是，人们将其称为快速反应系统。

随着时间的推移，沃尔玛配送中心变得更加自动化、复杂化。今天的配送中心有 120 万平方米，如此大的空间完全可以容纳 27 个美国足球场。它不仅大，而且还采用了最先进的物资和商品目录控制法。同时，它采用了“十字入船坞”的技术，使大量的商品从这边运进来，在调配的另一端直接出货，最终进入商店，无须存放在货架上。

1. 商品进度管制

沃尔玛要求它所出售的每件商品都有售货条形码，从工厂运货来的卡车要进配送中心的接收一端。货箱被卸下来后放到高速传送带上，这个传送带要经过能阅读条形码的激光扫描。最后，商品按照不同商店的要求被已等候在物流中心另一端的运货车运走。几乎所有的沃尔玛商店每天都有进货。商店一天就能卖完一些商品，应顾客的预约第二天必须进货。因为配送中心高度复杂的进货走货渠道和条形码允许的分配制度，使得所有商店的进货都很顺畅。

2. 控制损失

记录表上所显示的损失，与实际商品目录表所显示的损失是不一样的，少量的损失归因于正常的磨损和不适当的管理，大量的损失来自顾客或雇员的偷窃。如果不控制，损失会抵掉公司的盈利。相反，如果严格控制损失，公司的纯利还会有所增加。

沃尔玛采取了一系列措施控制损失，在商店的天花板上安装监视器，可以监视整个商店的活动。除此以外，更重要的就是公司和员工签订合约，如果他们共同努力把损失控制在一定的目标水平上，每个合作者都会在年底得到一笔奖金，以奖励他们的努力。

3. 卫星联系

沃尔玛还拥有自己庞大的运输车队，每辆卡车配备一台小型计算机，通过卫星与总部保持联系，总部可以通过全球定位系统得知每一订单货物所在的位置。

由于沃尔玛在中国的供货商数目多、规模小，还很难完全与这些供货商实现电子数据交换。虽然这种技术能够同时降低零售商和供货商双方的成本，目前的实际情况是，沃尔玛只能与宝洁这样的跨国公司实现电子数据交换。所以它只建了一个小型的配送中心，在技术层面上没有美国那么高，相应地它的配送成本也比美国高。沃尔玛在亚洲的经营规模还没有达到一定的程度，因此即使建立一个现代化的配送中心，如果物流供应链的其他环节的效率得不到改进，那么配送中心不但无法降低成本，反而会增加物流费用。这种现代化的配送中心的投资额一般在 8 000 万美元左右，在能够支持 100~120 家店铺的时候，才能够呈现出它的规模效益。沃尔玛物流配送中心代表了目前美国物流管理与技术的最高水平。

第 13 章

连锁业的信息管理系统

13.1 连锁店的信息管理系统

连锁企业整个信息管理系统由总部信息管理系统、配送中心信息管理系统及连锁分店信息管理系统三大部分组成，涉及销售、库存、进货、应收款、应付款、合约、数据传输、数据汇总、信息、办公行政等许多方面。

13.1.1 总部信息管理系统

连锁总部是经营管理的决策部门，主要负责商品的采购、定价、财务、批发、调拨等工作，并通过网络查询及汇总各个连锁店的销售状况、库存情况及配送中心的库存情况等信息，系统及时生成各种报表供经理分析，以制订新的工作计划。具体包括以下内容。

1. 基本信息管理

可建立、修改并查询企业、部门、各个连锁店、往来顾客编码等信息；可进行员工档案的管理、员工的密码管理、权限管理及商品价格管理。

2．合约管理

合约管理包括总部和供货商的合约管理。进行合约的录入、修改、查询，并能根据实际供应情况分期、分次查询管理合约的执行情况。

3．进货管理

可进行商品进货单的录入、修改、查询、打印，并通过审核生成入库单转入配送中心，再经配送中心审核入库。系统可通过进货单的处理自动生成针对特定供货商的累计进货额、累计结算额和应付金额等。

4．应付、应收管理

针对进货顾客和批发顾客付款情况，系统自动生成应收或应付信息和对账单，并且顾客可随时查询应收、应付信息。

5．批发销售管理

批发销售可由总部统一处理，可进行销售单的录入、修改、查询，并通过审核自动生成出库单，再转入配送中心审核出库，同时进行销售结算处理。

6．财务管理

通过财务人员日常的凭证处理，系统自动生成明细账、总分类账、资产负债表和损益表等常用的会计报表。

7．物流处理

处理连锁分店日常的补货要求、实现配送中心生成商品配送通知以及连锁分店间的商品调配等功能。

8．数据传送管理

向配送中心传送商品变动信息、商品进货情况、商品批发销售情况、商品配送信息及连锁店的退货信息等，同时接受配送中心向总部传送的信息，如库存情况、连锁店配货情况、报损情况等。

13.1.2　配送中心信息管理系统

配送中心信息管理系统是以商品的物流管理为对象，以商品的到货、验货、库存、配送和出库为内容的信息管理系统。其功能主要表现在以下几个方面。

1．入库管理

入库管理主要包括进货开票及审核入库、进货结算、预付款管理、进货查询等功能。

2．出库管理

出库管理主要包括货物配送、货物调拨、货物退出及货物赠送等功能。

3．库存管理

库存管理主要包括货位管理、调拨管理、出库开票、入库开票、盘点管理、报损管理、库存查询及库存的报警管理等功能。

4．零售管理

零售管理主要包括零售开票、零售查询、零售结算等功能。

5．数据传送管理

数据传送管理包括接受总部传送的商品变动信息、商品进货情况、商品批发销售信息情况、商品配送信息及连锁店的退货信息等。同时，向总部传送信息如入库信息、销售信息、库存盘点信息、退货信息等。

6．系统功能

系统功能包括登录口令的设置和口令的更改，登录人员及其权限设置等功能。

13.1.3 连锁店信息管理系统

各个连锁店是整个连锁店组织实现利润的现场经营者，它除了要进行日常信息的处理外，还要及时传送相应的信息，使总部能了解实际的销售库存情况，以便做出相应的决策。

根据连锁店的特点，它的管理系统可分为两大部分，即前台零售管理系统和后台管理系统。

1．前台零售管理系统

前台零售管理系统是商品销售数据的最初来源，是商品价值进行交易的过程，主要执行商场的日常销售、退货业务、收款处理。另外，系统应对前台零售员工的权限进行严格限制，以防错误信息进入系统以及其他蓄意破坏的行为发生。

2．后台管理系统

（1）基本信息的管理：主要包括商品信息和分店员工管理，主要完成录入、修改以及查询，还包括对员工密码的修改。

（2）入库管理：将配送中心的入库单审核入库，并可随时查询入库单。

（3）库存管理：主要包括调拨管理、报损管理、报警管理及盘点管理等功能。

（4）零售管理：进行零售日结，汇总前台的日销售信息，实时查询收款数据，并可随时将查询情况生成销售分析图，如日报、月报、年报等。

（5）数据传送：向总部传送信息，如库存盘点情况、报损情况及销售情况，接受配送中心配送信息等。

13.2 连锁店信息管理系统的效益

每家连锁店的经营状况不同，对于自动化的需求也不一样，在导入信息管理系统时，要考虑的因素相当多，如自动化系统的成本、人力需求、所需耗费的时间及作业流程配合等，如此才能知道导入此系统是否能产生最大的效益。

要判断是否导入此系统，首先要了解连锁店信息管理系统能产生什么效益。

1．货账处理一元化

在实行计算机一体化作业的连锁店中，有经验且有心得的资深店员皆深知盘点、调拨、退货、补货等之间互动的关系，但有时借着反向操作所呈现出来的结果却是不实的账目数，而导入信息管理系统后，就能起到立竿见影效果，那就是货账处理一元化。

2．收银作业效率化

连锁店对于前柜收银台 POS 系统规划的第一关键步骤是，即使兼职的收银人员在未经完整培训的情况下，也可正确的操作，目的在于降低人为的错误。

3．减少新手的依赖度

除了收银作业之外，商品订货也是一门学问。传统的零售业者全凭人为经验订货，但如果人员异动，则作业会受到很大影响，计算机化则可有效地解决这一问题。

4．顾客信心的建立

使用 POS 扫描系统，有很高的可信度，这将有助于提升顾客购物的信心。

5．适时调整商品结构

依据实时的一手资料，有助于商品结构的调整与进、补货的作业。

6．盘损比率合理化

有效利用计算机得出的各项数据，准确地利用数据管理，则可有效改善盘损问题。

7．控制缺货比率

可在相同的库存水平之下有效地改善缺货现象。

8．订货作业效率化

订货必须具备一定的经验，才能有效地进行商品订货的作业，进而达到主动配货的程度。

9．经济规模的达成

正确的运用信息系统，有助于商店实力快速的壮大，以达到一定的经营规模。

10．实时提供经营指标

提供表 13-1 所示的数据，有助于决策支持。

表 13-1　开店需要了解的数据

盘损比率	缺货比率	库存比率
周转比率	坪效比率	人效比率
达成比率	毛利比率	成长比率
退货比率	来客数	平均客单价
交叉分析	畅滞销分析	损耗比率
商品营业配置比率	降价控制比率	客诉比率
顾客临店比率	补货效比率	促销特卖比率

续表

费用比率	商品代谢比率	同业价卖比率
设备使用比率	VIP 呆账比率	DM 退件比率
重点促销成长比率	客层分析	时段分析
价格带分析	专柜商品比率	

13.3 建立信息管理系统的事前作业

13.3.1 连锁业信息管理系统的特点

连锁业信息管理系统的规划与建立有一定的模式，其与一般零售业有相同及相异之处，其特点有以下三个。

1. 作业标准化

很多公司在导入信息管理系统时都疏忽了作业标准化这一过程，因此形成日后自动化过程中相当大的困扰。如果连锁企业在作业中缺乏一定的思考逻辑，对事务没有一定的决策模式，甚至在一般例行的作业如进、销、退、存的管理上都没有一定的标准可循，则更谈不上计算机化或自动化管理了。在此状况下，导入信息管理系统会引起公司作业混乱。

2. 流程效率化

作业标准化建立以后，更进一步当然是要检查现行的流程是否效率化，也应在制度中融入一些管理的理念，而非仅仅把现行的人工操作导入计算机系统而已。

3. 全面自动化

建立信息管理系统的最终目的就是全面自动化。

13.3.2 导入信息管理系统的事前准备作业

连锁店在导入信息管理系统之前的作业，不论是在连锁总部管理或监督内部运作方面，还是在直接建立与物流中心、连锁店或与供应厂商之间的关系方面，最终都是希望能建立更方便、更迅速的运作系统。在导入信息管理系统之前有一些必须注意的事前作业。

1. 制定明确标准的格式

导入信息管理系统之前，必须制定的标准有计算机系统和计算机内文件的格式。

在计算机信息科技广为大众所使用的同时，计算机系统缺乏标准已被视为缺憾之处。对 EDI 而言，问题就在于各个公司可能会使用不同的计算机系统，即使使用了相同的计算机系统，其文件也可能使用了不同的格式。所以必须先把连锁企业组织内的标准明确地制定出来。

2. 建立物流中心和供应厂商间密切的合作关系

这种必要的合作关系让整个连锁系统的各企业对处理业务有着更多的了解，进而培养出更好的合作关系。

3. 网络中心的参与

连锁店信息管理系统的发展极需网络中心的参与，以从事新文件标准制定，以及两公司之间通信线路的准备订立、维修与更新，这些都需要专业团体的参与配合。最重要的是有两公司之间数据传送的媒介，即网络中心。

4. 重新分析工作的方法

在迈向连锁店自动化的过程中，重新分析、检查原有的工作方法，以追求合理与简化，是计算机应用时最大的贡献。计算机化的结果可以把许多不必要的手续、单据删除。

5. 需要更多开放性，并且尽量降低隐秘性

系统的发展与成长是很重要的，尤其涉及了各式文件的内容与格式的新标准，因此必要求参与者持开放性配合态度不可。管理人员更应鼓励公司遵循并善加利用这些标准，以达到活络市场的效果。另外，使用系统必须降低公司的隐秘性，管理人员须对此方面的风险加以考虑。

6. 必要的教育培训

连锁店与物流中心或供货商之间可能有不同的目标，因此教育培训是绝对必要的，而且可能需要付出足够的耐心与诚意，才可以达成彼此的共识。

13.4 连锁店导入电子订货系统

电子订货系统（Electronic Ordering System，EOS）是指结合了计算机与通信方式，取代传统商业下单与接单及其相关运作的自动化订货系统。

由于顾客购物形态逐渐趋向多样化，连锁店为了满足此需求而使用 EOS，达到少量多样化的订货方式。其主要传送方式是在连锁店内所发生的订货数据，在该发生地点输入，并通过已经通信的线路，联机传送到连锁总部、物流中心或供货商的手中。

目前，EOS 的运用已由传统的订货传输，扩展至各类文件、窗体，以及新产品通告、销售排行榜等信息传输上。

连锁店运用 EOS 的架构如图 13-1 所示。

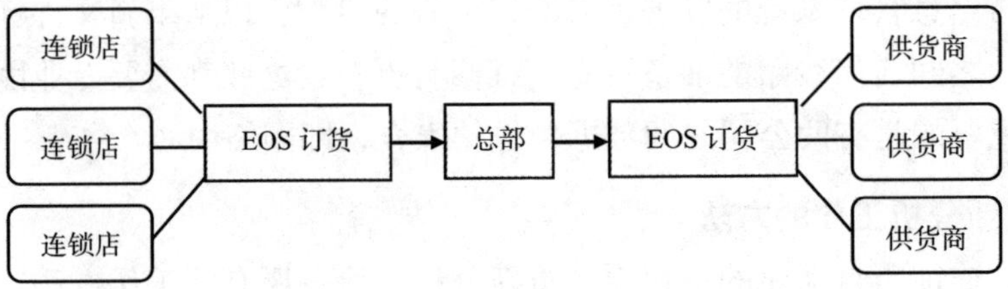

图 13-1　连锁店运用 EOS 的架构

13.4.1 建立运作环境以改善连锁经营管理

为了正确、有效地运用 EOS 处理商品订货，必须先创造出适合使用此订货系统的环境。因此，要以 EOS 来改善连锁店的经营管理，必须要做好下列的事项。

1．清楚掌握库存状况便于订货

为达到此目的，可以在货架标签或订货簿上注明商品的订货点及标准库存量等订货作业信息，此举可以让订货简单化，员工能轻易操作。

2．定期整理商品清册、货架标签和订货簿

由于商品经常汰旧换新，连锁店内的商品清册、货架标签和订货簿也须定期整理、维护及更新，避免因长期累积增加业务的麻烦。

3. 决定商品管理基准

商品管理基准是各连锁店内经营管理的指标，也是使用 EOS 订货的目的。因此，商品管理基准的设定是走向标准化的第一步。

4. 勤于货架的整理

为了能够正确、有效地进行每日的订货作业，连锁店人员应经常整理陈列商品的货架，这是一个先决条件。

5. 实行货架空间管理

商品方面，必须适时地替换商品，将畅销品放在醒目的地方，并汰换滞销品。另外，随时增减货架空间，可以减少商品在仓库中的库存量；同时也可以减少商品在货架上的陈列空间，将多出来的空间让给更多的商品，以增加营业额。

6. 管理制度的建立与教育培训

商店的管理人员应该指派订货人员且随时给予所需的支持，并在管理上予以配合，使得订货人员能够依照规定，方便地进行订货作业。

13.4.2 连锁体系导入 EOS 的事前准备作业

1. 订购簿的设计与维修

订购簿完整性的设计与运用，可以说是 EOS 成功与否的关键，否则虽然不断地追求高效率的订购业务，但由于对订购簿的维修不够周详，也就无法发挥 EOS 的真正价值。

2. 标准化的订购业务

这点是相当重要的，订购业务不加以整理或没有加以标准化，会发生无法了解系统已经自动化到什么程度，或者对于数据如何处理和运用模糊不清的现象。

3. 货架标签的管理

订购商品时，可以在连锁店卖场中的货架标签上直接检查订购所需的数据。

4. 手册的编制

为了有效运用 EOS 系统，手册的编制是不可缺少的，大致可分为两种：一种是从系统设计的、整个流程到商品的管理与价格变更的运作手册；另一种是以机器操作为中心的操作手册。

5．商品代码设计

在商品管理系统中，针对商品而言，需要各自的商品代码，以应对管理目的的需要。经营者使用依商品分类体系的公司所设定的代码，或者使用共通商品条形码的 CAN 系统。

6．各部门的协助

伴随着新系统的导入，在系统变更的时候，需要连锁总部内各部门的协助。总部内部不只是负责联络文书，更要成立 EOS 导入委员会中心，对各部门举行说明会，以求达到协助支持的效果。

13.4.3 连锁体系导入 EOS 的步骤

1．初期准备

（1）必须先决定 EOS 的商品对象，因为一家连锁店的商品有上千种，有时甚至上万种，如果要一次全部导入 EOS，所需要的人力、物力将相当大，而且效果也可能不是很好。

（2）订货作业分析是针对不同的商品群，分析其商品订货特性，如最小订货量、基本订货单位、订货频率、厂商送货能力等，从中分析各项商品的订货作业，选择最具效益的订货方式。

（3）各种商品码类别必须确定，因为在分店内所使用的代码种类非常多，如商品码、部门码、分类码等，各种代码的使用会依各企业的管理模式不同而有所差异。为了使商店管理所需的分类码和部门码具有扩充性及简单明了，并且让分店的作业越简单越好，各种商品码类别必须加以确定。

2．召开供货商说明会

连锁企业要导入 EOS 之时，和供货商的配合也是相当重要的一部分。尤其是连锁店分布的范围很广，有时更需要供货商的支持。因此，导入前要召开供货商说明会，说明各分店导入 EOS 的时间、联机顺序，以及各连锁店与供货商在送货单的使用和签收请款上的流程。这些准备工作做得好，才能确保 EOS 导入的成功。

3．初期登录作业

若连锁店与供货商之间的商品交易表确实能够登录完成，就代表 EOS 的导入已经完成一半以上了。

13.5　连锁店导入 POS 系统

13.5.1　POS 系统对连锁店经营的好处

所谓 POS（Point of Sale），是指销售时点信息系统，是连锁企业为了掌握住最具时效性的销售信息，确实了解每家连锁店在每个时间段的销售情况，以便迅速调节库存量与采购量，发挥物流绩效，并分析何项商品为畅销品与滞销品的系统。

POS 的基本原理，是将连锁店后台所建立的商品文件的各项数据，如品名、规格、价格、商品条款码等数据输入前台的收款机。因此，柜台收银员只要用扫描仪扫描商品的条形码，或者自行键入商品代号，就可以将每笔销售的数据记录传输给后台计算机。各连锁店经由 POS 传回来的销售数据，计算机可以计算许多经营数值，以提供给管理人员做决策。

1．商品管理

商品管理是指做畅销品分析和滞销品分析，随时调整货架上的商品摆放，以最有限的空间做最有效的使用，并适时改变陈列场所、陈列数量、价格设定和促销企划等，使销售方法更有效率。

2．促销的分析

利用POS资料来分析，可以有效地执行促销的企划工作，并依据商品的特性，判断哪些商品需要促销。

3．利用 POS 数据自动下单

利用 POS 系统可以收集商品存货数据而产生订货建议，再利用 EOS 向物流中心下订单。如果订货建议能再加上商品销售动向及季节性等因素来加以调整，将有更好的效果。

4．顾客管理

通过计算机对信用卡或贵宾卡加以分析利用，可以掌握顾客的购买动向，并且及时补充符合顾客需求的商品，以及发行适当的广告。

5．员工管理

从POS系统中可以收集员工工作的排班表及结账数据，这些数据可以用在人手调配及时间排程上，或者作为员工教育时机的重要参考。

13.5.2 连锁店如何导入POS系统

1．连锁店必须具备的条件

（1）人才的培育。培育连锁店自动化人才，是分店导入POS系统前不可缺少的课题，因为不具备人才，就算有再好的系统也无济于事。国内连锁店在迈向自动化领域时，尤其要加强教育体系的培训部分。

（2）商品条形码。要引进POS系统，最先考虑的就是商品条形码的普及及正确性。有些商品上没有条形码，则连锁店销售人员须贴上条形码，给工作带来不便；有些条形码制作粗糙，造成前台收款机无法扫描出正确的销售款额。

（3）硬设备更新。更新或改善硬件设备，如计算机、收款机、扫描仪等，都必须在经济效益和财务状况的考虑下适时地新增或改善。

（4）传票格式标准化。只有把传票的格式标准化，才能够减少操作人员作业错误的机会。如果每家供应厂商都有其各自的传票规格，将使操作人员在输入时太过复杂，增加作业错误的概率。

2．连锁店导入POS系统的执行步骤

（1）将连锁分店货架上所陈列待售的商品逐一条形码化。

（2）顾客将商品拿到结账区时，柜台收银员通过扫描仪快速读取商品上的条形码。

（3）扫描仪读取商品条形码数据之后，销售的信息会立即输入柜台的收款机。

（4）柜台收款机及其所连接的计算机主机内早已建有商品号码、名称、进售价、库存量等数据，并以号码为依据，自动地检索出商品名称及价格等，再传送至收款机，并在计算机商品主文档上自动变更该项售出商品的库存量。

（5）柜台收款机则立即将商品名称、代号及价格等相关数据打印于发票上。

（6）营业结束后，由计算机主机的软件程序系统可将当日各项商品事务数据集中处理后，打印出各种管理报表，并将数据传输至连锁总部的计算机系统。

13.6　案例：日本便利商店的物流配送

日本 7-11 公司当零售商店超过 1 000 家之后，它才逐渐掌握了强而有力的供货系统的主导权，主要原因是业绩提高以后，厂商也因此获利，而且明确地看出其将来无穷的发展潜力。同时，“共同配送”的崭新送货方式，也逐渐走上了正轨。生乳、乳制品、生啤酒、便餐类、米饭、三明治、菜肴、纳豆、豆腐、洋火腿、加工肉品等商店，都运用共同配送渠道将商品送到各商店去。由于这些商品的加工厂、生产厂家都不相同，所以在配送的时候，必须先将货物集中到一处，加以分类整理后，混合装入一辆车内，按照规划的配送路线，送到指定的零售商店。这种共同配送的方式，超越了传统批发配销经营者的业种区分和业界惯例。例如，在食品批发商“明治屋”的配送线路上，搭载了“中古车情报”的杂志。在每日配送色拉、盐渍食品的车辆内也载送照相胶卷，以及连锁店接受顾客委托处理的冲洗照片。这种混合各种商品的共同配送方式，大幅度缩短了订货到交货的时间。

共同配送的优点在于各个厂商无须自选处理商品分装或高度配送车辆。只要将商品送到共同配送地点即可。从整体成本分析，这种共同配送统一处理分装作业及高度配送路线的做法，非常合乎经济效益原则。

7-11 零售商店能在短期内获得令人瞩目的成就，这种共同配送体系的开发和建立，是最主要的成功因素之一。最新的共同配送方式，不再仅限于“交货频率相同”的商品，配送的条件也加进将“温度相同”的货品放在一起，也就是将必须冷藏运送的不同产品混装在同一车辆内。经过日本大藏省的认可，7-11 在运送牛乳的车内装载了生啤酒的酒桶。对于零售商店而言，如果在进货时就获得冰冻的商品，一来可节省能源，二来顾客也可以买到立即饮用的冰凉饮料，使零售商店具有取代家庭冰箱的功能。7-11 一方面要加强对连锁店的服务，另一方面必须降低成本，这不是一件容易的事情。例如，为了保持更便当的新鲜和风味，就必须每天送两次货，有些地区甚至得送三次货。这种高频率的补货方式，在市场竞争中，成为制胜的关键。

由于该公司建立了从订货、运输到交货的完整系统，使供货厂商获得了足够的业绩和利润，同时又降低了成本，因此才能有效地在市场上掌握竞争主动权。这种超越业界常规的共同配送、混载系统在实施当初，曾面临许多问题。其中最大的困难在于厂商抱着陈腐的观念不放。为了让厂商接受这种崭新的配送方式，该公司只有通过有理论根据的解释，以及实际效果的证明，才能说服厂商合作。至于共同配送网点的设置，则利用各地区供货厂商的仓库或配送中心的多余空间，加以投资建设而成。因为厂商已经接受 7-11 的经营理念，所以虽然将原有的建筑物扩建为 1.5 倍，但是只要工作量增为 2 倍，就可提高经营效率。该公司已在各开店地区设置了共同配送网点。7-11 本身并没有设置配送中心，也没有配送车辆的人员，所有对连锁店的供货和作业，包括实施共同配送所需的仓库、配送站、配送车等设备和人手，都是供货厂商负责执行，总部只是向连锁店推荐供货厂商。

7-11 与一般的连锁企业或单纯的批发商截然不同。该公司的业务是持续地开发出最适合厂商、批发者、连锁店三者之间的供需营销系统。因此该公司并非属于商品供应业或流通业，而是属于系统产业或软件企业。它通过高度的计算机系统，以及经过组织化的庞大连锁店铺网，形成精致细密的信息网络，却不必拥有配送中心、仓库、配送车辆及相关人员等有形资产，而是将厂商、批发经营者加以灵活运用，结果获得极大的成果。

随着社会的进步、形势的发展，现在，许多物流中心不仅拓展服务项目，为顾客提供更多、更好的服务，有的配送中心还派人到生产厂家驻点，直接为顾客发货。越来越多的生产厂家把所有物流工作全部委托配送中心去做。与此同时，配送中心还与顾客保持紧密联系，及时了解顾客的需求信息，在沟通厂家和顾客之间，配送中心起到了桥梁作用。

对于物流配送中心来讲，在当今社会中，服务质量和服务水平正逐渐成为比价格更为重要的选择因素，所以，一流的服务应该成为每个连锁企业不懈的追求。

第 14 章

连锁业的促销活动

14.1 连锁企业促销的目的

由于厂商多，顾客可选择的机会相应提高，再加上竞争激烈，商店的竞争也日趋激烈。

连锁经营是由总部与店铺两大系统的协调运作而完成的，总部运筹帷幄，统筹所有有关商品、管理的相关作业，以便支持在最前线的店铺的销售行为。总部犹如人的大脑，店铺犹如人的手足，大脑的思维将影响手足的行动，手足的反应也会刺激大脑，因此总部与店铺如何协调以发挥最好的功能，必须有一套系统运作模式。

连锁店天天接触的是末端顾客，市场的竞争更为激烈，促销所肩负的责任就更为重要。

在连锁店经营活动中，促销的目的可分为提升营业额、经营商圈、增强企业整体活力、加速商品回转四个方面。

14.1.1 提升营业额

营业额来自来客数与客单价，而影响来客数与客单价的因素相当多。顾客在决定是否进入店铺或是否购买商品时，决策的模式相当复杂，有单纯理性型、单纯感性型、理性感性混合型。一般来说，提升营业额可通过以下几种方法。

1．增加来客数

顾客不上门，生意就没得做，所以来客数是影响店铺业绩最重要的因素。促销可以带来人潮并吸引其入店，增加购买的客数。

2．提高客单价

如果来客数短期间无法增加，或者顾客群过于集中，则促销的诱因可以促使顾客多购买一些商品或购买单价较高的商品，以提高客单价。

3．刺激游离顾客的购买

游离顾客进入店铺时，并未预设是否购物的计划，因此可经由促销活动，刺激游离顾客的冲动购买行为。

14.1.2 经营商圈

连锁店的经营具有商圈地域性，为了维持老顾客并开发新顾客，商圈内必须实行商圈经营计划，辅以促销策略的运用，以保住顾客、创造业绩。

1．对抗竞争店

商圈内竞争店对于顾客经营的保卫战已日趋白热化，有时为了争取顾客经常上门，必要的促销成为一个很好的战略。

2．活络卖场气氛

店铺重视人气，卖场若有活络的气氛，代表人气旺盛，顾客也比较愿意上门，有计划性的促销活动除了可以提升业绩之外，也可活络卖场气氛，使之成为商圈内顾客乐于上门的商店。

14.1.3　增强企业整体活力

企业活力是经营不可缺少的要素，有活力的企业给顾客一种信赖感，给企业员工一种发展的信心，连锁店直接接触末端顾客，更需要创造出有活力的形象。

1．强化连锁企业的形象

连锁店与单店最大的不同点在于，连锁店可塑造连锁企业的形象，使顾客对连锁店有一定程度的认知，所以结合公关形象的促销活动，可以建立及强化连锁店的企业形象，提高知名度。

2．提升营业人员的士气

营业人员的工作琐碎而繁重，部分管理性工作日复一日地重复着，难免会有工作疲乏的现象，若再遇到业绩衰退，营业人员的压力增加，工作士气低落，容易失去斗志。因此配合促销的举办，可以缩小营业重点，找到工作重心，对于营业人员士气的振奋有相当大的帮助。

14.1.4　加速商品回转

商品是连锁店的命脉，良好的商品回转会带来良性循环。因为单店新鲜的商品往往给顾客留下好印象，也会对连锁店带来口碑相传的免费广告。一般而言，加速商品的回转可从三方面着手。

1．新商品上市的试用

所谓“不怕货比货，就怕不识货”，新商品的推出必须有顾客试用，才能找出商品在顾客心目中的地位，快速地进入市场。除了以广告告知外，可以利用促销活动来鼓励顾客试用。

2．加速滞销品的销售

滞销品会造成顾客对于商品本身产生疑虑，长期之下对连锁店产生不良的影响。加速滞销品销售的方式很多，如对滞销品进行促销来加速其回转。

3．库存的出清

对于有时效性的商品，如换季品、将逾期品、节庆商品或旧型商品，促销可助其库存出清，以免造成资金积压或损失。

14.2 连锁企业常见的促销方法

随着竞争白热化，促销方法不断演变，各种促销创意不断推出，千奇百怪，令顾客怦然心动。以下是连锁店常用的促销方法。

1. 分色折扣

分色折扣，就是不同颜色标签有不同的折扣数。也就是利用各种颜色来区分商品，表示不同折扣。连锁经营大多是采用“万国牌”方式，也就是集合各家品牌。因此，不同商品其毛利结构也会不同。所以，如果只是单一折扣数过高，会让顾客没有感觉。因此，对于不同商品以不同颜色来做折扣区分，则可避免此弊端。

2. 七折八扣

七折八扣以商品类别作为折扣制定的依据。换言之，根据不同的商品定出七折八扣或采取更低价的方式，是折扣战的一种。

3. 逐日折扣

逐日折扣是依日期来设定折扣，其主要分类也是以商品为主。通常为求震撼力，某些经营者会用 54321 逐日折扣的方法，来作为吸引顾客的手段。一般来说，逐日折扣的效力极大，对顾客极具吸引力。

4. 降价

除了折扣战略外，还可利用“超低价”、“震撼价”等直接降价方式吸引顾客。然而由于一般的降价措施通常数量有限，因此连锁经营者都会有限量供应的措施。为了控制数量，经营者会发行印花券，持印花券者才有权购买此商品。如果所谓大降价的价格下降幅度并不震撼，或者顾客根本没有感受到，那么此降价根本无法奏效。换言之，唯有有效的降价才能真正吸引顾客。

5. 组合式购买

组合价则是另一种价格战的方式。最常见的为快餐连锁经营者常推出的经济餐或套餐式的组合。此种套餐式的组合对于高峰时间的来客群体有极大的诱惑。

当部分经营者在产品同构型高的情况下，也常以组合餐特惠价的超值策略来抢食其他竞争者手中的大饼——当然是为了推广某项新上市的商品。

经营者也可以用此组合价的方式，让顾客以较便宜的价格使用此商品，以此种方法来拉进顾客对新产品的接受度。

6．折价券

利用直接折换现金的方式刺激顾客购物，在顾客贪便宜的心理驱使下，折价券对于购物意愿刺激最为直接。

对连锁业者来说，折价券就如同现金；另外，折价券另一长处在于能迅速递送至大多数潜在顾客与既有顾客手中；再者，折价券也可协助增加既有顾客的购物量。因为在相同产品及比较利益之下，顾客会选择有优惠的折价促销。

折价券除了针对所有商品都可折换的方式外，商品红利及现金红利则是此战术的衍生。当连锁经营者都推广某项商品时，可针对特定商品标上红利××元折价券，作为鼓励其下次购买之用，以增加顾客上门的次数。

现金红利则要提高顾客单价折扣，其主要做法是在购满×××元就送同现金×××元的红利券，于下次消费时用。

7．以旧换新

通常，当连锁经营者推出新产品或要推广某一类型产品时，可采用此法。所谓以旧换新，是指带旧品来买新产品，则可折价一定金额。此种促销方式对于扩大消费层帮助颇大，尤其可以吸引不同品牌的使用者，增加潜在顾客的购买力。而至于旧品的处理，则可在稍加整理后，运用公益营销或转赠慈善机构。

8．一元万能

“一元万能”指顾客以一元即可买到超值的商品。此项活动通常带有一定的设限。也就是说，并不是每位顾客都可参加此活动，而是必须消费满×××元以上才有资格。此举主要是利用此活动来提高成交客单价。

“一元万能”可分为两种方式：一种是为了制造现场惊喜感与热闹气氛，连锁经营者会在店内特定地方放置各项超值赠品。赠品可以是门店本身的滞销品或日用品。然后，再依先后次序轮换商品。另一种是以一元购买一个红包袋，袋内装有各项赠品明细，个人凭运气抽取商品。通常，红包袋内为家电券、折价券或赠品券等。

9. 每日一物及限时抢购

每日一物是指每天推出一项特卖商品作为促销期间的领路货。限时抢购则是在固定期间内，店内某特定商品以打折或降价的方式吸引当时在场顾客购买。

一般来说，限时抢购最常见于超级市场，由于各类生鲜商品有保存期限或鲜度，一旦超过期限只有丢弃。因此，为避免损失，超市在每日下午大多采取限时抢购方式出清生鲜存货。另外，部分连锁经营者也会利用限时抢购法炒热冷门时段，也就是在低峰时间，运用限时抢购来汇聚人潮。

10. 来就送

通常连锁经营者为招揽来客数，于新店开业或者重大节庆促销时，常常会用“来就送”的方式。顾客可凭广告传单、报纸、杂志上的截角，兑换实用性的商品。然而来店者不见得就是购买者。换言之，“来就送”具有广大的集客力，可是对于购买力的刺激不直接是其较大的缺失。

11. 买就送

“买就送”的主要意义在于刺激购买力，买就送对于单日营业额与成交额增加有极大的帮助。因为在贪便宜心理的驱使下，上门的顾客往往为了得到赠品而掏出腰包。可是由于无论购买金额多少一律都有赠品，所以有些顾客会化整为零，分开购买次数，增加领受赠品的概率，或者连小金额的购买都要送赠品，会造成赠品费增加，因此连锁经营者需加以控制与防范。

12. 满×××元就送×××商品

以不同购物门槛设限，赠送各项超值赠品是门槛赠品的特点。一般来说，此方式不仅可提高客单价，且便于控制赠品数量。

连锁经营者可针对不同的门槛设计不同的赠品，对刺激单日营业额的提高颇佳。通常赠品成本与设限金额的比值以不超过3%为控制标准，可视各连锁经营业毛利结构的不同而调整。至于赠品，则要考虑其超值感。换言之，日用品由于随处可见其定价且单价不高，所以通常不考虑作为赠品。除非其具有非常特殊的价值感或单价极为昂贵可营造超值感。

配合节庆选用赠品则是另一重点，如母亲节赠品偏向女性商品，而父亲节赠品则为男性商品。此外，在节庆送赠品时，部分连锁经营者也会以“商品+赠品”或将赠品定位为“为你准备另外一份超值礼品”的促销方法，广为宣传。

13．随货附送

例如，家电商店可以买 VCD 送音乐 CD、买电视送台灯等方式促销某特定商品。而服装业商店也会依服饰品牌或类型不同而有不同方式，如买西装送西裤或买两条西裤再送一条，以推广特定商品群。此种随货附送的方式对于建立某类型商品或某品牌商品的知名度立意显著。

以快餐餐饮业来说，买大送大、推广外送观念则是另一种随货附送的促销方法。通常买大送大会配合所谓外带超值卡，顾客只要先付不等的金额，购买某快餐餐饮经营者的外带超值卡，则每次持卡购买外带时，可享受买大送大的利益。

14．有价赠品

运用该方法时，赠品的魅力要足够。也就是说，顾客对此赠品的市价要有足够的认知度，如此，才能营造付费赠品的超值感。在广告宣传上，此法多半是用购物满×××元，原价×××的精美赠品只要××元。然而在选用付费赠品时，此赠品最好不要与连锁企业本身销售的商品重叠，一来避免过低价格影响原有商品出售，二来怕混淆视听。

在选择赠品时，该赠品中的领导品牌往往是最佳选择。因为领导品牌常常是顾客耳熟能详、最有感受的商品，如此方有赠品的魅力。以儿童为主要需求的快餐连锁经营者更常用此法来聚集人潮。

15．集点送赠品

这是另一种趣味式赠品促销法。经营者可设计凡购物满××元即送集点券，集满某特定字样，即可获赠特定赠品。也可配合刮刮卡的方式进行，增加趣味性。此法除了可使购物客单价提高外，顾客互动的参与性也是奥妙所在。因此，通常以青少年为消费群体的连锁业，如快餐业常用此法。

16．幸运大摸彩

购物满××元就可参加幸运大摸彩，是常见的竞争方式，此法最常见于各连锁经营者，因此，部分经营者为提高参与率与得奖率，有时会强调“通通有奖”大摸彩，以提高顾客参与的意愿与购买力。

“幸运大把抓”是另一种变相的摸彩，其主要用意是将无形的兑换券改为实质的商品，增加现场趣味感。

17．幸运大爆破

此方法广见于开业促销活动中。尤其是百货公司常用此法来招徕顾客，带来一炮而红的效果。

举办幸运大爆破有一个先决条件，那就是一定要有可以聚集人潮的广场。其做法是门口悬挂一个大气球，气球内装满各式的折价券、赠品兑换券、红利券，乃至于现金。等到特定时间及人潮汇集后，即让气球爆破，此时各式现金折价券满天飞，现场拾捡的景象热闹非凡，可以营造气氛，有助于形象的提高。要注意现场秩序的维持及安全防护。

18．限时大搬家

在一段期间内，聚集购物满××元顾客的摸彩券，然后再抽出幸运顾客，在连锁商店营业高峰期内进行限时大搬家的活动。搬得愈多，得奖愈多。此方法对于卖场气氛的凝聚具有相当帮助。

19．联合不同的经营者，互为盟友

交换彼此利益是结盟的重点，通常，互为结盟者主要是不同业种客层间的交流、广告利益交换或供应厂商品牌结合，如供应厂商与连锁企业的结盟广告。

买食品赠可乐是不同经营者结合的实例；游乐区通过连锁企业发赠招待票也是良策。

发送另一经营者商品折价券也是结盟策略的良计，例如，服饰连锁业可通过快餐业来发送购物折价券。但此种方法要考虑控制力，因此通常发送对方会有购物设限或针对某一顾客群如老顾客等的折价券，以此设限方式来提高折价券的价值。

此种结盟策略首先以利益来衡量。因为发动结盟策略的主动者，往往会投入相当的广告量。因此，要考虑被结盟对象所提供利益是否符合相对的广告投入，是否愿意支持连锁企业的广告。最常见的是与厂商垂直结合的×××周特卖会。连锁企业一定要确认厂商所提供的各项优惠价只有一家别无他家，否则就会沦为替别人抬轿子的窘境。也就是说，连锁经营者在花广告费，可是由于竞争者同样都享受优惠，结果顾客都到竞争者商店去购买，如此一来，对花钱打广告的企业一点益处都没有。

屈巨氏自有品牌促销推广策略如表 14-1 所示。

表 14-1　屈巨氏自有品牌促销推广策略

策　略	内　容
新品上市推广	有新品上市，屈臣氏都会安排较大篇幅的版面进行宣传，并大规模地发送试用赠品，安排所有店铺进行大型促销推广活动
宣传专刊	“屈臣氏优质生活手册”是专门针对自有品牌进行宣传的专刊，一年两期，免费发送顾客，专门介绍自有品牌的功能特性，并邀请知名专业人士与顾客分享健与美心得
店铺陈列	在屈臣氏的店铺中，都会安排几米货架陈列自有品牌商品，长期推广，并有醒目的标识
推广促销方法	“自有品牌全线八折”、“免费加量 33%”、“免费加量 50%”、“一加一更优惠”、“任意搭配更优惠”、“购买某系列送赠品”等方式都是屈臣氏对自有品牌产品常用的促销方式，由于自有品牌具有利润空间较大、包装灵活等优势，所以促销幅度都非常大，效果非常明显

14.3　连锁企业的广告促销

有一位资深的广告业人士曾经十分形象地指出：“商品不做广告，有如女人在一间黑暗的屋子里向她的情人暗送秋波。”一语道破了广告的魅力所在。

广告宣传是现代企业最常用的促销手段之一。即使再好的商品，如果顾客不了解，那么它应有的价值和社会效果也就得不到认同。

连锁企业与独立商店相比，在广告的运用上具有明显的优势。连锁企业的广告由总部聘请专业人才加以策划执行，广告效果更高，而且广告费用由各连锁店按销售额的一定比例分摊，花钱不多，一样可以取得较好的效果。

在利用广告促销上，有两个问题应引起连锁店和总部的注意。

14.3.1 广告促销费用的分摊

广告促销费用的分摊其实就是双方如何分摊广告费用。

1. 整体性或全国性的广告宣传

这类宣传费用主要由各店来分摊，如果广告促销针对的是总部的产品，则单店不需分摊费用。也就是说，不是针对单店的广告则单店不分摊费用。另外，如果总部规划整体单店的促销，则单店就要分摊广告宣传费用。分摊的方式是依照店的级别进行的，而这种级别是按其营业额确定的。如 A 级店 500 万元，B 级店 300 万元，C 级店 200 万元。新加入的加盟店是按预计的营业额进行评定级别的，为了弥补这种方法的不足，有时用店铺的营业面积作交叉评级。也有的企业对新加入的加盟店前半年一律以 C 级来认定、分摊广告费用，也就是总部希望单店能尽快地达到损益平衡点，然后开始获得利润。

2. 区域性广告宣传

如果是区域性广告，其对象是几家，原则上是由总部进行统一策划，但其费用则由该区域的连锁店来分摊，其中如果有直营店，也要分摊一部分，而总部则不负担。但如果该区域的店数还没有达到经济规模，总部基于整体连锁企业知名度的提高，也可以分摊一部分费用。

3. 单店性广告促销

这是指一家连锁店自行开展的广告促销活动，费用也原则上由该店自己负担。如果总部同意也可负担一部分。但无论怎样，总部都要提供支持，因为加盟店获利越高，总部的信任度提升越快。

总部负担广告促销费用时，要特别考虑其连锁体系的经济规模，如果总部有 5 家直营店、1 家加盟店，但经济规模需要有 20 家，这时如果总部把所有的费用全部由 6 家店负担，假设需要 60 万元费用，那么一家就要负担 10 万元。在这种情况下，总部就要考虑到经济规模为 20 家，每一家平均只需要 3 万元，总部也应负担部分费用。因为这些费用为企业所带来的影响是不可低估的。

14.3.2　区域性广告促销的必要性

区域性的广告促销与整个连锁体系的经济规模有关。当连锁体系的布点密度大到某种程度时，如全国都已有布点，这时因每个连锁店的区间差异，举办个别单店的庆祝活动开展区域性促销还是必要的，至于广告，则不一定。因为整个连锁体系的经济规模较大，如果用全国性广告来推动，力量会更强，效果会更好，费用也会更节省。如果连锁企业的发展还局限于一定区域，那么区域性的广告促销还是必要的，除了每年一度的定期性统一促销外，区域性促销能对空白地区产生影响，同时也使单店运作与商圈的营销活力更强。这期间所发生的费用原则上由单店自行负担，如果请总部帮助做策划，则策划的费用应该由总部来负担。但应该按总部所制定的政策执行，超过一定工作量时，可以收取一定的费用。

14.3.3　善用 POP 广告

POP 广告对于促销相当有帮助，成功的连锁店都善用 POP 广告。POP 广告的功能如表 14-2 所示。

表 14-2　POP 广告的功能

地点	种　类	功　能
店头 POP	店头广告牌（招牌）、商品名称	告诉顾客这里有家商店及它的经营特色
	橱窗展示、旗子、布帘	通知顾客在进行特价大甩卖或营造购物气氛。另外，给整个店带来季节感，营造气氛
	表示专柜 POP、售物场地的引导 POP	告诉走进店里的顾客，商品在什么地方
	拍卖 POP、廉价 POP	告诉走进店里的顾客，正在进行拍卖或大减价，把拍卖的内容或减价幅度告诉顾客
	告知 POP、优待 POP、气氛 POP	告诉顾客商店的性质及商品的内容，也可以制造气氛
	橱柜、(陈列箱)、灯箱等	方便顾客选择商品。另外，也可以保护商品，提高商品的价值和功用

续表

地点	种　类	功　能
店头POP	厂商海报、广告广告牌、实际售物的场所	有传递商品信息及厂商信息的功用
场地POP	展示卡	告诉顾客商品的质量、使用方法及厂商名称，帮助顾客选择商品
	牌架、分类广告	告诉顾客广告或推荐品的位置、尺寸及价格
	价格卡	告诉顾客商品的名称、数量等。另外，和购买的关系最直接的就是价格表示

在经济稳定、市场日趋成熟、商品丰富、品种多样化的今天，商品信息的沟通从以往制造商→零售商→顾客已经转变成了零售商→顾客。

POP广告作为卖场的广告，本身就和商品有关联。通过POP广告，还可以使销售活动场地同时变为进行广告活动的场所。POP广告的任务就是要把商品信息传递给顾客，并让顾客了解商店的经营特色，提升商店的形象。

商店的POP广告都是在考虑顾客要求的基础上制成的。对顾客来说，POP广告不但可以让他们获得商品的信息，了解商品的性质，更可以让他们在购物的同时感受到商店带给他们的愉快气氛。这在商店和顾客的联络方面，是不可缺的一大要素。

14.4　连锁企业的公关促销

公共关系简称公关，已经发展成为一条重要的促销途径。良好的公共关系可树立良好的企业形象，促进产品销售。随着传媒手段的现代化，市场竞争的激烈化，连锁企业的公关活动越来越多样化和技巧化。要切实取得最满意的效果，必须遵循一定的原则。

1．统一规划

连锁企业所辖范围较广，分店较多，如果缺乏统一规划，就可能出现杂乱无章的现象，这样就会在公众心目中造成不良影响，弱化公关效果。所以，连锁企业必须对公关活动进行统一规划，以形成合力。

2．系统谋划

公关活动是一个过程，一个由很多相互独立又相互联系的子活动组成的总体，所以必须注重系统谋划、整体运作，将各个子系统有机协调起来，充分发挥整体作战策略，从而实现整体大于各部分和的效应。

企业在开展公关活动前，要对市场进行全面的考察，预先估计各种可供选择手段的效果，并判断采取哪种公关技巧最为行之有效。一旦确立了利用公关树立企业形象、扩大商品销售的目标，重要的工作就是将整体目标开列为若干具体项目，排好时间表并做好开支预算。这些计划仅在口头上说说是容易的，但实际行动起来是另一回事。只有列出工作清单，才能最大限度地避免流于空谈，以使好钢用在刀刃上，保证促销活动的周密性和可行性。

3．主题明确

公关活动的主题是公关活动的灵魂与中心，它必须简单、明了。针对不同的对象，要确定不同的主题，选择不同的重点。如果召开记者招待会，一般只确定一个或少数几个主题，对不相关的问题尽量回避，以免影响效果，甚至带来副作用。

4．把握心理

广告策划宣传要运用心理学的一般原理，正确把握公众心理，按公众的心理活动规律，因势利导。

公众心理是公众根据自己的需要和爱好，选择和评价组织的心理过程，它支配着公众的行为。影响公众行为的生理因素主要有知觉价值观、态度、需要、性格、气质等，公关人员要善于把握影响公众心理的这几个主要因素，使策划能最大限度地吸引公众，给人留下深刻印象。

5．富有特色

每次公关活动都应力求办得新颖别致、富有特色，也就是说，要善于打破传统，刻意求新，别出心裁，善于造势，善于制造新闻，善于利用事件，使公关活动生动有趣，进而给公众留下深刻而美好的印象。

公关策划要倡导逆向思维，出奇制胜，一般化和雷同化的公关活动是很难吸引公众的。当企业自身缺乏经验或时间紧迫，而且需要较高的专业公关能力时，企业一般是到专门机构请求咨询服务或聘用代理人。

6. 量力而行

公关活动一般来讲要保持一定的弹性，留出充分的进退余地，以便能及时适应组织外部环境和内部条件的各种可能的变化，有效地保持动态性。

公关活动涉及的不可控因素很多，任何人都难以把握，留有余地才可进退自如。例如，举办公关活动一般要花费较多的经费，需要众多人员，这两个方面的内容缺一不可。在策划公关活动时，要充分考虑其可行性，事先要进行周密的安排和计划，如果人力和财力一时达不到应有的需要程度，就不要盲目上马，以避免最后出现不可预料的结果。

7. 讲求效益

提高企业公关效益是公关策划的重点，也就是说要以较少的公关费用去取得最佳的公关效果，达到企业的公关目标。企业应做到：利用公关所捕捉到的信息，抓住有利时机进行经营；利用公关，帮助企业改善市场环境，企业的市场环境越有利，产品的销路就越广，销售就越顺利；要善于利用与竞争对手的公共竞争，加强横向比较，促进企业的发展。同时，还要注意提高公关的社会效益，从全社会的角度进行谋划，使组织的自身利益服从社会利益。

14.5 案例：快餐连锁店的广告促销技巧

自克罗克掌握整个麦当劳连锁控制权以来，除全力推动业界最严格的加盟方案外，他相信成功的促销来自与基层市场的接触，且麦当劳必须伸出触角，对不同的市场做出不同的反应。所以，除了总公司之外，他也必须倚重连锁加盟者及供货商来共同创造市场，并且制造促销机会。

在20世纪50年代，麦当劳公司内部还没有人懂得促销的艺术，更没有专门的营销人才。克罗克本人虽然懂得销售，但只是面对面的销售技巧，对通过广告媒体促销并不在行，也不知道如何应用大众传播工具。但麦当劳对促销还是十分重视的，从1959年开始与加盟者签约时，就规定必须将2.5%的营业额用于广告促销上。当时，虽然麦当劳在运营上对每个动作、口令均有严格的规定，但在促销上，反而鼓励大家在地方上做广告并实验各种促销方法。直到 1963 年，麦当劳才首次做全国性广告，也就是在《读者文摘》上登了一页的广告。尔后，公司制作了两个 30 秒的电视广告。加盟者可以向公司购买影片，在地方电视台上播放。1964 年，麦当劳才开始雇用全国性的广告公司，1967 年公司内才有了营销部门。

克罗克不断告诉他的加盟者和经理："麦当劳不是餐饮业，我们是娱乐业。"基于这种认识，他每月付出 500 美元，雇用芝加哥的公关公司古柏高来加强宣传，结果得到价值数倍的广告效果。

为了充当好麦当劳的宣传公司，古柏高公司开始在地方及全国报纸上寻找刊登消息的机会，并且于 1961 年首次上了《时代》杂志。在这个过程中，有的是由人制造出的微不足道的消息；有的则是精心设计，显示麦当劳市场威力的资料。例如，早期使用的"所使用的面粉可以填平大峡谷"、"所有的西红柿酱可以注满密歇根湖"、"将所卖的汉堡包连接起来，可以绕月球几圈"等，在当时确实吸引了许多媒体的注意，曾被争相报道。

古柏高还利用一项民意调查，为麦当劳塑造权威性。早期时，麦当劳曾发布了一项显示美国人平均每周吃汉堡包数量的调查，其数字精确到了小数点以后的好几位，连美国肉食协会都视这项资料为法典。其实，这份资料只是公关公司在芝加哥所打的几百个电话的调查结果。

与此同时，他们还利用克罗克本人以 0.15 美元的汉堡建立起一个王国的经历作文章。在古柏高公司的安排下，克罗克曾专程到纽约接受了曾获得过立兹奖的美联社记者鲍埃的访问。当克罗克走进鲍埃的办公室时，正是晚报截稿时间，编辑室中又忙乱又嘈杂。克罗克声调高亢，大声地讲起了他的经历，顿时吸引了众多记者，并开始有人打听如何申请加入连锁。鲍埃最初对于麦当劳并没有什么兴趣，当他看到记者们的反应时，才知道有一定的价值。第二天，克罗克的名字就在 600 家报纸上出现了。此后，前来申请加入连锁的人越来越多，有的申请甚至需要等上两年，才能拿到一张加盟执照。

参加公益活动也是麦当劳获得公众注意的手段之一。总部要求连锁店参加当地公益活动，这样会产生新闻效应。古柏高在发给加盟店的公关手册中，提到在不同市场应采取的不同手段，如在家庭为主的市场，可将卖汉堡包所得捐给当地学校做乐队制服等。手册还指导加盟店如何争取报纸报道各店的活动，如何争取照片上报等。

最初，由于加盟店比较分散，集合各店的力量来组织宣传活动或共同支持公益活动，是有一定困难的。但麦当劳人坚信，参与公益活动不但是较便宜的广告方法，而且是较佳的广告手段，必须下决心坚持到底。为此，他们积极争取得到以家庭为主的市场，并且建立了极好的形象。不过，小区服务也好，福利捐助也罢，都建立在一个目标之上，即卖更多的汉堡包。在这种情况下，几乎所有的麦当劳餐厅都会自动地参与各项地区性活动，如学校乐队、童子军、医院。在1991年里，麦当劳就捐出70万美元，投入各项赞助活动。之所以这样做，因为麦当劳认识到，参与小区公益活动，能够使餐厅的主人与小区之间产生一种认同感，并成为地方知名人士，而被视为当地的“麦当劳先生”。通过各加盟者的努力，使得麦当劳公司也取得了相当可观的成绩。以“麦当劳叔叔之家”为例，这是麦当劳系统中最受人瞩目的福利活动之一，大部分建于儿童医院附近，专门提供免费或低价的住宿环境，招待病童的父母。这个构想最初是得自一名明星足球员西尔，他的女儿得了白血病，需要长期住院，所以他公开要求大众帮助他在医院旁建造第二个家。麦当劳的几名加盟者替他筹足了需要的5万美元，而于1974年建立了第一间“麦当劳叔叔之家”。广告公司推广这个创意，利用各加盟者的捐款在各地建了许多“麦当劳叔叔之家”。

在克罗克的积极鼓励下，各加盟者使出浑身解数，发展各种促销手段，使得麦当劳成为业界中最有创意的营销者。其中又属奇恩最有创意。当奇恩买下一间麦当劳餐厅时，为了迅速提高餐厅的知名度，他拿出3%的收入作为广告费，并与同区域的另一家麦当劳店主商量，各自拿出相等的金额，共同做广告。双方同意后，奇恩便与杰纳理广告商商量希望能够为总公司制作具有创意的广告。杰纳理的主持人之一杰非，为了推广一种新奇的快餐观念，决定使用新媒体收音机。在这种情况下，广告公司的另一合伙人理奇在1958年为麦当劳写下了它第一首广告歌，创下了麦当劳广告歌欢乐、愉悦的形态。歌词的重点就是宣传它最重要的特色：便宜，每个0.15美元。这一广告为奇恩带来了最大的实惠，1959年，他的餐厅的收入增长到31.5万美元，高出全国平均水平的61%。

相隔一年，奇恩又先他人一步，开始使用电视广告。当时已有许多加盟者发现儿童是重要的市场消费对象，但并没有像奇恩那样利用电视媒体去打动儿童的心，并诱导他们带父母进入麦当劳。当时，电视在美国也刚开始不久，儿童节目多半为地方电视台制作的低成本节目，收视率是白天节目中最高的，但是广告费用仅为黄金时段的 1/4。加上节目主持人多半亲口介绍广告产品，不但可以深深吸引儿童的心，而且没有什么广告制作费用，所以奇恩很快就将全部广告费用从收音机移至电视。这一举动果然获得了预期的效果，从此许多加盟者开始效仿。

同时，另一名加盟者彼荷斯在与一家麦当劳餐厅合作时，各提出 3%~4%的费用作为广告基金，每一季度邮寄 2 万份免费汉堡包餐券，结果使餐厅经常保持高销售，也使得邮寄宣传品成为麦当劳的广告手法之一。

泰勒的促销重点则放在了柜台服务上。他认为快速服务最大的重点是礼貌和效率。为了训练柜台和窗口服务员，他亲自录制了磁带，要求服务人员在顾客停留于面前的 15 秒亲切而有礼貌地招呼顾客。最后，一定要对顾客说“谢谢您，欢迎再度光临”。同时，他还利用录音指导如何有效率地点餐。所以，他的店成绩是相当可观的，其中一家还是麦当劳所有连锁店中第一个于 1964 年打破年收 50 万美元纪录的。

心得栏

第 15 章

连锁业的财务管理

15.1 增加连锁总部的利润来源

连锁总部要持续经营，必须增加利润来源，减少费用支出。利润来源分为无形的利润来源和有形的利润来源。

15.1.1 无形的利润来源

1．发挥垂直整合的优越性

（1）确保公司产品的销售渠道。没有销售渠道或销售渠道掌握在别人手中，企业就无法随自己心意发展，有了渠道，企业才能有较长远的投资与商品开发计划。

（2）带动营业额与利益的提升。连锁店的商品开发引进，固然要以顾客需求为依据，但对于总部产品，当然义不容辞地要加以出售，而且都是将其陈列在黄金位置，并加大其陈列面，因此如果连锁店铺的数量增加，总部产品销量自然增加。

（3）流通成本的降低。连锁店的产品只需通过物流中心就可直达店铺，效率较传统的批发商与杂货店更高，这些优越性也许在连锁总部体现不出来，但对总部的贡献与创造的利益是毋庸置疑的。

2．无形资产的累积

（1）累积效果。随着店铺的不断增加，店主和员工将不断遭遇到各种状况与困难，而在克服和解决困难的过程中，就产生了秘诀（know-how），在下次碰到同样的问题时，自然可以迎刃而解，这些秘诀就变成标准化制度的基本依据，成为连锁总部的无形资产。

（2）形象的建立。每家店都是与顾客接触的一个点，店开得越多，与顾客接触的点就越多，可以形成点、线、面串联的整体效果，这将在顾客的心中留下强烈而深刻的印象。

借由多点的分布，连锁店可以建立起鲜明一致的形象，而顾客对于设有连锁店的企业也会相对产生信赖度，对商品的销售有相当大的帮助。

（3）品牌价值的提升。多店经营，连锁品牌的知名度、优越性必然提高，更会提高连锁品牌的价值。

3．风险的分散

避免把所有的鸡蛋都放在一个篮子的道理大家都知道，单店经营所面对的风险是 100%，而连锁店若开 10 家店，每家店的风险对总部而言就是 10%，这样连锁体系就不会因单店经营的好坏而受到影响，因而提高了经营的稳定性。

15.1.2　有形的利润来源

企业的经营以获取利润为目的，即使无形资产的获得也是为了达到赚钱的目的。连锁总部相对于连锁店，其本身也是一个个体，是一个独立计算损益的单位，所以其利润来源和独立店一样，也必须从营业额的提升与成本的降低着手来分析。

1．营业额提升

企业本身规模的扩大，在市场上将发生排挤效应。连锁总部的力量越强大，越能聘请最好的专业人士，做好店铺空间管理，推出整体的广告促销活动等，结果又会提高店铺的营业额；此外，总部的获利增加后，可以大胆投入研究与开发工作，让店铺永远走在同行业的前端。

2．成本降低

连锁管理效益强，会降低管理成本；多店联合采购，会降低进货成本；谈判筹码强，可使供货厂商提供“零售店品牌商品”，就会大幅降低成本。

3．成本降低导致毛利提高

随着连锁店的拓展，采购数量逐渐增多，连锁总部与厂商的议价能力逐渐增强，这就是以量制价。

多店连锁经营，更有利于向供货厂商要求产品陈列补助金等各种收费，有时，此种收入相当于整个企业的营业毛利，相当惊人！

4．各项授权加盟的收入

除了直营连锁其总部与加盟本为一体而没有加盟费用等问题外，特许连锁与自愿加盟连锁都是要付出费用的。加盟店有依合约缴纳各项费用的义务，这些是总部应享有的权利。

（1）前期加盟费。加盟者在开业之前，必须向加盟总部支付一笔加盟费用，这笔费用往往在签订合约时支付。这是与自己创业不同的。

前期加盟费依据不同的加盟总部有不同的标准，一般占加盟者总投资的5%~10%，即如果开办一家加盟店所需资金是50万~60万元，则前期加盟费是5万~6万元。当然，加盟费也不全一致，如果加盟者要得到像麦当劳这样一流的特许经营权，则其往往要具备雄厚的财力并向总部支付一笔高额的特许经营费用。

（2）后续加盟费。后续加盟费包括特许权使用费，即权利金；购买原料、产成品、经营设施和设备等费用；总部为加盟者提供经营管理服务所收取的费用；广告宣传费用等。这是加盟者开业后每隔一定时期都必须支付的，有的按月支付，有的按年支付。

这笔费用根据总部提供的援助多少、总部的管理水平、总部的信誉高低、总部开展的宣传推广活动等因素而定，一般是按销售额的比例提成。加盟者不要忽视这笔资金，它是按销售额比例提成，而不是按利润提成，无论加盟者是否盈利都必须缴纳，因此在预算投资效益的时候一定要把这笔费用计算进去，并预先做好打算。

（3）租金。租金则是加盟者在开业前需要考虑的因素。

店铺的租赁一般有三种方式：一是总部先选择好了位置，与业主签约先租下来，经过装修后，再转租给加盟者；二是总部与加盟者一起选择合适的店铺，看中后，在总部协助下加盟者直接与业主签约；三是加盟者自己去寻找铺位，看中后租下来再与总部商洽加盟事宜。先由总部租下房后再转租给加盟者，这种方式对加盟者最有保障，而且总部名声大，谈租约时讨价还价能力大，且总部可以控制铺面。但它也有一定的缺点，如有些商场铺面是不允许转租或分租的，可能抵触租方合约；如果加盟店决定不继续经营，在找到新的加盟者之前，需由总部承担租金的责任。因此，很多总部索性由加盟者直接向业主租铺。

为了确保租赁的能力，业主在签约时往往要求承租者预先支付半年或一年的租金以作保证，因而加盟者要在开业前就得准备好这笔资金。

（4）权利金。权利金是店铺开张后按月支付的费用，在美国通常是按营业额的多寡支付总部固定的百分比；在日本则多是按固定金额支付，在国内则两者皆有。

（5）保证金。连锁加盟时，通常要交纳保证金，尤其在用特许连锁、自愿加盟连锁体系中的超级市场或便利店，保证金通常以现金、本票、银行定存单或不动产来做抵押，在合约期满或解约时退还。保证金金额的计算，通常需考虑总部供给加盟店商品或器材的多寡，在超级市场或便利店的特许连锁中，大约是商店经常性库存的余额；在自愿加盟连锁中通常是两次付款间（30~45 天）的进货金额。

（6）商务费用。此指总部向各加盟店收取的用于各加盟店共同事务的费用，通常包括广告、海报、传单等。

（7）拥有股份。规定每间加盟店的若干百分比的股份属特许人（连锁总部）所有，此权力较少用到。

15.1.3 其他项目收入

1. 付款折扣

连锁总部与各供货商的付款条件都不同，同种类的商品在同一行业中大致是相同的。

例如，食品在超级市场或便利店，通常是按月结账，然后开立45天的期票，日用品类则是月结，开立60天的期票。当市场资金紧张，如总部的资金充裕，可以要求厂商改为现金付款，同时提出给予部分比率折扣的要求，通常折扣下来的金额比银行的利息高，当然这必须是两厢情愿，经双方同意才可更改。

2．折让

连锁总部与厂商议价时，都希望能得到比同行业低的价格，总部通常会要求厂商提供大型超市或连锁店的进货价格作为参考。商品价格议定后，总部购货人员会就业绩、数量与厂商谈判折让条件，销售量越高，折让要求的比率也就越大。

连锁总部的进货价格，同行业间差异不致太大，其差异主要是在销售数量与折让比率的大小。

总部与厂商谈妥供货价格与折让比率后，如果设有物流中心，会就物流成本要求入仓折扣，厂商虽有配送能力，但为方便加盟店的进货，总部会尽量要求厂商的商品先入到物流中心，而总部要求的入仓折扣会就商品的性质逐项考虑，如卫生纸等体积较大的商品，其入仓折扣就要比糖果饼干高。物流中心因专业化效率高，其费用率会比总部要求的折扣率低，也可以成为总部的间接收入。

3．新商品特价供应

有些连锁超市对新商品不只要求收取推广陈列费（或称上架费），也会要求以特价供应一段期间，通常是三个月或半年，这虽然没有实质性的收益，但可带动来客数或其他商品的销售。

4．手提袋赞助收入

有的连锁超市要求在商品的进货金额中扣1%作为制作手提袋的赞助款，理由是，手提袋是用来给顾客装载厂商的商品，此比率大约与超市的包装费用相当，但是否合理，就仁者见仁、智者见智了。

另外一种做法是在手提袋的另一面印上厂商广告，作为广告宣传，由厂商负责其费用，手提袋则交由各加盟店使用。

5．促销广告赞助收入

连锁店必须不断规划办理促销活动，一方面是对长期购买的顾客表示回馈感谢之意；另一方面则是营造商店轻松的购物环境。举办促销活动，需要一些辅助器材或用品，如陈列器具、POP、DM、红布条等，这些都需要支出费用，有些连锁总部是就商品进货金额的一定比率要求厂商部分支付。

6．新店铺开张赞助收入

连锁总部经营一段时间后，通常也将新店铺开张的赞助标准化而确定一定的金额。例如，一家大型的连锁超市要求厂商只要超市有新店开张，就从货款中扣除 16 000 元作为赞助金。总部此举的意思是，我每开一家店铺，厂商不费吹灰之力，就得到了卖场，而总部在开设一家新店铺时，需要投入很多人员去开发、评估及设计，同时又要投入很多金钱去购买设备并从事装潢，而新开张的店铺，是供厂商陈列商品做生意用的，这些开店费用的支出，要由各厂商共同予以赞助。

7．周年庆赞助收入

连锁企业周年庆时，通常更易于造势并吸引顾客。连锁总部因店铺数多，除各店自行举办的庆祝活动外，还会选择一个日期，由所有的店铺同时再举办一次共同活动。对周年庆赞助也已成为一种惯例。

15.2 降低连锁总部的费用支出

连锁总部费用支出的减少，相对地，也就是连锁总部利润的增加。

1．整体管理成本的降低

随着连锁店铺的增加，总部的规模也日渐扩大，但随着营业额的增加，管理成本所占的比率会逐渐降低。

2．店内器材及装潢成本的降低

店铺越开越多，很多器材及装潢材料都可量化生产，或者自行开发较便宜的材质取代，而长期合作厂商因生意扩大，也会愿意回馈部分利润给连锁总部。

3．广告宣传成本的降低

在连锁总部无形的利益来源中，随着连锁店铺的增加，其形象会发生累积效果，有了良好的形象及口碑等自然广告，连锁总部需投入的媒体支出可相对减少。

而随着连锁力量的加大，很多广告宣传费用都可要求供货厂商配合支出，如手提袋赞助等。

4．物流成本的降低

日本的 7-11 便利连锁店认为，要在某一地区占有优势，就必须至少开设 100 家连锁店，在达到 100 家之后，商品流通费用便可大幅降低。以牛奶、饮料为例，如果对加盟店的服务条件（配送次数）相同，一般流通运输费用占交货价格的 17%~18%，当店数达到 100 家时，流通费用则可降到 13%~14%。虽然 4%的数字看起来没什么，但连锁店要降低 1%的商品成本是一件相当不容易的事。所以，若能降低 4%的流通费用，对经营者来说，其意义是相当重大的。

15.3 连锁企业的账务管理和资金管理

连锁企业本着责、权、利相结合的原则，不断建立和健全现代财务管理制度，运用各种手段对各个部门和分店进行监督、检查和控制。

15.3.1 连锁企业的财务管理

连锁企业的财务管理是与连锁经营的特点分不开的，它包括四个方面。

1．统一核算、分级管理

由连锁总部进行统一核算是连锁经营众多统一中的核心内容。区域性的连锁企业，由总部实行统一核算；跨区域且规模较大的连锁企业，可建立区域性的分总部，负责对本区域内的店铺进行核算，再由总部对分总部进行核算。

连锁企业统一核算的主要内容是：对采购货款进行结算；对销售货款进行结算；进行连锁企业的资金筹集与调配；等等。

店铺一般不设专职财务人员，店铺与总部在同一区域内的，由总部统一办理纳税登记，就地缴纳各种税款；店铺与总部分跨不同区域的，则由该区域的分总部或店铺向当地税务机关办理纳税登记，就地缴纳各种税款。

区域分总部应定期向总部汇报该区域各店铺的经营情况、财务状况及各项制度的执行情况。原则上连锁企业在建立时就应实行统一核算，有特殊情况的企业在实行连锁初期，可以分阶段、分步骤地逐步进行核算上的统一。

2．票流、物流分开

连锁企业实行总部统一核算，由配送中心统一进货，统一对门店配送。从流程上看，票流和物流是分开的，这与单店式经营的资金与商品同步运行不同。因此，在连锁企业中财务部门与进货部门保持紧密的联系是非常重要的。财务部门在支付货款以前，要对进货部门转来的税票和签字凭证进行认真核对，同时，在企业财务制度中要规定与付款金额数量相对应的签字生效权限。

3．资产统一运作、资金统一使用

连锁企业从表面上看是多店铺的结合，但由于实行了统一的经营管理，企业的组织化程度大大提高，特别是统一进货、统一配送，使资产的规模优势充分发挥出来。

由总部统一核算，实行资金的统一管理，可提高企业资金的使用效率和效益，降低成本，减少费用，增加利润。

企业资产和资金实行统筹调配、统一调剂和融通。总部有权在企业内部对各店铺的商品、资金和固定资产等进行调配，以达到盘活资产、加快商品和资金周转、获取最大效益的目的。

4．地位平等、利益均衡

连锁企业利润的取得是各个部门通力协作共同创造的，不存在谁地位比谁低、谁为谁服务的问题，各方都遵循利益均沾、风险共担、地位平等、协商共事的原则，靠牺牲对方利益获取自身利益，是无法持久的。

15.3.2　连锁企业的资金管理

资金管理，简单地说，就是要采取措施维持适当的资金量。现金管理、筹资管理、投资管理等都应该属于这个范畴。连锁企业要保持适当的资金量，必须遵循财务管理的规律和自身实际，进行深入研究和探索，因为它不仅要求资金的流入和支出要保持大体平衡、周转灵活，同时也要顾及资金运用的成效。所以，连锁企业进行资金管理的过程中，必须坚持总部统一筹措、集中管理、统一控制、统一使用的原则，建立健全各项规章制度，实行规范化管理。

1. 不断改善各项规章制度

（1）基本的收支程序。企业对于从外界收入的资金，无论是现金、票据，还是应收账款，必须设立一定的程序、规定流程、承办人及负责人。一方面能够保持有条不紊的记录，另一方面又能快速地使参加运营的资金和收入不因经手者的私心而流失。

（2）现金管理。现金是最方便而且最容易被接受的支付工具，同时又是最易流失的，所以各企业对现金均应制定严格的规则予以管制。

（3）银行存款、应收票据、应付票据管理。银行存款实际上是企业所拥有的现金，只是因为安全上的考虑存放在银行随时备用。由于银行存款的调度运用通过账户来实现，所以必须进行规范的管理。店铺应在总部指定的银行办理户头、账号，只存款不出款，而且每天必须将销售货款全部存入指定的银行，不得支销货款，同时要向总部报送销售日报。

（4）应收账款、应付账款管理。收账求快，付款设法缓付，是处理应收账款及应付账款的原则，但是仍需要深入考虑信用及成本而做适当调整。应付账款而未付，应收账款而未收，均可能导致损失，企业必须有管理制度，而且要挑选最适宜的人员担任。

（5）存货管理。存货占用资金最多，存货如果变成无法脱手的陈货更是企业的损失，所以存货要控制得当，使企业的资金在存货上运用得最有效且最经济。

2. 开源节流，提高资金的运营效率和效益

连锁企业的财务部门要与信息、配送等部门密切合作，通过POS系统对企业的进、销、存实行单品管理，从调整商品结构入手，对商品进行全面分析、分类，强化管理。同时，要本着节约的精神，适当运用资金，避免互相攀比，铺张浪费。

连锁企业的运营所需经费的来源不外乎两种途径：第一是投资者本身所筹措到的，不需要任何借贷就可以运营。这属于稳定性的经营，因为没有任何外债包袱；第二是以借贷的方式筹措资金后才开始营业。其好处是可以减轻开业时财力的负担，而且可以早日实现经营创业的目标，但不利的地方在于，在经营过程中的某个时期，必须在营业额中拨出一部分资金用于还债，而且除了本金，还有利息。

无论哪种情况，资金对于连锁企业来讲都是有限的，必须从实际情况出发进行经营管理，要做到少花钱多办事、办大事，要从企业发展战略上来安排资金的使用。如果企业的资金筹措属于第二种情况，就更需要注意，因为借贷是有偿的，是要付出代价的，借贷量越大，企业经营的资本成本也越大。这就需要企业必须从长远的利益出发，认真分析企业的发展前景，充分了解市场的发展变化，根据企业的长远发展战略和财务管理的需要，做好资金的使用规划，切实把有限的资金用在刀刃上，盘活资金的存量，加快资金周转，促进企业发展。

3．充分估计资金管理中的风险，增强风险意识

这主要表现在两个方面，一是投资风险。投资是连锁企业财务管理中最重要的内容之一。既包括对内投资，如为了扩大生产经营能力，扩大规模和提高企业的经营管理效率而开设分店、更新设备等；也包括对外投资，如采用联合、兼并、收购等方法，向其他领域扩张，走多元化发展的道路，或者用资金购买各种有价证券，以获得投资的现金收入。两种投资都具有一定的风险性，因为一旦决策失误，就会严重占用企业的资金，影响企业的正常经营和运转。

二是筹措资金的风险。现在，资本市场相当发达，筹措资金的方式和渠道很多，连锁企业应根据市场的实际情况和长远的发展规划组织资金的筹措。同时，加强对筹措资金风险的管理，综合运用多种方法进行控制。其中最为重要的，或者说最关键的问题是确定合理的筹资额度。如果数量过多，可能会造成资金闲置，加大了筹资的成本，不利于企业的发展；数量过少，又不能满足企业发展的资金需要，可以运用定性预测和定量预测法对所需资金数量进行预测。

所谓定性预测，是一种主观预测方法，主要是采用以往的有关数据，依靠财务人员的经验、主观判断和分析预见的能力，从而对企业所需资金数量进行测定。所谓定量预测，则是一种客观预测方法，主要是财务人员利用以往的数据，运用科学的方法进行分析预测，主要包括趋势预测法、销售百分比法、预计资产负债表法等。

15.4 连锁企业的资产管理

资产管理包括流动资产管理和固定资产管理（以下主要介绍流动资产管理），连锁企业的资产管理主要采用总部与分店分级管理办法。

连锁企业的流动资产主要指存货部分，即由总部配送和连锁店自行采购的商品，也包括低值易耗品。其管理的原则是总部与分店分级负责。总部配送到各分店的商品由总部设置总账控制管理，在进入分店以前，一切损失都由总部负责。所以，对于进入连锁企业配送中心的商品加强管理，有利于减少损失，降低商品损耗率。

如果属于分店自行采购的商品，出现的任何问题都由分店自行负责。而且在这个过程中，总部还要对各分店的订货数量、品种进行监测审核，并定期督促检查，进行分类指导。

流动资产管理的具体内容主要有两个方面。

一是商品销售的管理。总部对配送中心及连锁店的全部商品要设置商品管理总账，对分店自行采购的商品一般实行按商品大类管理，有条件的要逐步过渡到实行单品管理，并建立实物负责制，以保证账实相符。各连锁店要定期对商品进行盘点，由总部核定商品损耗率，超过部分由总部从分店的工资总额中做相应的扣除。

二是存货的规划与控制。这是一个重要问题。企业存货占流动资产比例较大，一般约为 40%~60%，而对于商业企业这个比例可能高达 80%。存货的有效利用，对企业财务状况影响极大，因此加强存货的规划与控制，使存货保持在最优水平，是财务管理的一项十分重要的内容。

15.5 连锁企业的成本管理和财务分析

15.5.1 连锁企业的成本管理

降低企业的各项管理费用，以减少分摊在单位商品中的费用，可增加商品价格竞争力，是企业的一项重大竞争手段和策略。

连锁企业的成本管理主要是通过商品毛利率、费用开支标准及范围、销售费用率三大项目进行控制，由总部进行统一的成本核算和统一管理。

以连锁超市为例，连锁超市为了扩大进货、降低进价、减少费用，公司在内部财务上实行公司总部全面财务核算制，各超市实行半独立核算制。超市的半独立核算经济指标包括：营业收入、超市综合毛利率、市场毛利、分摊到超市的费用及超市利润盈亏。公司通过各超市内部银行存款账目，归集超市营业收入，代支进货成本与分摊费用，余额为各超市资金数，即总部给各超市的资金控制数。

15.5.2 连锁企业的财务分析

连锁经营者在进行财务分析时，为求各项数字能提供管理上有效的参考，通常采取期间比较、相互比较、标准比较的方法。

（1）期间比较是将企业前期的数值与后期的数值进行比较，以了解变化情形。

（2）相互比较是将特定企业数值与企业的同期数值进行比较，以了解彼此间的差异；

（3）标准比较是将特定企业数值与同业其他企业的标准数值进行比较，以了解特定企业在市场中的地位。

连锁经营者在进行运营分析时，主要根据资产负债表、损益表、费用明细表等财务报表进行各项比率的分析。一般而言，主要是以下四项指标：① 收益率分析指标；② 资本安全性分析指标；③ 生产率分析指标；④ 成长达标率分析指标。

上述指标在分析时，并不一定有一个最佳比率，主要在于不同店别的比较，且逐期比较，以了解其优劣及趋势，作为拟定经营策略的参考。

15.6 案例：依靠财务管理获取绩效

麦当劳虽然是世界上著名的连锁企业，但麦当劳本身并不多赚钱。销售员出身的克罗克只不过想以 0.15 美元的低价吸引顾客的注意，而将圣伯丁诺的汽车餐厅发展成为一个全国性的大连锁集团，克罗克从来没有以赚钱的眼光来看麦当劳的事业。

那么，麦当劳是如何维护财务运行的呢？麦当劳的财务专家桑那本曾帮助麦当劳想出了通过房地产赚钱，再支撑连锁事业发展的办法。由于麦当劳只收取 1.9%的服务费，其中的 0.5%给了麦氏兄弟，权利金虽由最初的 950 美元上升到 1 500 美元，到 20 世纪 60 年代仍维持在 1 000 美元，因此麦当劳的整个收入是相当低的，低到麦当劳总部收取的服务费少于提供服务的费用。麦当劳的扭亏为盈要靠聪明的桑那本，他负责的是麦当劳房地产。麦当劳公司以 20 年的合约向土地所有者租得土地及店面后，再把店面租给连锁加盟店，赚取其中的差额。一般地，麦当劳以 500~600 美元单位价格，从土地所有者那里租到店面，再转租出去时加上 2~4 成。租约内不得加逐年定期涨价的条款。但是，当他将同一片产业租出去时，已将对方的保险费、税款等一并计算进去了。这样，只要承租的加盟者不倒，麦当劳至少可以在房地产上赚取 20%~40%的利润，而且随着每年的物价上涨，麦当劳的租金只涨不跌，但是它付给土地所有者的永远维持原价。同时，合约中对麦当劳最有利的一条是，自加盟者所付的租金上多赚得的四成只是最低的净收入，当餐厅生意到达一定水平后，各店还必须缴纳不定期的营业额百分比，作为增值租金。这个百分比从原来的 5%逐渐增加。

到了 20 世纪 70 年代，随着通货膨胀加剧，麦当劳的房地产价值不断上升。对于不属于自己的房地产，麦当劳用低价租了很长时间，而且签有优先购买权。麦当劳在全美当时近万家店铺中，60%的所有权是属于麦当劳的，另外 40%是由总部向土地所有者租来的。在麦当劳的收入中，有 1/4 来自直营店，另有 3/4 来自加盟店，而总收入的 90%来自房租。从 20 世纪 60 年代初起，麦当劳配备了 3 架飞机，并雇用了大批专业化房地产的人才，让他们飞遍全美各地，寻找适合的地点开店。克罗克本人也常随身带着收录有全美报纸名称、发行地点、当地人口及商业情况的资料手册，在坐飞机飞过一个个小城镇时，克罗克要看看这些地方是否适合开店。由于城市地产价格高昂，麦当劳瞄准了郊区，克罗克让房地产工作人员去找那些学校、教堂、新房子附近的地产，包括加油站。当时郊区还是一片待开发的市场，到处是空地。因为商业活动进入郊区的速度总是比较慢，因此，买土地并不是一件难事。

购买房地产需要大量资金。如何筹措这些资金才是最难的。麦当劳在 1956

年时财务状况并不好，正如桑那本所说："银行只肯将钱借给不需要钱的人，因为将钱借给需要钱的人，便是一种冒险，而银行是不愿意冒险的。"因此，麦当劳建议土地所有者以长期租约的方式将土地租给麦当劳，以此为抵押，麦当劳和银行之间才可安排房屋贷款。

桑那本还采取了一个新的办法，即直接买下土地，再以连锁房地产公司的名义租给加盟者。他要求加盟者付出 1 万美元的保证金，后来增加到 1.5 万美元。这一措施使得桑那本不但有现金可供周转，而且用加盟者的钱买下了土地。当土地所有者把第一债权人的权利让给麦当劳后，麦当劳也就取得了向银行贷款建房的资格。后来，桑那本又把这一办法做了发展，即用 10 年分期付款的方式来购买土地，而以加盟者的保证金为头期款。到 1958 年，麦当劳的净收入只有 2 万美元，但要增加 50 家新店面，则需要上百万美元的资金。在这种情况下，麦当劳知难而退求其次，不与大银行接触，而是专门与各地的小银行进行交易。所使用的方法是诱以巨利。也就是在一般房屋贷款利息只有 5%的时代，麦当劳以 7%的借款利息为条件，并承诺将所有的分店存款存入该银行。这一招使麦当劳获得了大量资金，并迅速扩张，到 1960 年，它已有 228 家分店，其中它可控制的房地产有 172 处，净值约 1.6 万亿美元。

快速的发展必须有稳定的财务支持。但要向财团、大银行贷款必须出示资产负债表，而按照公认会计原则处理的麦当劳资产负债表的情况不十分理想。为此桑那本决定改变会计方法，使资产负债表符合贷款条件的要求。为了麦当劳的利益，他雇用了律师兼会计的波以兰来做账。波以兰将他在美国国税局工作时评估房地产的方法运用到了麦当劳公司，认定房地产未来的租赁收入在现在就具有价值，应该算作资产的一部分。如果房地产的增值潜力相当于目前所收取年租金的 10 倍，那么，麦当劳的资产负债表就会立刻多出许多资产。尽管这种资产评估法并不是一般人所接受的公认的会计原则，但波以兰仍然说服麦当劳的会计师照这一方法做账。其结果使麦当劳公司在 1960 年的资产突然高涨至 1 240 万美元，约为前一年的 4 倍。波以兰还将同样的方法运用到改变麦当劳的收入账上。由于麦当劳公司扩张很快，开发费用很大，1958 年公司全部的营业额高达 1 000 万美元，但净收入只有 1.2 万美元。以这样的资产负债表是无法向银行贷款的。在这种情况下，就需要降低开发费用。根据会计原则，开发费用在开发的同时就应以开销冲账，但波以兰认为支出应与收入相抵，通过将开发费用延期冲抵，将新店开张的费用以新店使用后的收入来冲抵，把建筑期间的利息支出摊到开店以后20年间的账面上，结果使麦当劳的收入平衡大为改观。1960年，麦当劳账面上就出现了10.9万美元的净收入，约为1958年的10倍。有人认为，波以兰的做法并没有违背会计原则，只是稍加修饰，以长效来解释财务行为。这种做法确实使麦当劳获得了银行的信任，得到了长期贷款，获得了扩张所需要的资金支持。

在这种情况下，麦当劳管理层决定全速扩张。于是开始大量增加房地产和建筑部门的人员，开店速度从每年100家，扩大到每年500家。1974年一年之内，麦当劳开出了515家连锁店，全美麦当劳开始从集权管理转向地方分权管理，由他们来决定新店地点、加盟者选择等事务。麦当劳这样做，进一步加强了它向外扩张的力量。因为地方公司管理人员接近实际问题，参与运营活动，因而他们的决策比起总部的判断更可靠。快速扩张需要更为雄厚的财力支持。他们采取了贷款和卖股票双管齐下的做法。最后，麦当劳在1974年获得的长期贷款达3.5亿美元，同时又增发了6 500万美元的股票。于是20世纪70年代初，麦当劳以大举借债来维持公司的成长，而这时正是美国利率最低的时期。1979年，当麦当劳着手偿还债务时，国内利率开始上升。麦当劳在房地产、贷款方面均占据了“天时”，加之公司管理有方，于是成长迅速，逐渐成为餐饮业的王牌。

心得栏

第16章

私募基金为何会对你投下资金

16.1 直营或加盟

16.1.1 两种常见连锁类型的优、缺点

在决定采用哪种连锁模式之前，最好先对几种常见连锁模式的优点和缺点有深入的了解。按照标准分类方法，有直营连锁、特许连锁和自由连锁三种连锁形式，其中直营连锁、特许连锁最常见，两者分别有自己的特点及优缺点。

1．直营连锁的优点和缺点

直营连锁的特点是：所有权与经营权统一和集中，各成员店经理是雇员而非所有者。

优缺点：优点是店铺完全在总公司的控制之中，有强大的议价能力，兼有批发功能和多店铺销售的效率，可以利用广告传媒，有明确的长期规划；缺点是完全由总公司出资，总公司派人经营，在市场开拓方面进展较慢，缺乏灵活性，限制了个人的独创性。

世界上第一家连锁店美国大西洋与太平洋茶叶公司就是直营连锁。日本的大荣超市、西友超市、王子大饭店都是只有直营店，无加盟店。在美国，麦当劳、肯德基都为直营店为主。

2. 特许连锁的优点和缺点

特许连锁的特点以及优缺点如下。

（1）加盟投资小、扩张快，可降低风险。

（2）有一个总部和许多加盟连锁店。

（3）特许连锁的核心是特许权转让，总部是转让方，加盟店是接受方。

（4）特许连锁是通过总部与加盟店一对一地签订特许合约而形成的。

（5）所有权是分散的，而经营权集中于总部。

（6）特许连锁关系主要是总部与加盟店的纵向联系，加盟店之间没有横向联系。

（7）总部在进行 Know-how 辅导时，还要授予加盟站店名、店号、商标、服务标志等在一定区域内的垄断使用权，并且在开店后继续进行 Know-how 指导，而加盟店对这些权利的授予和服务的提供，以某种形式（销售额或毛利的一定百分比等）回报。

美国胜家（Singer）缝纫机公司 1865 年首创特许经营这一方式；日本不二家西点糕饼点于 1963 年开始进行特许加盟。

这里没有考虑产权问题，只是考虑运营方式和授权问题。彩色快速冲印店是典型的特许加盟店。

16.1.2 鱼头火锅集团的发展经验

中国四川的谭鱼头集团是以餐饮业为主营业务，以食品研究、生产加工、销售配送等为主导，以资本运营为纽带，采用连锁经营方式的现代企业。

自 1996 年创业，到 2008 年 7 月“谭鱼头”新加坡店隆重开业，标志着集团经过短短 12 年的发展，踏上了国际化连锁发展的道路。然而，“谭鱼头”的连锁经营之路并非一帆风顺。

1998 年 6 月，“谭鱼头”走出四川，在北京开了第一家店，生意火暴，鱼头风暴席卷京城，越来越多的投资者主动找上门来。加盟商负责投资店面和设备，“谭鱼头”只需以商标、配方、管理等无形资产入股，不需要出钱，就可以占有加盟店 35%～55%的股份。

“谭鱼头”采用了多种经营扩张方式。

（1）独资经营：在成都及全国重点大城市选址，独资经营，办好“谭鱼头”示范店，影响全中国。

（2）合资经营：由谭鱼头集团投资 51%以上控股，并直接派人管理。

（3）技术与管理入股：由谭鱼头集团出技术，派管理人员参与管理，占 35%～49%的股份，合作方出资金和场地，占 51%～65%的股份。

（4）特许加盟：“谭鱼头”形成强势品牌、著名商标后，采用特许加盟方式，为合作方提供商标使用权，提供技术和管理，供应原材料，提供人员支持，公司每年收取定额管理费。

当时“谭鱼头”的扩张速度是 8 天开一家店，仅在北京就开了 11 家店。此后，“谭鱼头”相继进军西安、合肥、石家庄，迅速占领了北方市场，然后从东北、华北、西北到中原，再到华东、华南、西南，迂回包抄，避开西南地区火锅白热化竞争的锋芒，从川菜的空白地带切入，达到迅速占领市场的目的。到 2000 年年底，“谭鱼头”的年营业额已经达到 3 亿元，一时间，很多人都说：“谭鱼头吃贵中国鱼头！”

这种飞速扩张到 2001 年的春天戛然而止，“谭鱼头”与加盟商的矛盾猛然爆发。首先是来自北京、太原、合肥等地 14 家加盟店的法定代表人汇聚“谭鱼头”总部，一致提出降低原材料价格、放开商标使用权、放松对加盟店的管理等要求。

接着，“谭鱼头”北京某分店拒绝购买总部提供的原料，导致无法经营。此后，北京亚运村、中关村、双井等“谭鱼头”加盟店与总部解除合作关系，改名为“李老爹”，全市 11 家“谭鱼头”仅剩航天桥、西三旗两家店还保留着原有的名号。中国各地的加盟商纷纷效仿，一夜之间“改头换面”。

2002 年，“谭鱼头”开始在全中国范围内收缩加盟战线，将一些店的股权进行收购。2002 年 7 月，在北京虎坊桥开了第一家“谭鱼头”北京直营店，这是“谭鱼头”在北京最早的形象店。直营旗舰店是“谭鱼头”在扩张道路上的一次重要转型，使“谭鱼头”的品牌得到进一步提升。从此，“谭鱼头”拉开了二次创业的序幕——以大规模的直营店、旗舰店为示范，带动连锁店的发展，这是来自“谭鱼头”的经验，更是来自“谭鱼头”的教训。

“谭鱼头”收缩加盟战线，改以直营店带动连锁店的发展，“谭鱼头”发展中出现的问题，说明加盟连锁方式在品牌持有者和加盟方由于利益分享、机制监管等方面出现矛盾之后容易形成裂痕，影响企业的可持续发展。

然而，直营连锁是企业自身的规模积累，与加盟连锁相比，虽承担着很大的投资压力，但由于是一体化行为，对企业规模的稳步拓展无疑发挥着决定性作用。

16.2 私募基金的投资考虑方向

16.2.1 私募基金的态度

作为两种连锁模式，直营连锁和加盟连锁各有优劣：直营连锁的优点是盟主的可控性强，经营业绩能完全体现在统一的财务报表中，缺点是扩张慢；加盟连锁的优点是企业扩张快，缺点是发展质量的可控性相对较差，对盟主的掌控能力要求很高，同时加盟店的经营业绩不能完全体现在盟主统一的财务报表中，只能通过加盟费等形式体现在盟主的业绩中。

对于连锁企业来说，直营连锁还是加盟连锁？这的确是一个大问题。

直营连锁模式更受资本欢迎。当一家具备相当规模的连锁企业准备引入外部资本（直接投资）和资本对接的时候，直营连锁还是加盟连锁，就已经成为一个必须面对的战略问题了。因为众多直营连锁店的经营业绩可以合并在统一的财务报表中，影响着这家连锁企业的规模和利润，进而决定着该连锁企业的上市时间和上市后的价格，从而影响该连锁企业及投资机构的收益和效率。

合并会计报表是指由母公司编制，将母公司和子公司形成的企业集团作为一个会计主体，综合反映企业集团整体经营成果、财务状况及其变动情况的会计报表，包括合并资产负债表、合并损益表、合并利润分配表、合并现金流量表等。

优秀的连锁企业已经开始了国际化的步伐，在国外有多家分店。根据规定，连锁企业的母公司在编制合并会计报表时，应当将其所控制的境内外所有子公司纳入合并会计报表的合并范围。

母公司，是指通过对其他企业投资，对被投资企业拥有控制权的投资企业。子公司，是指被另一公司拥有控制权的被投资公司，包括由母公司直接或间接控制其过半数以上权益性资本的被投资企业和通过其他方式控制的被投资企业。

根据《合并会计报表暂行规定》，合并会计报表的合并范围具体如下。

母公司拥有其过半数以上（不包括半数）权益性资本的被投资企业。

权益性资本，是指对企业经营决策有投票权，并能够据以参与企业经营管理决策的资本。如股份有限公司的普通股，有限责任公司投资者的出资额等。当母公司拥有被投资企业 50%以上股份时，母公司就成为被投资企业的最大股东，就能够操纵股东大会，能够对被投资企业的生产经营活动实施控制。因此，母公司应该将被投资企业纳入其合并会计报表的合并范围。

母公司拥有被投资企业过半数以上（不包括半数）权益性资本，包括以下三种情况。

（1）母公司直接拥有其过半数以上权益性资本的被投资企业。例如，母公司拥有此连锁公司 51%的股权。

（2）母公司间接拥有其过半数以上权益性资本的被投资企业。间接拥有过半数以上权益性资本，是指通过子公司而对子公司的子公司拥有其过半数以上权益性资本。

例如，甲连锁企业拥有乙连锁企业 70%的股份，而乙连锁企业又拥有丙连锁企业 55%的股份。这样，甲公司通过子公司乙，间接控制丙公司 60%的股份。在这种情况下，乙公司、丙公司都是甲公司的子公司，甲公司编制合并会计报表时，应当将丙公司纳入其合并范围。

（3）母公司直接和间接拥有其过半数以上权益性资本的被投资企业。直接和间接拥有其过半数以上权益性资本，是指母公司虽然只拥有其半数以下的权益性资本，但同时又通过其他方式拥有被投资企业一定数量的权益性资本，两者合计拥有被投资企业过半数以上的权益性资本。

控制权，是指能够统驭一个企业的财务和经营政策，并以此从企业经营活动中获取利益的权力。有时，母公司对于被投资企业虽然不持有其过半数以上的权益性资本，但母公司与被投资企业之间有下列情况之一的，应当将该被投资企业作为母公司的子公司，纳入合并会计报表的合并范围：

1）通过与该被投资公司的其他投资者之间的协议，持有该被投资公司半数以上表决权；

2）根据章程或协议，有权控制企业的财务和经营政策；

3）有权任免董事会等类似权力机构的多数成员；

4）在董事会或类似权力机构会议上有半数以上投票权。

在中国，可以合并会计报表的企业，主要指母公司以及母公司拥有过半数以上（不包括半数）权益性资本的被投资企业。

因此，在投资商眼里，那些以直营为主的连锁企业更受欢迎。

企业如果采取特许加盟的发展模式，风险还是比较大的。因为特许的方式虽然能使品牌持有者赚到快钱，但对于特许人的控制以及财务的核算方式，往往是资本最为顾忌的问题。考察或评定特许经营企业时，主要看的是其直营店的比例有多大。

"真功夫"是一家以直营为主的中式快餐企业，店数已经达 200 家，投资人除了看中这家企业所代表的行业潜力，更注重其直营连锁的模式。

16.2.2 加盟模式

当以直营为主的连锁企业成功拿到了风险投资（VC）的投资之后，在特许经营领域，很多企业看到了 VC 的倾向性，似乎只有直营连锁更受 VC 关注。实际上，并非所有的特许加盟都遭资本冷落。

那么，资本青睐和愿意投资那些加盟连锁体系呢？

（1）以产品为纽带的连锁加盟体系。审视以产品为纽带的加盟连锁体系，VC 也同样看到了其中的价值。已经在中国香港上市的百丽公司，就是以加盟方式做大并获得了风投的关注最后成功上市。

1992 年，百丽公司在深圳和广州开始了百丽鞋的批发业务。但好景不长，冒牌货很快出现了。1993 年，百丽公司决定开设专卖点以特许经营模式发展销售网络。1997 年，百丽与中国各地 16 家独立分销商订立了区域性独家分销协议。

根据协议，分销商作为零售商在各自区域内开专卖店独家经销百丽的鞋，这种方式使百丽专卖店数量迅速突破 1 000 家。2005 年，公司以资本运作的方式并购了 1 681 家加盟店，后又迅速增加了 2 147 家加盟店。

百丽这种以产品为纽带的加盟店，获得风投的关注很容易理解，加盟店每卖一双鞋就给百丽贡献了一定的利润。2004 年百丽净利润 7 500 万元，2005 年增长到 2.35 亿元，2006 年净利润达到了 9.77 亿元。2007 年上市前，其店数达到了 3 828 家，还是以加盟店为主。摩根的报告中认为“营销网络才是百丽最值钱的资产”。

百丽的成功充分体现了加盟的好处：加盟商不仅提供了资金，按总部的模式开连锁店，同时投入很大的精力参与管理和处理当地的人脉关系，在短时间内增加了市场占有率，总部可以集中精力开发自身品牌，保证产品质量，双管齐下，使品牌知名度迅速提升。

（2）总部掌控力非常强的加盟连锁体系。

（3）对加盟店拥有优先回购权的加盟连锁体系。

16.2.3 直营连锁与加盟连锁的选择标准

一家连锁企业要扩张市场，究竟应该采用直营连锁还是加盟连锁？通过连锁企业的发展实践发现，主要有以下选择标准：

1. 选择一：总部和连锁店的主要纽带是产品还是服务

以服务为主要纽带的企业更宜采用直营连锁模式来扩张企业，这是因为以产品为主要纽带的企业，所提供的产品容易标准化，质量比较容易有保障，而以服务为主要纽带的企业，服务相对难以标准化，服务质量难以保障，所以更宜采用直营连锁模式来扩张企业。

深入挖掘很多直营连锁体系的共性可以发现，以服务为主要纽带的企业更宜直营的深层原因在于，总部和连锁店都是以服务为利润来源，双方吃的是一块蛋糕，对于总部来说，监管是个难题。吃第一口容易，但是长期下去，加盟商就很难给盟主创造稳定的利润来源。作为连锁总部主要是以服务为纽带，如果采用加盟的方式，总部向连锁店收取营业额的分成和品牌使用费，总部向连锁店提供品牌、管理技术、收取相应的费用，以这种无形的投入和加盟店长期分成，其控制力和财务监管会日益弱化。所以，风险投资对这类企业更关注直营为主的企业。

2. 选择二：加盟商对总部连锁体系的依赖度

如果加盟商对总部连锁体系的依赖度非常高，离开盟主的连锁体系之后，加盟商活不下去，或者活得很不好，盟主就可以考虑通过加盟连锁来扩张市场；如果加盟商对总部连锁体系的依赖度不高，或者比较低，离开盟主的连锁体系之后，加盟商同样可以活下去，甚至活得不错，盟主就要考虑通过直营连锁来扩张市场。

在现实经济生活中经常出现这样的情况：那些对总部连锁体系的依赖度不高的加盟商，在学习到了盟主的经营方式，在经营中获得收益以后，由于其财务与盟主独立核算，很容易向盟主隐瞒其财务状况。另外，盟主这个“师傅”将加盟商培养起来，很可能在当地培养了自己的竞争对手。正是因为看到了这种市场风险，很多风投更青睐直营连锁企业。

3．选择三：连锁企业总部对加盟店的掌控能力

很多连锁企业，总部和加盟店的关系主要是依靠一张简单的合约在维持，总部对加盟店没有什么有效的约束和控制手段，于是导致相当一部分加盟店出了很多负面问题。

连锁企业总部对加盟店的控制手段越多，连锁企业总部对加盟店的掌控能力就越强；相反，连锁企业总部对加盟店的控制如果仅仅是依靠一张简单的合约，那么总部对加盟店的掌控能力就越弱。

16.3 私募基金的投资倾向

16.3.1 资本时代的连锁战略是51%控股式直营连锁

盟主和加盟商的关系本来非常简单，加盟商通过付费取得盟主的品牌、管理模式、产品等授权，然后自主经营、风险自担，基本上和资本市场收益的关系不大。

然而，连锁企业一旦上市，在证券市场的刺激下，特许连锁经营的游戏规则出现了改变，连锁企业盟主在拿到外来直接资本前后，纷纷收购加盟店，变加盟店为直营店，而且收购的模式基本相同，绝大多数连锁企业总部采取了至少“51%控股式直营”的收购模式。

由此，按照相关会计准则规定，连锁企业盟主就可以合法地把加盟店的经营业绩合并入总公司的财务报表，如果总公司计划上市或已经上市，相比经营利润，连锁企业盟主和加盟店资本市场的收益显然都要大得多。

“51%控股式直营”对连锁企业盟主的好处容易理解，加盟店也乐意接受这种模式吗？

根据调查了解，大多数加盟商对于连锁企业总部“51%控股式直营”的做法经历了一个“不了解→担心→了解→积极配合”的过程，因为加盟商发现，凡是采取“51%控股式直营”的连锁企业总部，其上市都提上了日程，而上市之后加盟商除了能获得高额的资本收益之外，还能获得比被控股前更好的发展条件。

一些嗅觉敏锐、拥有资本市场眼光的加盟者，获悉总部或盟主有上市的计划，也会主动向总部靠近，希望盟主上市前优先回购自己的股份，从而享受到来自资本市场的收益。但是在不同行业，由于上市后的市盈率存在较大差异，加盟商也并不都情愿被收购。例如，教育培训产业由于上市的市盈率普遍比较低，加盟学校的收购难度就比较大，一般盟主都是拿现金才可以进行收购。

在已经对加盟店完成收购的连锁企业中，百丽公司的“收购加盟店”模式、“用资本重组管道”模式是一个经典案例。在资本圈内，百丽的运作模式早已不是业内的秘密，但很多连锁企业还并不十分清楚，“百丽模式”值得那些正在和资本对接、计划收购加盟商的连锁企业借鉴。

16.3.2 “小肥羊”为何改变连锁策略规避经营风险

2009 年 12 月 11 日，有“中国火锅第一品牌”之称的“小肥羊”宣布，以总价 34.5 万美元向合作伙伴 Wang Fang 悉数转让美国“小肥羊”69%的权益。转让完成后，美国“小肥羊”将不再为“小肥羊”附属公司。而此前，“小肥羊”已经相继转让了加拿大、日本的控股公司股权。至此，“小肥羊”已退出其除港澳外在海外的全部直营业务。

“小肥羊”自 2006 年之后就没有在国外开过直营店，并已经做出了转型加盟方式的决定。为何短短一两年间的试验，就让“小肥羊”迅速开始调整战略呢？“小肥羊”认为，主要是海外直营管理链条太长，成本太高，加上对语言、法律、环境等不熟悉，在海外开店，其风险远远高于中国市场，而且投资报酬率也相对较低。最近的金融风暴也是其退出美国市场的一个原因。

“小肥羊”在出售海外直营店后，将以更多资源专注于其在中国的核心业务，未来在国内将采取一二线城市以直营为主，三四线城市以加盟为主的扩张战略。此外，“小肥羊”在海外还将以加盟的方式继续拓展。

“小肥羊”早期加盟政策为“以加盟为主，重点直营”；从2003年开始，将加盟政策调整为“以直营为主，规范加盟”；自2007年5月起，调整为国内市场一二线城市以直营为主，三四线城市以加盟为主；到2009年退出国际市场直营业务，以加盟的方式拓展海外市场。“小肥羊”扩张、收缩和整顿特许经营业务对国内餐饮连锁企业有何启示？

发展初期的“小肥羊”加盟策略是“加盟为主，重点直营”，在全国各地设立了省、市、县级总代理及单独加盟店，而在北京、上海、深圳等重点城市实行直营战略。这种跑马圈地、大张旗鼓的操作模式，在早期的确为“小肥羊”的快速发展起到积极作用，但随后也暴露了诸多问题。加盟者的素质和服务、管理质量参差不齐，加盟连锁服务系统不完善，这使得“小肥羊”不得不放慢速度。从2003年至2007年这几年间，“小肥羊”运用“关、延、收、合”四字诀，对加盟市场进行了大规模的治理整顿，收效明显。从2004年以来，加盟店的数量逐渐减少，质量逐步提高。

事实证明，“小肥羊”的标准化产品、对加盟连锁的推广和利用、垂直一体化的经营模式，使企业掌握了消费趋势，从而能够保持快速稳步的发展。

“小肥羊”在引入基金公司2 500万美元的资金之前花了3年的时间对其加盟店进行清理整顿，把原先“以加盟为主、重点直营”的开店战略改为“以直营为主，规范加盟”，收购了大部分代理商和加盟店的股权。

第 17 章

连锁业的绩效评估

17.1 连锁总部的绩效评估内容

17.1.1 店数的增加

1. 直营店的拓展

（1）高获利直营店数的增加。拓展增设较高获利、地点较合适本行业的直营店，因获利店数的增加，使获利总额提升，进而达到规模经济店数。例如，原有 10 家店，有 8 家每家的平均获利为 10 万元，一家达到损益平衡点，另一家已亏损 10 万元，若再增开 5 家高获利店，则每月亏损店比例可由 8：2 转为 13：2，获利总额由 70 万元增至 120 万元。

（2）亏损店的迁移和关闭。迁移已亏损且经业绩提升救店计划后仍无法再提升的商业区退化店，使总部不再因负担亏损店而降低获利总额。如上例中不再增设新店，将原亏损店迁移或结束，则可使总部原获利总额由 80 万元提升至 90 万元或 100 万元。

2．加盟店的拓展

开放拓展加盟店，可增加加盟权利金收入、商品供货收入、每月月费收入，分摊促销费用等，使总部获利提升。例如，每拓展1家店可收取1万元权利金，若拓展10家加盟店则可增加总部加盟权利金收益10万元。总部虽然也因而增加了人力成本，但扣除其费用后，还可增加总部的总收益，而且最重要的是，拓展加盟店后可令总部知名度相对提升。商品的总销售量增加后，总部的采购议价力也会相对提升。

3．向员工让股

（1）原直营店开放。开放处于损益平衡点边缘的直营店给资深店长或员工经营，一方面回收单店的投资资金，另一方面因员工投资自己当老板的心态，会更卖力地全心投入经营，可提升该单店经营绩效，使总部因单店获利增加而提升获利总额。

（2）新开店的开放。开店时即让员工入股，一方面可降低总部投资总额，另一方面可降低经营风险，总部对该店的掌握度也如同直营店管理模式，这样就可以加快展店速度。

17.1.2　单店利润的提升

1．业绩的提升

业绩主要的提升方向是新顾客的开发、顾客购买额的增加、顾客来店频率增加。提升业绩的具体做法如下。

（1）明确的经营定位。企业重新经营定位，明确企业的主力顾客层与主力商品、服务品项，确立顾客的认同。

（2）完善的年度促销计划。由年度促销计划的制订与执行来活跃各单店的气氛、提升人员士气、增强企业知名度，进而提升顾客平均购买额与来店客数。

（3）组合商品开发。组合式、套装式商品的开发设计，重新赋予商品或服务项目新生命与面貌，使商品能更迎合顾客需求，并与顾客的生活能更切合，增进顾客的认同，提升顾客购买额。

（4）新商品开发。不断开发与引进合乎企业定位与更受顾客喜欢的新商品，使顾客进入本连锁系统门市时能更满意，从而增加新顾客。

（5）商品质量再提升。总部与各单店能对销售商品做最严密的管理，不断提升本企业销售商品的质量，确立顾客对本企业商品或服务的信赖与认同。

（6）服务流程的再检讨。针对本企业内商品管理与服务作业流程再简化，以符合顾客导向为基本原则，让顾客到本连锁企业消费能更满意，以加深其对本企业的印象，提高来店消费频率，并能主动为连锁店宣传。

（7）商品的陈列更人性化。商品陈列管理，采用生活形态化的陈列设计，使顾客消费时能更人性化、丰富化、系列化，以便利顾客的选择与购买，提高顾客购买额与来店客数。

（8）人员服务应对培训再加强。针对各级门市人员顾客服务与销售应对技巧，定期实施在职培训来提升商店服务质量，使顾客对本企业的服务质量能更满意，提升顾客的来店消费额度。

（9）团体、会员顾客组织系统的建立、运作与维系。强化企业与顾客的关系，对已购买本公司商品的顾客，建立完善的售后服务系统，使顾客购买本企业的商品无后顾之忧。针对老顾客、团体顾客、会员顾客给予特别的回馈或服务，并建立顾客推荐的折扣或分红制度，使顾客主动介绍新顾客或提高消费金额。

（10）企业形象与识别系统的再促进。有关企业形象与识别系统的制作物，经过整体的整合并强化，使顾客对本企业能留下更好、更深刻的印象。

2. 毛利的提升

毛利提升可区分为平均毛利率与经营毛利额的提升，具体方法有如下几种。

（1）新商品开发。总部不断开发高回转的商品，可提高单店运作效率；开发高毛利商品，加强高附加价值服务性商品的开发引进，提高平均毛利。

（2）淘汰低回转、低毛利商品。依照各单店单品的“营业回转率×单品毛利率＝贡献力”的公式，对商品进行计算排名，排名在最后 5%的为准备淘汰的商品。淘汰贡献力低的商品后，可使各单店引进较高贡献力的商品，同时可提高商品平均毛利额与商品回转率，进而使各单店运营效率提高。

（3）商品进价的降低。对销售量高、回转快的商品，公司建立总库或于各单店建立库存，一方面可减少缺货情况发生，另一方面可使每次采购量提升。总部经统计后，以该商品的年度销售总量与供应厂商进行协商议价，可降低商品的进货成本或获得较佳付款条件。

（4）自有商品的开发。对销售佳、回转快或毛利低的商品，自行开发自有品牌或取得国外同级名牌商品在国内的代理权，可提升各商店的平均毛利。

3. 获利额的提升

各单店因来客数的提升、顾客购买额的提升、毛利率的提升，可使得单店毛利额大幅提升，进而使企业整体获利大幅增长，因为“获利额提升数=来客数的提升数×顾客购买额提升数×毛利率提升数”，所以连锁企业总部能快速地达到其规模经济点。

17.1.3 费用成本的降低

1. 总部费用的降低

（1）内部管理系统健全化。总部管理运作系统制度化，简化人员作业程序、窗体流程，降低行政管理费用。

（2）促销、广告规划效益化。企业整体年度促销、广告提前规划执行与制作物规格化、统一发包制作、配合厂商提前洽谈与寻找可联合本业上下游或异业共同促销，以降低促销广告、赠品费用与毛利的损失等，可进一步提升广告与促销的运作效益。

（3）整体议价可降低进价。明确年度新店布点计划与新店家数，有利于对供应厂商或找寻其他替代厂商的多家比价或可以一次议价，但依展店计划分次送达，可使议价空间加大，降低开店装潢、设备成本，使各单店每月的折旧费用再降低。

（4）作业计算机化。对已标准化或已运作顺畅的操作系统予以计算机化，减少人员作业时间、人员培训时间，降低人员薪资、费用成本等。

（5）转化费用单位为盈利单位。对已开放拓展加盟店的总部行政单位、商品部门、财会部门等，可开放对加盟店提供税务、财务、行政等服务协助，也可以收取一些费用而由此产生收入。例如，总部可为加盟店提供会计、税务的协助处理，所以加盟店不用再花钱雇用会计人员，而总部相对可以一个人力协助10家店的会计、税务事项，并每家收取适当的费用，如此加盟店与总部都可获益。

2．单店费用的降低

（1）服务作业流程的标准化。降低服务作业时间的人员薪资成本与人员养成培训时间。

（2）人员管理系统化降低人员流动率。减少人员流动率，可降低人员培训招聘费用、人员作业不熟练的损耗成本，或因得罪顾客造成的本公司营业损失。

（3）减少投资损失风险。确立新店觅点评估标准，减少展店投资风险与缩短开店前期的亏损时间。

上述方法可使单店不断降低费用，进而提升各单店的获利。总部与单店费用的降低，使企业整体费用降低，企业获利快速提升，以达到规模经济的目的。

17.2　连锁总部的绩效评估指标

1．收益率分析指标（见表 17-1）

表 17-1　收益率分析指标

项　目	公　式	说　明
资本周转率	总收入÷资本	要提高资本周转率 比率越高，表示资本经营效率越高 比率越低，表示资本经营效率越低
存货周转率	销货净额÷（期初存货+期末存货）÷2（以零售价计）	要提高存货周转率 比率越高，表示经营效率越高或存货管理越好 比率越低，表示经营效率越低或存货管理越差
存货周转期间	平均存货÷销货净额÷360	要降低存货周转期间 期间越长，表示经营效率越低或存货管理越差 期间越短，表示经营效率越高或存货管理越好 （以零售价计算存货）
销货毛利率	毛利÷销货净额	要提高销货毛利率 比率越高，表示获利空间越大 比率越低，表示获利空间越小

续表

项目	公式	说明
配送中心退货率分析	自配送中心退货金额÷自配送中心进货金额	要降低配送中心退货率 比率越高，表示存货管理控制越差 比率越低，表示存货管理控制越好
销货净利率	净利÷销货净额	要提高销货净利率 比率越高，表示净利率越高 比率越低，表示净利率越低
应付账款周转期间	（应付账款＋应付票据）÷进货净额÷360	要提高应付账款周转期间 期间越长，表示免费使用厂商信用的时间越长 期间越短，表示免费使用厂商信用的时间越短
人事费用率	人事费用÷销货净额	要降低薪资与销货额比率 比率越高，表示员工创造的营业额越低或人事费用越高 比率越低，表示员工创造的营业额越高或人事费用越低
广告费用率	广告费÷销货净额	要降低广告费用率 比率越高，表示广告所创造的营业额越低 比率越低，表示广告所创造的营业额越高
租金费用率	租金÷销货净额	要控制租金费用率在一定百分比以下 比率越高，表示地点选择不佳 比率越低，表示地点选择越佳 （租金和销货净额的关系是相对的）
营业费用率	营业费用÷营业收入	要降低营业费用率 比率越高，表示营业费用支出的效率较低 比率越低，表示营业费用支出的效率较高
交叉比率	毛利率×存货周转率	要提高交叉比率 交叉比率越高，表示越是利润所在 交叉比率越低，表示越不是利润所在
大分类构成比	大分类销货净额÷总销货净额	要提高毛利的大分类产品构成比 分析各大分类产品占总销售净额的比例

2．人事安定率分析指标（见表 17-2）

表 17-2　人事安定率分析指标

项　目	公　式	说　明
人员流动率	期间内离职人数 ÷ 平均在职人数	要降低人员流动率 比率越高，表示人事越不稳定 比率越低，表示人事越稳定

3．生产率分析指标（见表 17-3）

表 17-3　生产率分析指标

项　目	公　式	说　明
平均每人营业收入	营业额÷商店员工人数	要提高平均每人营业收入 比率越高，表示员工绩效越高 比率越低，表示员工绩效越低
员工生产力	营业毛利÷商店员工人数	要提高员工生产力 比例越高，表示员工生产力越高 比例越低，表示员工生产力越低
卖场使用率	卖场面积÷全场面积	要提高卖场使用率 比率越高，表示使用率越高 比率越低，表示使用率越低
人员守备率	卖场面积÷平均工作人数	要求最适人员守备率 比率越高，表示每人负责面积数越多 比率越低，表示每人负责面积数越少
损益平衡点	商店总费用÷毛利率	要降低损益平衡点 损益平衡点越低，表示获利时点越快 损益平衡点越高，表示获利时点越慢
损益平衡点与销货净额比	损益平衡点÷销货净额	要降低损益平衡点与销货净额比 比率若小于 1，表示有盈余，比率越小，盈余越多 比率若大于 1，表示有亏损，比率越大，亏损越多

续表

项　目	公　式	说　明
经营安全力	1－（损益平衡点÷营业额）	提高经营安全力 点数越高，表示获利越多 点数越低，表示获利越少
投资报酬率	净利÷总投资额（资本）	提高投资报酬率 比率越高，表示资本产生的净利越高 比率越低，表示资本产生的净利越低
品效分析	营业收入÷品项数目	提高品效，降低劳动分配率 品效越高，表示商品开发及淘汰管理越好 品效越低，表示商品开发及淘汰管理越差
面积效率	营业收入÷品项数目	提高面积效率 面积效率越高，表示卖场（全场）面积所创造的营业额越高 面积效率越低，表示卖场（全场）面积所创造的营业额越低
人时生产率	营业收入÷人员总工作时数	提高人时生产率 人时生产率越高，表示人员工作效率越好 人时生产率越低，表示人员工作效率越差
来客数	依收据（发票）数目（通行人数×入店率×交易率）	提高来客数 来客数越高，表示客源越广 来客数越低，表示客源越窄
客单价	营业额÷来客数	提高客单价 客单价越高，表示一次平均消费额越高 客单价越低，表示一次平均消费额越低
劳动分配率	人事费用÷营业毛利	降低劳动分配率 比率越高，表示员工创造的毛利越低 比率越低，表示员工创造的毛利越高

4．成长率分析指标（见表 17-4）

表 17-4　成长率分析指标

项　　目	公　　式	说　　明
营收达成率	实际营业收入 ÷ 目标营业收入	提高营收达成率 比率越高，表示经营绩效越高 比率越低，表示经营绩效越低
毛利达成率	实际营业毛利 ÷ 目标营业毛利	提高毛利达成率 比率越高，表示经营绩效越高 比率越低，表示经营绩效越低
营业净利达成率	实际营业净利 ÷ 目标营业净利	提高营业净利达成率 比率越高，表示经营绩效越高 比率越低，表示经营绩效越低
费用达成率	卖场面积数 ÷ 目标费用	降低费用达成率 比率越高，表示实际费用越高 比率越低，表示实际费用越低
营业成长率	本期营业收入 ÷ 上期（去年同期）营业毛利 × 100%	提高营业成长率 比率越高，表示毛利成长性越高 比率越低，表示毛利成长性越低
毛利成长率	本期营业毛利 ÷ 上期（去年同期）营业毛利 × 100%	提高毛利成长率 比率越高，表示毛利成长性越高 比率越低，表示毛利成长性越低
净利成长率	本期营业净利 ÷ 上期（去年同期）营业净利 × 100%	提高净利成长率 比率越高，表示净利成长性越高 比率越低，表示净利成长性越低

17.3　个别连锁店的绩效评估内容

连锁总部首先是评估加盟连锁店各店的绩效，然后再针对结果加以检讨改善。

由总部的营业部及各店组成评估小组，负责各店的评估工作，由营业部负责召集。每五间门市选一位店长担任。

月评估由区主任就评估结果会审（抽评）；季评估由营业部区主任就各店每月的评估结果进行评选，并由督导就当季评估结果进行会审；年度评估由区督导就各店每季的评估结果再进行评估；总经理就当年评估结果进行审核。

每月10日为评估时间；每季（4月、7月、10月、1月的10日）综合当年各月成绩评估；每年（1月10日）综合当年各季成绩评估。

评估内容包括如下各项。

1．人员士气、服务水平评估

（1）每月是否依规定轮流值班、休假？

（2）员工请假率是否太高？

（3）每日营业时间是否按规定？

（4）每日店早会是否召开？

（5）员工出勤状况是否依规定？

（6）员工出勤是否依规定打卡？

（7）公司各项培训是否参加？

（8）是否落实追踪教育培训？

（9）人员是否皆能善用公物，爱惜资源？

（10）对店内设备操作是否熟悉？

（11）员工的服装仪容是否合乎规定？

（12）员工是否着规定制服？

（13）是否有入店招呼及送客招呼？

（14）对待顾客是否亲切有礼？

（15）是否未曾触犯卖场禁忌事项？

（16）员工对待顾客的服务态度是否主动？

（17）员工是否熟悉应对用语及技巧？

（18）个人物品是否放置定位？

（19）是否按规定填写窗体并确定执行？

（20）店长是否每日填写店长日志？

2．商品管理评估

（1）商品是否按先进先出的原则处理？
（2）报废损耗商品是否填入报表？
（3）商品进货明细及单据是否保存完整？
（4）是否有商品缺货而员工不知的情况？
（5）商品是否依分类置于指定处？
（6）储物架是否发生商品过期、损坏但仍放置的情况？
（7）原材料、包装、工具是否依规定放置？
（8）对于商品知识，员工是否皆有基本常识？
（9）设备保养与维护方式是否按规定执行？
（10）商品的原料、包装是否备齐？
（11）是否常发生缺货的情况？
（12）原材料不足时是否立刻补充？
（13）店卡、订购单是否随时补充？
（14）商品包装材料是否依规定（材料、规格）？
（15）销售商品是否依规定逐笔打入收款机？
（16）是否按订货规定向公司订货（时间、流程）？
（17）是否发生私自向外厂商订货而公司不知的情况？
（18）商品制作流程是否正确、迅速？
（19）商品包装是否干净、迅速？
（20）是否销售变质商品？

3．环境整洁评估

（1）门口、骑楼是否整洁？
（2）价目表、招牌是否整洁？
（3）陈列台是否保持清洁？
（4）机器是否随时保持干净？
（5）运行设备、器具是否保持整洁？
（6）天花板、地板是否保持整洁？

（7）冷冻柜、冰箱是否保持清洁？

（8）烤箱是否保持清洁？

（9）油炸机是否每日清理？

（10）运营设备是否定期维护保养？

（11）运营器具、设备是否于使用后立刻清洗？

（12）办公室（仓库）是否保持整洁？

（13）清洁工具是否依规定放置？

（14）是否备有伞架（桶）、脚踏垫等防水工具？

（15）海报、广告牌、店卡是否依规定放置？

（16）卖场是否播放音乐？

（17）冷气机、灯光是否按规定开启？

（18）柜台是否保持整齐、干净？

（19）前场环境是否保持整齐、干净？

（20）后场环境是否保持整齐、干净？

4．钱财管理评估

（1）是否依规定时间将前日营收款汇回总公司？

（2）每月是否按规定缴交货款于公司？

（3）每日是否填写收银日报表？

（4）收银误打时，是否填写收银误打记录表？

（5）收、找钱时是否按标准术语向顾客说明？

（6）是否依规定将大钞、有价券放于指定处？

（7）是否依规定开立发票交给顾客？

（8）顾客未取走的单据是否按规定处理？

（9）更换收款机纸卷是否正确、迅速？

（10）是否有漏打的情形？

（11）收银是否常无零钱可找？

（12）每日结账时，是否发生收支不符？

（13）人员是否有辨识伪钞的能力？

（14）收零金、零用金是否区分使用？

（15）服务人员身上是否均未携带钱？

（16）交接班是否按规定办理？

（17）结账完毕后是否清机并关闭收款机？

（18）误打发票的情形是否增加？

（19）收银结账金额是否常有误差？

（20）窗体是否整理定位？

5．营业目标达成率

（1）评分标准以 20 分为基准分数。

（2）实绩达目标 100%，达到者得 20 分，每未达 1%，倒扣 0.2 分，超过目标 100%以上者，每超过 1%加 0.1 分。

6．毛利目标达成率

（1）以不超过预估额为基准。

（2）实际发生额与预估额符合时得分 20 分。每低于预估额 20%，加 1 分，高于预估额 1%，则扣分 1 分。

7．费用预估控制

（1）20 分为基准分数。

（2）实绩达目标 100%者得 20 分，每未达 1%，倒扣 0.2 分，超过目标 100%以上者，每超过 1%加 0.1 分。

8．营业额成长率

（1）以 10 分为基础。

（2）实绩达总目标 100%得 10 分，每未达 1%，倒扣 0.2 分，超过去年实绩 100%以上者，每超过 1%加 0.01 分（开新店以第 1 项加重计分）。

17.4　个别连锁店的绩效评估指标

（1）营业额：营业额较去年同期增长情况。分析同期的社会环境变化及节庆影响等因素。

（2）毛利：利润是关系店铺存亡的根本。因此毛利绩效的评估非常重要；是否较去年同期、上月有增长？是领先业界，还是在业界平均水平之下？

（3）商品周转率：周转率可提高流动资金的运用。周转率过低，将使资金周转困难。

（4）流动比率：该比率各业态不同，但如果低于 100%，表示负债 > 资产，是相当危险的。

（5）每平方米销售额：当然绩效越高越好。

（6）人事效率：人事费用的高涨，常会影响企业的安全，因此控制得宜的人效也是企业绩效评估重点。提高人效，唯有从两点着手，提高总业绩（有时非常不易）；缩减工时（可由人员工作效率的提高及主管工作分配得当来改善，此为较易达成的点）。

（7）库存额：店铺应该要做到适量库存，才能提高绩效。

通过评估，才能有效管理，面对竞争环境。

心得栏

第 18 章

连锁业的绩效改进

18.1 店铺亏损的原因与对策

连锁总部对商店的绩效加以评估，一旦发觉单店亏损，必须找出原因，制定对策，运用对策时必须因地制宜，寻求最佳方案，加以有效执行。

18.1.1 店铺亏损的原因

1．商圈问题

（1）商圈特性掌握不佳。

（2）竞争店数增加及竞争店改变特殊营销策略。

（3）商圈腹地太小，人流不足。

（4）商圈内顾客的消费习惯与本产业不符。

（5）总部在不了解商圈状况下布点错误。

2．服务、士气管理问题

（1）服务态度不佳。

（2）人员敬业精神差。

（3）服务流程不顺。

（4）人员不足。

（5）教育培训执行不佳。

3．商品管理问题

（1）商品组合不当。（滞销品多、周转慢……）

（2）商品质量不佳。（报废增加、退货增加……）

（3）商品陈列不当。

（4）缺货情况增加。

（5）存货控制不佳。

4．管理（钱财及其他管理）问题

（1）店长领导方式不佳。

（2）促销执行不佳。

（3）店内设备、器具运用不佳。

（4）现金短溢情况增加。

（5）未能配合总部运营方针。

（6）店铺与总部的沟通不良。

5．环境整洁问题

（1）店铺环境清洁卫生差。

（2）后场杂乱不洁，店外卫生管理不佳。

（3）店铺营业设备清洁维护不佳。

6．总部（总公司）问题

（1）总部人员配合不佳。

（2）总部未积极解决门店问题。

（3）总部未尊重门店所提的议案。

（4）总部对发布的政令未贯彻执行。

（5）总部的策略方针偏差。

7. 绩效问题

（1）营业目标达成率不佳。

（2）毛利目标达成率不佳。

（3）费用目标控成率不佳。

（4）净利目标达成率不佳。

18.1.2　店铺亏损的对策

一时处于亏损的店铺，并不是说就永远身陷此困境。只要所在商圈地理位置理想，并且积极努力地改善店铺既有但欠佳的经营架构，最后把它变成明星店还是有可能的。

如果造成店铺亏损的原因是地理位置不理想，那就有必要采取撤退策略，退出市场，结束营业。因为地理位置不好的店铺，一般来说将来这种情况也不可能有所好转。除非商圈内有城市改造计划等足以改善商圈的情形出现，才考虑是否继续营业。

通常，亏损店铺对企业整体利益并无正面贡献，因此要尽可能减少亏损店铺的数量。经营者面对亏损店铺时，主要有以下四种对策，如表 18-1 所示。

表 18-1　亏损店铺对策

维持策略	策略性店铺： （1）位处配送路线上，减少运输成本 （2）实验店，收集信息、宣传、广告、实习 （3）防止竞争店进入，赤字经营
改装策略	更新店铺： （1）地理位置有发展潜力 （2）具有经营能力 （3）强化商品计划能力
转换策略	新业态店铺： （1）商圈条件改变 （2）具备专业经营技术 （3）拥有经营管理人才 （4）新业态有成长性

续表

撤退策略	关闭商店： （1）地理位置没有发展前景 （2）店铺无直接利益

1．维持策略

虽然店铺营业额增长率、市场占有率皆低，但因属于“策略性店铺”（如连锁总部的示范店），企业基于整体策略性考虑，即使亏损也必须坚持经营下去，不能轻易放弃而退出商圈。

在以下三种状况下，企业采取维持策略。以“策略性店铺”的立场，对企业内部员工讲明，让全体员工理解此商店经营的意义，以避免不必要的误解。

（1）若企业采取连锁店经营方式，在各地发展店铺，便可以享有降低物流成本带来的经济利益。因此，当亏损店铺位于配送路线上，企业就要以降低物流成本效益做抉择。

（2）企业若基于收集市场信息需要而设店；累积新业态经营经验而设店，让新进员工实习而设店；在重要道路、能见度高的地理位置设立为达宣传效果的展示店，凡基于此等特殊功能考虑，所开设的店铺就不能轻言撤退。

（3）为防止既得利益不被其他竞争店铺的侵入而流失，企业有必要先一步占领商圈内战略要地，避免后者进来争夺市场；或在某一特定商圈里，为了迫使既有竞争者店铺退出市场而进行密集挟杀式的设店，此种属于竞争性的策略。

2．改装策略

亏损店铺的经营者可采取改装策略，此时应考虑以下因素。

（1）地理位置是否具有潜力。判断商圈良好与否的基准有以下两种状况：一是顾客容易接近的位置；二是能形成独立商圈的位置。

如果店铺位于人口增长地区、新兴开发商业区等地区，该店铺即使一时是亏损店，但仍然具备更新改装的条件。亏损店铺经过改装后，其市场占有率立刻得到增长的例子不在少数。一些店铺地理位置虽然很好，但可能因为管理不善而导致亏损，此类店铺只能选择加盟连锁经营，才能摆脱亏损的困境。只是，这种店铺必须拥有良好的商圈范围。

（2）是否具有经营能力。店铺改装，若只是商店硬件设施的更新，无法保证一定会获得成功，要成功，必须注重店铺软件经营能力的转换与变革。

判断一个店铺是否具有经营能力，可以和竞争商店做比较分析，然后经由分析结果获知优势所在，据此提升商店经营能力。

（3）是否具有强化商品计划能力。在商店经营能力中，最重要的是商品能力。造成店铺亏损的原因若是由商品能力不足所引起的，则亏损店铺欠缺强化商品计划能力，那么此店铺即使予以更新改装，也不可能有很大进展。

店铺经营者要采取哪种方法，可依本身商品计划策略和竞争店铺关系来决定。这样连锁经营者才能针对本身条件去强化商品计划能力，才能真正使店铺改装等策略发挥积极作用。

3．转换策略

亏损店铺的经营者若采取转换策略，应考虑以下因素。

（1）商圈条件是否改变。当一商圈地理位置条件随着时间与空间的变迁，既有业态生存条件不符合其发展时，连锁经营者就应当适时考虑转换经营新兴业态。

（2）是否具有专业经营技术。如果试图转换经营业态，却无法取得必要经营技术的话，则转换策略便无成功的可能。也就是说，专业经营技术是转换业态极为关键的因素。一般而言，具有较强实力的连锁经营企业因拥有比较丰富的相关经营技术，因此转换策略也容易成功。中小连锁经营企业由于相关经营技术和资源比较缺乏，所以成功的机会相对较小。

（3）是否拥有经营管理人才。专业经营管理人才是否具备是决定一种新业态成功与否的要素。大型连锁经营企业在长期培养、保留人才方面较具优势，对转换业态策略的运用比较有利。中小连锁经营企业人力资源比较有限，运用此策略比较不利。

（4）新业态是否具有成长性。连锁经营者之所以采用转换策略，其目的是想摆脱不利局面，迈向成长。所以，新业态是否具有成长性，对转换策略实施后的长期经济利益具有深远的影响。

4．撤退策略

亏损店铺的经营者可采取撤退策略，应考虑以下因素。

（1）地理位置有无发展前景。营业额增长率低和市场增长率低的店铺，此种亏损店商圈若无成长性，连锁经营者应采取撤退策略，早日退出市场以减少损失。

零售业又称立地产业，因此其所在地条件优劣，可决定一店铺的经营成败。不具成长性的商圈立地是指旧商业区、交通出入不便之处、地形不佳、商圈条件欠理想等。

（2）店铺有无直接利益。所谓店铺直接利益，是指尚未均摊企业总部管理成本前的利益。如果店铺直接利益计算结果处于亏损状态的话，此店铺对连锁总部来说是毫无贡献可言的，应予以淘汰。但在关闭此类无直接利益商店前，检查其是否具有转亏为盈的可能性：① 营业额能否增长；② 提高毛利额的可能性；③ 管理费用削减的可能性。

发现无直接利益的店铺时，必须确认是因商圈地理位置不佳引起的，还是因店铺的经营能力不足引起的。若由前者引起，就必须断然关闭亏损店铺；若由后者引起，就可针对其去努力，如果仍然不行，就只有结束营业了。

18.2 对亏损连锁店的改进

18.2.1 业绩的有效提高

经过绩效评估，针对标准要求以下的各项，店铺应研究出可行改善方案，如业绩额的有效提高、库存的有效管理、人事效率的提升。

业绩的优劣是店铺的生存命脉，要提升业绩，必须增加来客数与客单价。

营业额=来客数×客单价

来客数=流动人潮×入店率×交易比率

客单价=购买商品数×平均单价

因此，提高营业额可从下列几点着手。

1. 增加来客数

要增加来客数，可考虑以下三点：

- 流动人潮的提升。
- 入店率的提升。

- 交易比率的提升。

流动人潮和店铺地理位置有相当大的关联。除地理位置外，通过各种促销活动的举办增加流动人潮，同时促销活动可以激发顾客入店的欲望，对入店率的提升也有很大的帮助。维系老顾客、培养新顾客，更是不容忽视。

入店率的提升，除了促销活动的举办外，如何利用店铺购物气氛，将流动人潮诱导入店也是很重要的一种手段：店铺橱窗的美化，重点商品的促销，POP、吊牌、彩旗的布置等。

交易比率的提升，与商品的陈列、价格以及购物气氛相关。展示活动能够刺激顾客的冲动性购买。另外，也不能忽略服务的重要性，店员亲切的服务态度及适时专业地回答顾客的各种询问可提高交易比率。

2. 提高客单价

提高客单价也是提高业绩的方法，客单价的构成为：

$$客单价=购买商品数\times平均单价$$

由此公式看出，诱使顾客的购买商品数提高和诱使顾客购买单价较高的商品成为提高客单价的两个关键。

如何提高顾客购买商品数？除了依靠促销活动之外，将相关性产品陈列在一起，使顾客购买商品时顺势购买它的相关性产品。比如，面包—牛奶、胶卷—电池、饮料—零食等。齐全的商品让店铺所设定的目标顾客能一次购足。当然，店员的态度及专业知识往往会使顾客乐于多买几件商品。商品展示活动可以有效提高冲动型消费理念者的购买概率及件数。

如何吸引顾客购买单价较高的商品？要提供何种诱因，才能使顾客掏出腰包？

第一个方法是加大包装，新包装采取特价供应，吸引顾客购买单价较高的新包装商品。

第二个方法是附加价值，随高单价商品提供赠品、活动参与数、包装、免费送达等仅一部分人可享有的附加价值，提高顾客购买高单价商品的兴趣。

当然，针对顾客的实际需求来采取大包装或附加价值的增加，才能使顾客客单价提高。

通过上述分析，我们应当认识到店铺的地理位置、商品力、促销力，以及店员的服务质量都有助于提高营业额，同时，还应掌握商圈的消费动态、竞争店的各项经营情报，适时地推出各项对应策略才能有效带动店铺的业绩。

18.2.2 库存的有效管理

店铺的库存量过多，将产生资金周转困难，同时因滞销品无法及时汰换，产生营业面积的浪费，导致商品的新鲜感不足。所以，有效、及时地处理过多库存品才能提高经营绩效。以下为有效管理库存的几个方法。

1．降价求现

对于那些库存过多的滞销品而言，降价求现是最佳的处理方法。当然，降价会损及店铺的毛利（率），但换个角度来看，如果滞销品不降价求售，不但会囤积成本，还会占据场地，影响坪效。对特许加盟店而言，良好的资金运用、流动及高坪效的卖场，才是立于不败之地的先决条件。

2．物有定量定位

将商品的陈列位置固定，如此一来，相关人员一眼就能看出哪种商品该订货了，以免造成重复订购。另外，加盟店管理者必须针对店铺销售情况及供货情形，拟订每项商品的最小订购量和安全库存量，以供订货参考。

3．周全的采购计划

做好周全的采购计划，以免因对商品力和销售力的认识错误而造成滞销品的大量采购，形成死货。良好的采购计划应对商品的质量、售价、成本、毛利、付款事项、进退货事项、活动赞助等详加考虑，并针对本店的消费群消费习性及促销活动内容、店铺的库存状况，适时适量采购适当商品。

4．掌握商品周转率

所谓商品周转率，是指某固定期间库存的商品可以周转多少次而收回资金。

周转率=销售额÷平均库存额

周转率越高表示商品越好卖。不同行业有不同的商品周转率，对周转率的标准尚缺乏具体的统计资料，业者往往根据经验及参考同业的相关资料来设定。掌握商品周转率，可以避免因库存额过高而影响店铺经营效率。

18.2.3　人事效率的提升

随着经济的发展和城市化水平的提高，在商店经营中，人事费用及店租占固定费用的比例将越来越高。因此，如果能提升人事效率，就能减少许多固定支出，对店铺效益的提高会有很大帮助。

一般来说，活用临时工，能有效地提高经营效率，降低人力成本。另外，还可考虑改进工作方法。在精简工时前，加盟店应对工作程序、工作方法做出改善方案并手册化，通过工作方法的合理设计和改善来提高工作效率，而不是一味地精简人员，导致员工工作量加大，让员工难以负担，进而影响到员工的稳定性。

18.3　加强单店管理

ABC 管理工具，就是根据各个店铺对企业的相对贡献度，将店铺分成三种不同的店铺群，即最重要的少数为 A 店铺群，次重要的为 B 店铺群，不重要的多数为 C 店铺群。

连锁总部有必要对全体店铺做分类管理，以便针对不同贡献度的店铺做有效管理。

A 店铺群只占店铺总数的 20%，对企业的贡献度达 80%，而 C 店铺群占店铺总数的 80%，对企业的贡献度只占 20%。这些 C 店铺群可说是亏损店铺，企业开设太多贡献度低的店铺，表示浪费资源，反过来侵蚀掉来之不易的利益。

因此，连锁经营总部很有必要特别对 C 店铺群做重点管理，采取如减少此类店铺数量或改善其店铺经营能力等措施。

根据 ABC 管理方法，锁定对象之后，接下来就是采取单店管理，单个亏损店铺的管理首先要对该店进行数据分析，将商店/商圈间的经营绩效进行比较，再就是善用信息，分析哪家店铺表现不理想，适合采取以上哪种必要策略。例如，利用 POS 系统所累积的各店铺经营数据，定期或不定期地和企业内部整体进行比较分析，也可以和企业进行比较分析，以详细掌握各家店铺经营绩效的好坏。

18.4 摆脱单店的盈利下降

连锁企业是一种复制游戏，但企业在跨半径经营过程中，很容易出现的问题是单店盈利能力下降。比如在以惊人的开店速度扩张时，并没有带来与之相对应的利润甚至销售回报。家电连锁巨头普遍出现单店利润率下降的情况。实际上，连锁巨头沃尔玛的成本优势在市场也没有凸现出来，盈利情况也并不理想。

从长远来说，连锁经营企业在高速扩张过程中都会出现单店管理水平下降、单店经营能力下滑的问题，也可以说不能避免，但是通过一些措施可以减缓盈利能力的高速下滑。

在连锁经营前期，可以通过如下策略提高未来单店盈利能力。

1. 合理地进行连锁布点的密度

密度过高就会导致“自相残杀”，密度过低，竞争对手就会趁机进入，所以建设一个“城市模型”，可以有效地对该市场的布点规模和价格水平进行科学规划。

2. 合理的店面面积

店面面积过大，容易使店面的有效资源不能得到充分利用，单位面积的管理成本高、盈利能力低；店面面积过小，则不能满足高峰期间的经营。

3. 合理的选址

连锁企业经营的决定性因素是选址、选址、再选址。从微观的角度来说，合理的选址能够决定店铺未来的经营业绩，同时建立一套选址的模型，对店铺未来的经营也埋下良好的伏笔。

18.5 案例一：整顿加盟店

“以加盟为主，重点直营”的经营政策，为小肥羊餐饮公司起步之初的快速发展带来了好处，同时也产生了许多弊端。重点体现在加盟者素质、服务以及管理质量参差不齐，从而损害了顾客的利益，而且由于这时期“小肥羊”还不是注册商标，缺少有力打假维权的武器，致使假冒者横行，也严重地伤害了小肥羊品牌的美誉度，使公司进一步的发展受制约，公司决定整顿加盟店。

从 2002 年年底开始，小肥羊公司采取一系列措施以扭转加盟市场的混乱局面，由原来的“以加盟为主，重点直营”变为“以直营为主，规范加盟”。

经过几年来不间断的清理、调整和规范，目前小肥羊公司的连锁店数量已由最高峰时期 721 家减少到 326 家（直营店 105 家，加盟店 221 家）。其中，取缔了到期关闭的不合格店面有 218 家；因不能维护公司形象、信誉而被取缔的加盟店 36 家；因违规经营而被取缔的店面有 19 家；因超期经营被取缔的店面有 40 家；因重大投诉而被取缔的店面有 21 家；因经营不善自行关闭店面有 53 家；因不可抗力关闭店面 8 家。

2003—2007 年，小肥羊公司将重点放在对加盟市场的清理和整顿上，所以极少发放加盟业务。为了给加盟者提供良好加盟环境，充分保证加盟者利益，小肥羊公司制定了新的、适应发展需要的加盟政策。

国内市场：一、二线城市以直营为主，二、三线城市以加盟为主，形成相互补充、相互促进的格局，且国内市场现已日臻成熟和完善，因此，在国内将不再设任何形式的总代理。

国际市场：鉴于国际加盟呼声比较高，因此针对国际市场情况，会在开设直营店并取得经验的基础上，适度开设加盟店。

新的加盟政策提高了对加盟者的要求，也提高了对加盟者的支持。最终目的是提高加盟店面经营的标准化使之高水平运营，以达到公司、加盟者、顾客的三方共赢。

18.6　案例二：七家连锁店的诊断辅导

A 公司从 1991 年起已陆续开设 7 家便利商店，经营者更在 1994 年设立连锁总部，实施计算机化管理，但是效益一直都不理想。经过顾问专家的会诊后，发现该公司的问题点与建议辅导事项如下。

1. 公司现有问题点

（1）盘点作业。

1）仓库分置多处，存货未作有系统规划，日积月累后无从盘起。

2）没有正确的盘点程序。

3）运用现有人力进行盘点常影响正常作业。

4）没有核查盘点后的资料是否正确。

（2）货架陈列。

1）货架的安全存量没有定性标准。

2）陈列商品零乱。

（3）卖场规划。

1）缺乏系统的卖场规划。

2）连锁经营绩效不彰。

（4）POS 上线后不知卖场作何调整。

2. 建议改善内容

（1）盘点作业建议。

1）配合近期 POS 的导入，建议应先找一恰当时机全盘一次，以产生期初库存量。

2）应先确立盘点周期，贵公司卖场坪数为 40~80 坪，每次两个人力约 3~4 小时即可盘完，并不会耗费太多人时间，故建议盘点周期一个月一次，若现场人力不足亦可请专业的盘点公司代为盘点，以公司卖场规模收费约在 4 000~4 500 元。

3）盘点前，应先规划盘点责任区域的分配及盘点动线规划，以免漏盘或重复盘。

4）由店务人员作初盘，由店长或总公司人员抽点覆盘，若误差比率在 5%内，此盘点结果即可成立。

5）盘差率 1.5%~2%方属合理，盘差过高应确实追踪并找出原因。

6）盘差重要因素：

- 内部作弊
- 账务作假

- 进货验收未落实
- 厂商偷窃
- 顾客偷窃

分析仍以内部弊端占极大比重，而非一般所传顾客偷窃问题。

7）盘点的目的在于落实商品管理及了解商品回转率。

8）盘点的阶段性任务，首先降低库存成本，其次提升业绩。

9）欲维持盘点后数据的正确性，应由制度面着手，即必须落实单品管理，进出货皆需确实管制方能达到此目的。

（2）货架陈列。

1）货架陈列可分为长行及断面陈列两种方式，前者较适合大卖场，后者较适合小卖场，A 公司卖场规模应以后者较恰当。

2）商品陈列应以商品属性相同陈列一起，切勿以厂商别方式陈列。

3）计算货架安全存量方式：

排面量=每日销售量÷单一排面量÷平均每日补货次数

货架库存量=排面量×单一排面量

安全存量=厂商进货前置量（每日销售量×前置期）+货架库存量

4）回转率=月平均营业额÷平均库存量

5）便利店平均 2.3 回转÷月，超市平均 2 回转/月；A 公司粗估应为 1 回转/月，回转率偏低。

6）建议调整商品结构，以有效提高回转率。

7）台账管理应落实，缺货架位切勿以其他商品补入，方能避免畅销品架位被滞销品取代而未察觉。

8）应严格控制厂商补货时任意占用其他商品架位，以确实掌握商品定位，建议在人力资源许可状况下最好由店务人员自行补货上架，尽量避免由厂商补货上架，上架应落实先进先出原则，方可避免过期品的产生。

9）厂商自行抄货，应有店务主管会签，以免厂商塞货。厂商进货应先退货再进货以确实控制退品。

10）采购人员应多参观其他卖场的商品结构，并注意媒体新商品广告，方能掌握商品动向，创造业绩。

（3）卖场规划。

1）卖场损益基准点计算方式为：总管销费用（含人事、租金、设备折旧、水电杂费等）/毛利率。

2）另一个影响销售的重要因素为地点选择，目前规划中的新卖场地点未能掌控商圈的最佳位置，若未来再有新卖场进入，对业绩将造成极大的影响，建议未来再有新卖场评估，应掌握最佳动线地利。

3）动线规划上，应掌握冲动性购买及目的性购买的动线延伸。表18-2为冲动性购买和目的性购买的对比情况。易造成冲动性购买的商品，应尽量放在卖场前段明显处，目的性购买商品应尽量移至后段以延伸卖场动线。

表18-2 冲动性购买和目的性购买的对比情况

	超　市	超　商
冲动性购买	70%	30%
目的性购买	30%	70%

4）超市平均坪效约为5万元/月。

（4）连锁化经营。

1）建议A公司至少应具备商品部、业务部、管理部三大部门。

2）应确实掌控各店的数据，如每日营业额、毛利率、来客数、客单价、商品件单价、库存值、商品回转率、商品排行榜、部门别毛利率、采购建议、滞销分析。

3）提高营业额建议方式：商品结构调整、整体形象广告招牌规划、促销活动、卖场动线规划、店务人员礼貌培训等，皆能有效提高营业额。

4）门市四大重点：清洁卫生、服务态度、欠品管理、鲜度管理。

（5）计算机化POS进销存管理系统。

1）计算机化要解决下列问题。

① 库存、成本及销售数据不正确，单品无法有效管理，资金回转率太慢。

② 未做销售预测且资料内容不正确，无法作为采购的依据。

③ 以人工制作的窗体，无法及时提供销售信息，致无法做有效的分析。

④ 销售及人事等各项管理作业尚未制度化，连带影响业务运作及工作效率。

⑤ 尚未建立解决问题的方法与途径，导致问题无法迅速而有效的处理。

⑥ 教育培训不足，造成人员素质不高、管理不易。

⑦ 收银员流动率偏高，交接费时且人力成本增加。

⑧ 由于信息不足，时间点控制不佳，决策依据仅能凭经验或主观判断。

2）信息面。

① 成立项目小组。由总经理亲自督导一个专责计算机化小组，制定项目目标，推展步骤，拟定各项具体实施方案。

② 定期召开项目会议。检讨系统导入现况进度，协调配合事项。

③ 信息化时程与工作计划（见表 18-3）。

表 18-3　信息化时程与工作计划

时程 / 工作	2004 年				
	1 月	2 月	3 月	4 月	5 月
基本数据建文件					
门市试上线					
库存管理					
进销存控管					
制度合理化					
门市正式上线					

④ 制定单品编码原则。遵守国际条形码的编码原则，以原印条形码为主，自编条形码为辅。

⑤ 制订店铺测试计划。2 月至 4 月为测试期，进行全系统测试、操作培训及上线调整。

⑥ 确认前后台系统及通信功能。根据功能规格确实追踪测试，使系统功能符合作业需求。

⑦ 商品主档与商品实物检核。测试店员每天回报单品是否已建档，售价是否与现场标价同步，以更新作业。

⑧ 人员操作培训。不定期举办操作培训，熟悉各项操作程序。

⑨ 成立热线及指定辅导员。负责辅导及解决使用上的问题，并将无法解决的问题反应给信息厂商处理。

⑩ 上线计划：测试计划完成后即可进行全面上线。

3）信息化的结果。现阶段采用两种条形码并行的制度，在生鲜及五金方面几乎完全采用店内码，日用品方面则以原印条形码为主，目前条形码的普及率已达95%以上。其POS进销存管理系统的运作状况如下。

① 前台收款机使用情况良好，作业速度及正确性显著改善。

② 系统测试已完成，功能规格确认无误，唯尚有部分基本资料（如进价、成本、采购条件等）因考虑进价成本不断变动（以移动价格平均成本法来计算其平均成本），现正积极修正中，完成后必能向采购及管理决策人员提供迅速有效的信息。

③ 盘点作业目前无法顺利推进，主要因为仓库及各门市的单品尚无标准配置图，无法有系统地陈列，盘点时间过长且耗费人力，现已觅妥适用盘点机，近期内即可上线使用。

④ 配合计算机作业的制度合理化工程，在总经理亲自督导下，已渐具成效。

⑤ 目前A公司所有门市皆已上线使用POS系统。

4）成本效益分析。

① 成本分析：A公司现阶段投资额约200万元（包括硬件成本、软件成本及人事成本）。

② 效益分析：

- 可随时掌握销售资料，且标价、改价作业迅速省力。
- 可缩短收银时间、减少登录错误，并可使现金管理合理化、销货传票自动化。
- 可做有效率的人员配置与作业规划。
- 可通过POS收款机收集资料，作为采购订货的依据。

③ 信息化导入前后的比较如表18-4所示。

表 18-4　信息化导入前后的比较

	导 入 前	导入 后
存货状况	1. 杂乱无章 2. 无从盘点（无条形码控制与单品管理）	1. 可将存货做大中小分类，并进行控管 2. 运用盘点机的优点，一个晚上二人次就可将一家分店存货盘点清楚
来客数	未曾统计过	平均一家分店约有 300 个来客数
促销活动的便利性	打标变价耗时费力	仅需下载促销数据至收款机，统一变价迅速
客单价	未曾统计过	约 150 元
销售量	相当	相当（目前受经济大环境及竞争对手影响仅能维持现状）
管理情况	“土法炼钢”	制度化管理已渐成形

18.7　案例三：连锁业的商品陈列诊断

企管顾问师进驻某连锁业加以辅导改进，辅导项目颇多，其中在商品陈列方面诊断内容如下。

1. 运用充满丰富感的陈列

（1）数量充足。

1）陈列量的绝对数没有不足的现象。

2）注意到不使量感丧失的最低陈列量。

3）认真考虑及满载陈列的效果。

（2）商品种类齐全。

1）从销路与比较购买两方面考虑而拟定完备适当的计划。

2）知名度高的商品齐备。

3）具备各种不同的尺寸、规格。

4）从关联性商品加以考虑而补充货品。

5）对新产品的采购无怠慢、拖延。

6）季节品合适、齐备。

（3）有吸引力的陈列。

1）使用补助陈列的器材，如镜子等。

2）努力使陈列表现立体感。

3）注意货架有无呈现空缺，注意随时填满。

4）使用特殊陈列，以显示效果。

5）活用商品的形态，加以有技巧的陈列。

6）生动地运用商品的季节感、新鲜度、特征性。

2．使人易于看见的陈列

（1）运用显而易见的分类陈列。

1）商品群清晰分类。

2）商品分类无混淆不清。

3）有适当的商品分类名称。

4）所做的分类表示易见且易于寻找。

（2）陈列位置应容易看见。

1）陈列位置合乎购买习惯。

2）关联性商品销售有一定的陈列位置。

3）陈列位置变换时，顾客很快就能熟悉。

4）有配合商品的性质及包装的陈列位置。

5）季节性商品及新品的陈列位置适当。

6）特价品的陈列没有问题。

（3）商店内部及商品应呈易见状态。

1）没有妨害顾客流通及阻碍视线浏览全场的特殊陈列。

2）没有因为包装华丽而使商品不显眼。

3）没有因陈列用器具及备用品的不完善而使商品不易看见。

4）商品的摆放正面向顾客。

5）没有乱用装饰及POP广告而妨碍了店内的视线。

（4）有效运用色彩、照明。

1）色彩的运用配合商品位置。

2）依照商品性质而考虑照明方法。

3）商店内部照明合乎标准。（依照标准，超级市场的照明度应在 500Lx，超级商店应在 700Lx）。

4）没有商品隐藏在阴影里。

5）聚光灯的运用适切。

3．使人易于拣选商品的陈列

（1）容易拣选的陈列。

1）将商品群分门别类适切陈列。

2）采取用途陈列。

3）按照大小不同尺寸来陈列。

4）在价格卡及标示卡上，将价格、规格明白表示。

5）有适当的购物指导（购物指导卡）。

（2）便于选购的陈列。

1）有适合顾客层的商品。

2）有让顾客易于抉择的厂牌。

3）有各种不同的颜色、样式、尺寸供顾客选择。

4）陈列位置易于比较（商品应群体化，采用合纵并排原则）。

5）经常注意陈列是否充足。

6）包装方法适当。

7）有替代性的商品。

4．采用易于拿取的陈列

（1）运用裸陈列。

1）包装易于拿取。

2）下功夫使用裸陈列。

3）认真研究售前包装。

（2）陈列位置适当。

1）没有陈列在手伸不到的地方。

2）遵守体积大的商品排在货架的下段，体积小的商品排在货架上段的原则。

3）有效使用容易选货的二段、三段式货架。

（3）陈列方法没有问题。

1）稳定性很好，不会有一触即崩的情形发生。

2）没有因为陈列过于整齐，显得有点清冷的感觉。

3）无因为滥用变化陈列而显得混杂。

4）没有因为陈列面太乱而有商品被隐蔽。

5）没有使用不适当的陈列货架。

6）无因使用了展示卡而使商品难以选取。

7）对于难于整理的商品使用了补助器材。

除此以外，每件商品皆标上价格，而且价格卡上的位置与商品相当。

5．令人产生好感的陈列

（1）陈列有清洁感。

1）商品补充遵守先入先出法。

2）无尘埃覆盖。

3）不直接陈列在地板上。

4）不陈列有破损及污损的商品。

5）邻近的商品在影像的造成上不相克。

6）好好处理有令人不愉快气味的商品。

（2）令人感觉愉悦的陈列。

1）陈列不应过于整齐划一，否则缺乏亲切感。

2）陈列与商品的性质相符。

3）有适当的混用变化陈列。

4）采用了毫无保留的陈列。

5）重视连续效果。

6）照明及装饰有效果。

7）陈列有风格，有无定时的特殊陈列。

6．优良的生产性陈列

（1）收益性陈列。

1）磁石商品的陈列位置应适当。

2）考虑关联性陈列。

3）就毛利、回转率来考虑陈列量及陈列位置。

4）收益性高的商品陈列在易卖的位置。

5）由收益性来考虑各商品的陈列位置、大小、陈列面等。

6）在货架的顶端陈列利润高的商品。

7）有利润的商品考虑特殊陈列。

8）熟知商店内部最有效率、位置最好的地方。

9）有良好的销售计划，对陈列与销售效率仔细研究。

（2）防止损失的陈列。

1）容易被偷的商品陈列在货架的上段与收银台的附近等易于监视到的地方。

2）活用镜子来陈列。

3）对商品破损、污损的防止上下功夫。

4）在不损量感之下而减少陈列量。

（3）有能效的陈列作业。

1）确定单品的标准陈列量、最高陈列量及最低陈列量。

2）陈列补充的次数不宜过多。

3）陈列作业应在一定时间内由一定的人来做并标准化。

4）尽量采用大量的陈列。

5）好好利用制造商的资源、人力、服务。

心得栏

第19章

连锁业的风险管理

19.1 连锁经营的风险规避

虽然连锁经营在很多方面有着其他单店铺所不具备的巨大优势，但也并非毫无风险。作为一种经营方式，连锁企业只有在经营者的能力、资金以及市场环境等各方面的因素都发挥作用的时候，才能发挥出其最大的功效。

19.1.1 连锁经营的风险

1．连锁经营的整体性风险

就像三国时代的曹操，将众多船只连在一起作战一样，虽然可以获得单个船只不具备的巨大力量，可一旦火攻，各个船只都难逃付之一炬的命运。连锁经营的劣势也隐含在优势之中，有时候单个店铺的经营风险可能引发整个连锁企业的“大风暴”。

2．市场变幻莫测的风险

市场变幻莫测，顾客的需求呈现多层次、多样化的趋势，连锁经营者面对的是不确定因素的增加和更加激烈的市场竞争。顾客的需求也不是一成不变的，连锁企业应尽早感知市场需求的变化，以变化来应对变化，将市场风险规避于无形。

3．总部对连锁企业的管控风险

整个连锁体系其实就是原创店的复制和放大，是总部管理能力的放大和输出。因此，原创店和总部的成功是各分店成功的必要非充分条件，原创店做得好，再加上总部管理得好，对各分店和加盟者提供有力的指导和支持，整个连锁企业才更容易获得成功。

19.1.2 风险规避

基于连锁业可能存在的风险，不论是总部、分店还是加盟商都需要提前做好风险规避。

1．自我评估

并非有着总部的支持和援助，连锁店就一定能获得成功，还跟各经营者的经营才能和经营态度有很大关系。对于加盟者而言，想要拥有一份自己的事业，首先要做的就是认真评估一下自己的态度、能力和长期目标。每个潜在的受益人都应该真实客观地对自己做出全面评价，不要被“总部为主”的念头所干扰，应仔细考虑每个细节方面的问题。

2．行业评估

对于连锁经营企业而言，在扩大经营范围的时候，要对连锁经营的行业现状、竞争对手、发展前景及目标商业圈等做出评估，切不可盲目扩张。

3．做好连锁集团的评估

总部与成员店铺都是共同负担和享受经营损益的利益统一体。投资者要尽可能多地掌握连锁集团的资料和信息，如其资格是什么，背景是什么，其体系模式的完善程度如何，其信誉度如何以及该行业在市场中地位如何，最后再考虑一个问题——它的优势和劣势各是什么，是否适合我。

4．做好顾客评估

连锁经营的弊端之一是高度统一化的产品、服务，会使加盟店在经营上显得呆板和缺乏新意，并且某些类型的产品和服务可能并不适合当地顾客，再加上顾客品位和需求的不断变化，因此做好顾客评估显得尤为重要，要知道谁是连锁企业的目标顾客，目标顾客需要什么，目标顾客还有哪些需求没有被满足，做到一切按照顾客的需求来开展经营。

19.2 加盟体系的双向沟通

加盟总部与加盟店的关系，是合作伙伴的关系。双方既然合伙做生意，就必须相互了解、相互沟通、相互交换意见。

一些特许经营总部以失败收场，其中一个致命原因，就是加盟总部和加盟店之间缺乏了解和沟通。有些总部只想着如何把特许权卖出，然后等着坐地收钱，对加盟店的情况漠不关心；而有些加盟店又只想借着总部名声拉拢顾客，缺乏用心经营。在这种情况下，连锁店生意越做越差，最终两败俱伤。

总部要保持整个连锁系统正常运作，必须对每一间加盟店的情况了如指掌，包括运作情况、营业情况和竞争环境等，一旦发现问题，应立即设法解决。只有这样，总部和加盟店才能保持良好的合作关系，共同进退。加强双方的密切沟通，有如下好处。

1．增加加盟店的归属感

归属感是推动加盟事业发展的巨大动力。经常与加盟店联系，与之交换意见，加盟店会感觉总部是在真心真意地帮自己，投桃报李，它们自然会尊重总部的建议，尽力搞好经营。

2．可在第一时间掌握市场行情

社会在不断进步，市场在不断变化，总部只有了解变化中的各地市场，及时调整经营策略，才不致被淘汰。而加盟店散落各处，一方面可以抓住各地的顾客，又可以及时将市场信息反馈到总部。因此，总部与加盟店保持密切联络，是总部掌握市场变化最直接、最有效的方法。

3．可互相促进业务发展

虽然连锁经营讲求统一运作，但一些经营手法也不能墨守成规，必须随着市场的需求灵活变化，保持竞争活力。要做到这一点，总部与加盟店之间就要互相配合，不要认为改进经营方式只是总部的责任，而加盟店只需照本本去做就行了。毕竟加盟店直接面对顾客，对顾客的需求最了解，对经营上的一些弊端也很清楚。所以，总部如能经常与加盟店密切联络，多听取加盟店的意见，可以不断改进经营手法，使整个连锁系统保持活力。

4．人员直接交流

每个连锁总部都会派工作人员专门负责协助所指定的加盟店，这些工作人员的任务不仅在于监督加盟店是否按总部要求来经营，更主要的是了解加盟店出现了哪些困难。

加盟店主要是通过此类工作人员向总部反映市场行情。这种人员之间的沟通与交流能及时解决经营中出现的问题，并能让加盟店真正感觉到总部的关心。

5．书面报告

书面报告是双方交流的一种有效形式，许多连锁总部都要求加盟店定期交一份报告书，介绍近期经营业绩和出现的困难、顾客的新动向。

如果加盟店觉得有需要，也可以随时写一份专题报告书，就某一问题汇报给总部，以引起注意。

6．会议交流

总部应经常召开地区或全国性加盟会议，善用机会使最高领导层直接听取各地加盟店的意见，提出改进的方法，并且介绍公司的新观念，并让各地加盟店互相取经，互相学习好方法。

例如，日本 7-11 便利店在这方面极为重视，他们定期在每周的星期二举行会议，参加人员有公司高层职员、区域经理、地区经理、招募顾问、现场咨询员、部分店长等。上午是对前一周发生的问题交换意见和商讨对策，下午的内容通常是针对营销方案、7-11 系统的更新或新产品导入等问题交换意见。7-11 每次花费大量的金钱在教育培训和开会上，每年的费用高达 3 亿日元左右。在日本企业里，恐怕只有 7-11 公司花费如此巨资进行总部与各分支机构的频繁交流。

7．使加盟合约更加完善

（1）签约前认真调整，仔细分析，慎重决策。加盟合约是一种法律文件，一经签订，便具有法律效力。加盟店和总部双方都应在签约前做认真的调查研究工作，仔细研究、反复考虑。

（2）要建立公开制度和登录制度。为使加盟店不受蒙蔽，降低风险，建立加盟连锁公开制度是一种行之有效的方法。公开制度是依据法律规定，在达成加盟关系前，总部必须向加盟店公开事项的制度规定。

在日本，除公开制度外，还有日本加盟连锁协会建立的登录制度。

（3）做好拟订合约文件工作。加盟连锁总部均有标准合约文件，但仍需要结合加盟店具体情况逐项研究。在拟订合约文件时要做到：毫无遗漏地把所有重要事项列在合约中；详细规定合约内容，避免简单、抽象，尽可能做到明确、具体；文字表述准确、易懂，前后一致；合约内容符合社会道德规范和法律；注意合约内容公正、公平。

总之，要想整个连锁事业能不断发展壮大，就必须使每个加盟店都心甘情愿地与总部站在同一阵线，共同努力开拓业务。

总部也应关心每家加盟店的经营情况，关心加盟者的经济环境。“唇齿相依，唇亡齿寒”，不要把加盟店的成败看成只是加盟者的个人得失，应该把它看成整个企业的一部分，只要有一间加盟店经营失败，都当作整个连锁总部的经营失败。

19.3 如何处理好加盟体系

许多连锁企业原来从事产品经销业务，其加盟经营体系是利用其产品经销网络建立起来的。这样做有许多好处：一方面，充分利用了原有产品经销网络的业务关系，容易快速建立和扩张加盟经营体系；另一方面，特许经营体系对外营业所需产品，可以由当地的产品经销商提供。也就是说，每建立一家加盟连锁店，就意味着为当地产品经销商铺设了一个经销网点，这对提高产品的市场占有率十分有利。同时，各地较大的经销商很容易建立成为加盟经营体系的产品配送中心，发挥产品经销网络的优势，为各加盟店提供价格优惠、送货及时、保障质量的产品配送服务。这样，有可能使特许经营体系和原有的产品经销体系相辅相成，并充分利用各方面的资源，实现规模经营所带来的利益。

怎样才能充分发挥上述优势，发挥各方面的积极性，协调加盟经营网络与产品经销网络的关系，使它们相互促进、相得益彰而不相互冲突和排斥呢？某美容健身加盟企业的成功经验可供借鉴。

阅读资料

该美容健身公司原来从事美容用品和健身器材批发业务，是数家著名品牌的区域独家经销商，其产品经销商遍及全国各地，在同行业内有较大影响。从 1997 年开始，该公司采用特许经营的模式拓展业务，将美容健身服务特许经营和产品经销结合起来。在开展特许经营业务之前，就面临如何将特许经营体系与原有的经销网络协调起来的问题。在律师和管理顾问的策划指导下，公司分三步解决这个问题。

第一步，在正式开展特许经营业务之前，对区域经销商进行分析，确定由各省会城市的经销商，作为特许经营体系的产品配送中心。同时，与上述经销商的独家经销合约即将到期，在重新签订独家经销合约时加入如下规定：甲方（特许总部）在独家经销区域内发展的加盟店必须到乙方（区域经销商）处提货。加盟店到乙方处提货时，不论品种和数量，乙方均应给予优惠价（具体价格由甲方制定）。乙方对加盟商以外的用户供货，可按甲方的指导价上下浮动 40%。对此，绝大多数经销商乐于接受，对于那些不愿接受该条款的经销商，经销合约到期后不再续订，在该地区另行征募经销商。

第二步，在签订特许经营合约时，规定所有的加盟店必须使用甲方（特许人）区域产品经销商提供的产品，产品价格由甲方根据市场情况确定，不得高于同类产品独家经销批发价的 10%，乙方不得使用其他第三方提供的产品。

第三步，帮助此经销商建立特许经营配送体系，使其能更好地履行产品配送职能。同时，加强对受许人和经销商的监督和指导，及时解决出现的问题。

通过近半年的规范管理，该公司特许经营体系和经销网络均得到良好的发展，完全达到了预期的效果。

19.4 连锁总部的作为

连锁总部与加盟店产生矛盾时总部应有的作为包括以下几项。

1. 连锁总部出现的问题

（1）无能总部问题。就是连锁总部经营能力差，职能欠缺，无力履行总部职能。

（2）商品开发能力较差。加盟体系的发展相当程度上依赖于商品和服务技术的开发与革新。这项工作是加盟连锁总部应该承担而加盟店不可能承担的。

（3）扩充加盟店速度太快。由于同行之间竞争激烈、好的地理位置争夺激烈、人才供不应求等原因，许多总部不顾现实条件，急于扩充加盟店。这种扩充造成其他职能的弱化而引起加盟店的不安，导致了连锁体系总部和加盟店在协调方面出现问题。

2. 连锁总部与加盟店之间容易发生的问题

（1）总部问题导致加盟店的不安。加盟店感到不安的内容主要有：无法接受总部提供的新产品、新项目；总部增加了加盟店和直营店，使竞争加剧；指导能力降低、费用加大和沟通欠佳等。

（2）加盟店对连锁总部的不满。加盟店对总部的不满主要内容有：没有获得期望的收益；商品的价格受到限制；工作时间太长；总部提供的商品、服务、商标等不像预期的那样有竞争力；设备投资所需资金太多；指导不力，次数少；自主经营受限制；合约期限太短；权利金太高等。

（3）加盟店得不到充分的数据信息。得不到总部应提供的信息，包括加盟金、保证金、销售条件、经营指导内容、商标、商号、契约期限及更新、解除等。

3. 加盟店的问题

加盟店的问题：要求总部给予过多的支持；不从总部进货和进原料；超范围经营；不按期交纳有关费用；脱离控制倾向明显等。

4．解决办法

（1）充实总部职能。加盟连锁事业是一种总部主导型的经营活动，总部各项职能充实、经营管理制度健全、有较高的信誉和雄厚实力，才能带动整个连锁体系发展，缓解加盟店的不满情绪，增强责任感，带来事业的真正发展。

（2）建立为加盟者服务的咨询系统，实行企业备案制。加盟前未能充分了解连锁体系的实际情况，是导致不满的一个重要原因，所以有必要建立为加盟者服务的咨询系统。例如，日本加盟连锁协会实行加盟连锁登录制度，协会将登录事项提供给有志加盟的企业，供其选择参考。

（3）强化总部与加盟店之间的沟通。一种较好的方式就是建立加盟店会议制度。日本的大型加盟连锁都设有此项制度。加盟店会议从事的活动主要有：总部与加盟店之间交换信息，增进关系；总部经营目标、战略的传达和渗透；加盟店对总部经营提出的意见和建议；加盟店的福利、保健、教育、研修活动等。如果运用得好，加盟店会议可以成为充分发挥加盟店力量，形成团体优势，健全连锁体系的有力工具；但加盟店会议也可能发展成总部的制约团体或加盟店发泄不满、处理纠纷的机构，这样就违背了设立此项制度的初衷，必须加以控制。

（4）加强对加盟连锁发展的指导。许多国家都有有关加盟连锁的法律制度和专门从事连锁事业发展调查研究的组织和机构，以加强对连锁事业发展的引导和控制。

19.5　整顿不健全的加盟体系

近年来，服务领域内兴起了一大批中小型加盟经营企业，它们从事的行业十分广泛，如中式快餐、西式快餐、园艺服务、汽车美容、物业清洗、皮件美容、服装翻新、减肥健身、幼儿教育、拓展训练等。成立之初，有些企业并不具备加盟经营企业的资格，也缺乏加盟经营的作业经验，通常是边做边摸索，原有的加盟经营体系不可避免地存在许多问题。随着业务的发展，有的问题已经开始显露出来，对原有的加盟经营体系进行整顿规范已迫在眉睫。

（1）有些企业开展加盟经营之初不具备资格，无权从事加盟经营业务，其与受许人签订的加盟经营合约是无效合约，得不到法律的保护。加盟体系的统一经营模式很难贯彻执行。这样不仅不能发挥加盟经营的优势，而且最终会导致加盟经营体系的瓦解。

（2）有的受许人不服从特许人的监督和指导，擅自改变产品和服务的质量、种类和价格。

（3）有的受许人不按时缴纳加盟权使用费；有的受许人以合约无效为由要求解除合约、退还加盟费；有的受许人甚至利用特许人的主体资格缺陷来要挟特许人，以谋求不正当的利益等。

（4）由于业务发展初期缺乏经验，使得原定的加盟经营合约本身的缺陷很多，如区域保护划分不合理、知识产权的保护和保密条款的空缺或不健全、监督指导制度的不完善、财务制度的不规范等。这些缺陷已严重地阻碍了加盟经营体系的发展，甚至存在毁掉加盟经营体系的危险。

那么，怎样去整顿规范原有的加盟经营体系，如何处理加盟关系呢？某中式快餐连锁公司的做法，可供大家参考。

阅读资料

该快餐连锁公司成立于1998年，成立不久就开展了加盟经营业务，目前已发展加盟店200多家。由于原来签订加盟经营合约时公司不具备连锁资格，公司主管经常为处理加盟经营合约纠纷疲于奔命。例如，公司的政策方针得不到加盟店的执行，某些经营情况不好的加盟店就会以合约无效为由要求退出体系，个别经营情况良好的加盟店也乘机给总部施加压力，企图得到额外的利益，而且动不动就以诉讼相威胁。

公司感到必须拿出解决方案，以挽救摇摇欲坠的加盟经营体系。公司新发展的加盟店也要求对原有的加盟店进行整改，以维护整个加盟经营体系的良好声誉和形象，保证各加盟店和总部的正常运转。

公司直营店营业时间满两年后，注册商标也获得了批准，完全具备了从事加盟经营业务的条件。另外，通过两年的实践，公司积累了一些经验，对整个加盟经营体系的发展有了更明确、更详尽的规划。同时，通过两年的发展，公司为整顿规范加盟经营体系提供了资金保障，认为对原有的加盟经营体系进行整顿规范的时机已经成熟。在律师的策划和指导下，公司对原有的加盟店进行了整顿规范。

第一步，对 200 多家加盟店进行分析，以便针对不同情况的加盟店采用不同的方法进行处理。经分析：70%的加盟店经营情况良好，加盟店主愿意配合总部整顿规范加盟经营体系；20%的加盟店经营情况一般，加盟店持一种观望的态度，如果总部加强扶植，经营情况有望得到改善；10%的加盟店经营情况较差，加盟店主不愿意配合总部整顿规范加盟经营体系，希望解除合约退还加盟费。

第二步，公司向各受许人发出函件，说明公司发展的历史、现状和未来规划，要求受许人与总部重新签订加盟经营合约，以明确双方的权利义务关系。

第三步，针对调研的结果，总部对不同情况的加盟店采用不同的方法进行处理。

之后，经营良好的受许人积极地配合总部的工作，双方重新签订加盟经营合约，使双方的关系更加稳定和规范。这样做对加盟店也有好处。

对经营情况一般的受许人，公司在员工培训、新产品的研制、新项目的开发等方面尽力扶植，帮助其加强管理，改进经营，提高其获利能力。在多方的努力下，这些受许人绝大多数重新签订加盟经营合约，与总部建立了更加稳定、更加规范的关系。

对经营情况较差的加盟店，总部帮助受许人找出经营不善的原因，提出整改意见，建议受许人继续经营，并承诺在一段时期内给予较大的优惠待遇。经各方努力，有一部分受许人重新签订加盟经营合约，致力于加盟店的经营活动。

少数受许人对继续经营加盟店仍没有信心，要求解除合约。对确实没有信心继续经营或其他原因坚决要求解除合约的受许人，总部的做法是：对有经营前景的加盟店转让给该地区其他申请受许人或由总部购买作为直营店来经营；对确实没有经营前景的加盟店，总部解除合约，再退还加盟费，暂时退出该地区的经营活动，待时机成熟后再进入该地区开店经营，以维护良好的品牌形象。

通过半年多的整顿规范，连锁总部虽花费了大量的资金和精力，但成果是十分显著的。此举拯救了即将崩溃的加盟经营体系，使原有加盟经营体系中的顽疾一扫而光，为整个加盟经营体系的发展奠定了基础。

19.6 加盟体系之间的利益纠纷

加盟总部和受许人作为加盟经营双方的两个活动主体，在维护自身利益的同时很容易引起两者的利益纠纷。因此，作为加盟总部这一方，处理好与加盟店之间的利益冲突就相当重要。

1．当加盟总部将加盟权授予过多的受许人时，如何避免各加盟店之间的经营出现恶性竞争，并使整体利润下降的现象出现

大多数加盟经营均有地域限制。在一定的市场范围内（一般以销售半径衡量），加盟店的数量应有合理分布。在这个区域内，肯定还会有其他系统的商店经营相同或类似的商品，竞争是必然的。如果一个加盟连锁体系仅仅出于收取出售品牌费用的眼前利益，而在同一区域内将品牌出售给太多的受许人，不仅会出现恶性竞争，使整体利润下降，还会损害本加盟系统的商誉，是不可取的。

当然，如果不做详细的市场调查，只以某一行政区域为标准，机械地限制受许人的数量，也是不合理的。要善于做市场分析，结合多种因素和发展预测，学会以经济区域合理布局，给受许人以相对合适的市场半径，又能增加一点压力，以激发其更大的经营积极性。

2．当加盟店配合不利或违约时，总部通常如何处理

如果双方在签订加盟合约前已经有了充分的沟通与了解，此种情形应可以降至最低，但如果发生了，双方还是要直接面对问题，可使用下列方法来充分沟通。

状况一：口头告知或警告，情形通常是小缺失，不是很严重，口头提出即可。

状况二：书面告知、限期改善，总部会留存记录与追踪，此种情况是口头告知后仍无效时，再以书面告知。

状况三：存证信函的寄发，限期必须改善，通常是高度不配合或违约事项清楚且严重。

状况四：罚款或没收保证金，经书面告知未改善，情节严重而加盟店仍不理会时再实施，双方的关系濒临考验或准备摊牌。

状况五：停止供货或解除合约，甚至寻求法律途径解决，此属重大违约事项，是罚款及没收保证金均无效时的最后一道防线。

若发生上述情况，加盟店要自我反省，总部也要自我检讨。所以事先双方应了解游戏规则，以避免日后不愉快事件的发生。

3．受许人的活动损害了公众利益，加盟总部是否应当承担责任

一般情况下，在特许经营合约中，对特许人与受许人之间的关系做了明确规定，即双方属于合作伙伴，不存在合伙人、代理商、雇员、上下级或其他关系，因此，受许人的经营活动损害了公众利益，特许人不承担责任。

但是，作为连锁总部来讲，对加盟店的日常经营行为要有持续的监督与支持，因为连锁总部授予加盟店商号本身就是有价值的公司财产，如果让加盟店不符合要求的经营行为损害了公众利益或触犯法律，在加盟者承担应负的直接责任外，加盟商的声誉将受到损害。因此，作为连锁总部，要对加盟店的经营行为有严密的监督和支持，以使整个体系健康发展。

4．连锁总部可中止合约的情况

在下列情况下，连锁总部有权在通知加盟店后单方面终止合约，而且无须负任何法律责任，无须做出任何赔偿。

（1）加盟店违反合约规定的任何条款。

（2）加盟店未经连锁总部书面同意关闭店铺，或者未经连锁总部书面同意而在另一场地经营同类产品（无论什么品牌）。

（3）加盟店的股东或职员企图阻止连锁总部授权的人士介入加盟店的经营。

（4）加盟店未得到连锁总部事先的书面许可，利用连锁总部拥有的商标制造、经营、分销商品。

（5）加盟店破坏了加盟体系的商誉及形象。

（6）加盟店有损害特许人商业信誉的行为。

（7）加盟店从事超出特许合约限定范围的商业或非商业行动。

（8）加盟店未经连锁总部书面同意，擅自进行批发业务或超过了连锁总部准许的水平。

（9）加盟店违反法律。

5．与顾问咨询机构合作时应注意的问题

虽然加盟经营是企业低成本扩张的一种发展模式，但在发展加盟经营过程中，确实有许多需要特别注意的地方，必须全面考虑并按科学的手段进行操作。在这个过程中，可能会遇到一些问题，在与咨询机构接触过程中，应当注意以下几点。

（1）明确本企业的需求：企业必须对特许经营的基本概念有一定了解，并明确企业目前所存在的问题和需求所在。

（2）对咨询机构做相应了解：特许经营方面的专业协会和咨询公司都能提供不同程度的咨询服务，但一定要接触专业顾问机构。选择咨询机构，主要看其是否有丰富经验并了解当地市场的具体情况。

（3）咨询内容尽可能量化：企业在与咨询公司接触中，多数都提出一份相对宏观的需求目标。事实上，咨询机构能够帮助企业实现的最终目标是一个相对具体的内容。比如一个调研报告、可行性的分析、培训课程或管理体系建立等。因此企业最好在这些方面将需求进行量化，以使整个咨询过程更加高效。

19.7 连锁失败的主要原因和连锁总部对加盟店的控制方法

19.7.1 连锁失败的主要原因

1．加盟是一个长期的投资项目

将盈利目标一开始就确定在开始加盟的若干家受许人，极易导致失败。

2．资金不足

某些连锁企业在没有充足资金的条件下开展加盟经营，结果经营开始就资金缺乏，这种情况可能一直持续到加盟系统所收费用足以维持企业经营为止。

3．加盟经营系统扩张过快

某些连锁企业为了克服财务困难而过快扩张加盟经营系统，结果无法为加盟者提供必需的支持和服务。

4. 单店盈利性不够稳定

单店所销售的产品本身应当有相对的盈利合理性，但某些加盟经营系统在其产品未接受市场检验之前就开展加盟经营，让受许人充当试验品，这是不负责任的。

5. 挑选受许人不当

受许人的挑选是一个严谨的过程，有些连锁企业总部的审核人员，只看到加盟申请者的财务实力而忽视了其他方面的因素，这样的加盟者失败率最高。

6. 贪婪

加盟总部收取过高的加盟费，造成受许人经营资金不足。连锁加盟必须同时考虑双方利益的公平。

7. 外部因素

外部因素也会导致加盟经营系统的失败。外部因素包括货币贬值、进口税增加、重要产品源退出、强有力的竞争及经济严重滑坡。连锁总部应当有义务对这些外部因素进行力所能及的预防工作。

19.7.2 连锁总部对加盟店的控制方法

1. 品牌使用权的控制

连锁企业总部可以通过在加盟合约中规定品牌使用权的期限、使用范围来控制加盟店。

2. 产品的控制

连锁企业总部通过产品的配送来掌控加盟店等，如小肥羊公司总部通过羊肉和火锅底料两大核心产品来控制加盟店。

3. IT 系统的控制

有一部分连锁企业总部在直营店和加盟店中推行了业务运营系统、财务系统等 IT 系统，通过这些 IT 系统同时保障了总部和加盟店的利益，给双方带来了好处。

4. 股份购买优先权的控制

有些加盟店中，有连锁企业总部参与的股份，连锁企业总部预先在加盟合约中规定，连锁企业总部拥有以同样价格购买加盟店股份的优先权，同时拥有以同样价格购买或者增持加盟店股份达到51%的优先权。当加盟店的股权转让时，这个控制手段确保了连锁企业总部把加盟店收编为直营店的优先权。

5．商店使用权的控制

加盟店的经营一定是以物业门店的使用为前提的。一般是由加盟店自己去和物业所有人签订租用协议，连锁企业总部在物业使用方面并没有优先权和支配权。

在麦当劳，专门有一个房地产开发部门负责选择物业，或租用或与物业所有人合作，麦当劳拿到物业的使用权后，再把物业转租给加盟店。

这样，连锁企业总部对加盟店的控制又多了一道。

6．客源的控制

如果连锁企业总部能用一种特殊的方式帮加盟店发展或管理客源，那么这种服务对于加盟店来说也是一种控制，如果加盟店离开了总部的支持，它将得不到客源。

很多成熟的连锁总部把上述内容作为加盟的前提条件，并把这些内容清楚、明确地写在了加盟合约中，从而以法律的形式保障了自己对加盟店的控制。

心得栏